ローンの
見直しを
考えている人も

住宅を
これから
買う人も

銀行の
ローン担当者も
必見！

住宅ローン相談と
お悩み解決
マニュアル

ファイナンシャル・プランナー

水野 誠一 著

ビジネス教育出版社

は じ め に

　私たちの生活環境は先行き不透明で、多くの人々が教育資金や老後資金の確保に不安を感じていますが、日常の生活の基盤である住まいの問題も大切な課題です。

　少子高齢化の進展により、私たちの住生活に対する考え方も変化しており、これまでの新築中心の考え方にとどまらず、中古住宅、リフォーム、住替え、相続・空き家対策、さらには健康リスクなどに対応した商品へのニーズが高まっています。住宅取得に直接的に関係する住宅ローンについては、金融機関もローン利用者である一般消費者も十分現状を理解して対応していくことが求められます。

　一方、日銀の低金利政策を背景に住宅ローンの超低金利が定着して久しくなりますが、厳しさを増す世界の政治・経済情勢の中にあって、金融政策の出口も沌として見えづらく、将来の金利動向もなかなか予測しがたい状況となっています。

　そのような中にあって、住宅をどのように位置付けていくか、銀行とローン利用者がお互いに認識を共有していくことが大切です。

　本書は、そのような立場に立ち、住宅ローンに携わる金融機関のローン担当者とこれから住宅ローンの利用を考えている一般消費者の方々のために、住宅ローンの基礎知識から実務知識、住宅ローンの上手な借り方・返し方・見直し方等、そのノウハウを解説したものです。

　特に、金融機関のローン担当者の方々には、「適合性の原則」に則ったお客様へのアドバイスの仕方と、「重要事項の説明」等コンプライアンスの大切さを、ローン利用者である一般消費者の方々には、ライフプランの中における住宅ローンの位置付けと取組み方などを詳しく解説しています。

　読者の皆さんは、その趣旨を十分理解していただいた上で、金融機関の担当者の方々には真にお客様のためになるコンサルティングの仕方を習得されて日常の業務に生かしていただき、さらに、ローン利用者の皆さんには、ライフプランの中で住宅ローンを上手に位置付け、豊かな住

i

生活を送っていただく指針としていただければ幸いです。

　最後に、本書の出版にあたっては株式会社ビジネス教育出版社の皆様に大変お世話になりました。改めてお礼申し上げます。

　2019年9月

ファイナンシャル・プランナー（CFP®）　水野　誠一

　なお、本書は『三訂版　住宅ローン相談マニュアル』を大幅に加筆・修正、改題し、新たに発行するものです。

住宅ローン相談とお悩み解決マニュアル

目　次

はじめに

PART I　相談の受付から融資が実行されるまでは、こんな流れ

序 2

1　住宅ローン相談の受付 3

2　事前審査の申込み 5

　(1) 事前審査申込みの提出書類　5

　(2) 事前審査申込時の留意事項　5

　(3) 事前審査におけるチェックポイント　7

3　本審査から融資実行まで 9

　(1) 本審査　9

　(2) 契約手続　9

　(3) 融資実行　15

4　インターネット・バンキングの利用拡大とフィンテック 17

PART II　住宅ローンのコンプライアンスとは？

1　コンプライアンスの意義 20

　(1) コンプライアンスとは　20

　(2) 住宅ローンアドバイスにおけるコンプライアンスとは　20

2　個人情報の保護 22

　(1) 個人情報とは　22

　(2) 個人情報取扱事業者に求められる義務　23

3　マイナンバー制度 24

　(1) 安全管理措置　24

　(2) 取扱上の留意点　25

iii

(3) 窓口での個人番号による本人確認　　25

　　(4) 個人番号利用によるメリット　　26

　　(5) 将来的な方向　　26

　4　重要事項の説明 ────────────────────────────────────27

　　(1) 「重要事項」として説明が求められる主なポイント　　27

　　(2) 金利リスクについて（詳説）　　28

　　(3) 重要事項説明の際の留意点　　31

　5　適合性の原則 ──────────────────────────────────────33

　　(1) 借入金額はお客様の家計からみて無理のないものであるか　　33

　　(2) ライフプラン的観点とは　　33

　　(3) 完済時年齢は適正か　　34

　　(4) お客様のリスク許容度はどのくらいか　　34

　　(5) 取得希望物件は本人の属性からみて相応のものか　　35

　6　本人確認と借入れ意思の確認 ─────────────────────────36

　　(1) 本人確認　　36

　　(2) 借入れ意思の確認　　37

PART Ⅲ　知っておくべき住宅ローンのポイント！

　1　住宅ローンの種類と特徴 ───────────────────────────40

　　(1) 公的融資　　40

　　(2) 民間融資　　46

　　(3) フラット35　　50

　2　返済方法 ──────────────────────────────────────63

　　(1) 元利均等返済と元金均等返済　　63

　　(2) 毎月返済とボーナス返済　　65

　　(3) 親子リレー返済　　65

　3　金利タイプ ─────────────────────────────────────67

　　(1) 固定金利型（全期間固定金利型）　　67

　　(2) 変動金利型　　67

iv

（3）固定金利期間選択型　69

（4）上限付き変動金利型　69

4　住宅ローン金利の決まり方 71

（1）景気動向と金利　71

（2）民間住宅ローンの金利　72

（3）フラット35（買取型）の金利　73

（4）財形住宅融資の金利　74

5　借入可能額の計算 75

（1）民間住宅ローン　75

（2）財形住宅融資　76

（3）フラット35　77

6　住宅取得に係る諸費用 79

（1）住宅取得時の諸費用　79

（2）住宅取得後の諸費用　81

7　登記に関する知識 84

（1）登記の種類──「表示に関する登記」と「権利に関する登記」　84

（2）登記簿の構成──「表題部」と「権利部」　84

（3）登記簿の登記事項　85

（4）住宅ローンの実行と登記手続　86

（5）オンライン申請導入のための不動産登記法改正　87

8　住宅の品質確保 89

（1）住宅の品質確保の促進等に関する法律　89

（2）フラット35の適合証明書との調整　92

9　住宅の価格評価 94

（1）不動産評価の3方式　94

（2）土地の評価　94

（3）戸建住宅（自用の建物およびその敷地）の評価　97

（4）マンション（区分所有建物およびその敷地）の評価　98

10　団体信用生命保険 100

（1）団体信用生命保険への加入　100

(2) 告知書　100

(3) 保険料　101

(4) 保険金の支払い　101

(5) 住宅金融支援機構の団体信用生命保険（機構団信特約制度）　101

(6) 特定疾病保障付団体信用生命保険　102

(7) ワイド団信　102

11　火災保険・地震保険 ·· 103

(1) 火災保険　103

(2) 地震保険　105

12　ローン返済支援保険 ··· 107

13　疾病保障付住宅ローン ·· 108

14　住宅税制 ··· 110

(1) 住宅の取得およびリフォームに関わる税制　110

(2) 住宅の保有に関わる税制　125

(3) 不動産の賃貸に関わる税制　128

(4) 住宅の譲渡に関わる税制　130

(5) 住宅の相続に関わる税制　135

(6) 住宅に関する贈与の税制　143

PART Ⅳ　住宅ローン審査のポイントはここだ！

1　借入申込人の属性審査 ·· 150

(1) 個人信用情報照会による審査　150

(2) 勤務先と勤続年数　151

(3) 収　入　151

(4) 他の借入金の点検　154

(5) 団体信用生命保険（団信）　154

(6) 不法行為の未然防止　154

2　住宅取得資金計画の妥当性審査 ··· 156

(1) 取得物件価格の妥当性　156

(2) 返済負担率（年間返済額／年収）　156

(3) 完済時年齢　156

(4) ライフプラン的視野に立った審査　157

(5) その他　157

3　担保の妥当性審査 ·· 159

(1) 住宅ローンの担保評価方法　159

(2) 登記事項証明書のチェック　159

(3) 担保物件の適格性チェック　160

PART V　住宅ローン相談・お悩み解決のツボ！

1　住宅取得計画 ·· 172

(1) 物件情報の収集　172

(2) 物件の選び方　172

(3) 不動産業者・建設業者の選び方　175

(4) 不動産取引の進め方　176

(5) 住宅建設に関する重要事項　178

2　自己資金の貯め方 ·· 181

(1) 住宅資金の準備はなるべく早めに　181

(2) 自己資金は物件価格の３割を目処に　181

(3) 自己資金はどのようにして準備すればよいか　181

3　住宅取得資金計画の立て方 ·· 184

(1) 第１ステップ：家計負担余力のチェック　184

(2) 第２ステップ：返済負担率のチェック　184

(3) 第３ステップ：キャッシュフロー分析　185

4　住宅ローン商品の選び方 ··· 189

(1) 金利タイプの選択　189

(2) 総負担額による選択　190

(3) その他の条件による選択　192

vii

5 借換え……………………………………………………………194
(1) 返済負担軽減のための借換え　194
(2) 金利リスク回避のための借換え　195
(3) 借換えの注意点　196

6 繰上返済……………………………………………………………198
(1) 繰上返済の種類　198
(2) 繰上返済の効果　199
(3) 繰上返済の留意点　200

7 買換え……………………………………………………………202
(1) 購入と売却のタイミングを合わせるのは難しい　202
(2) 売り買いのタイミングがずれると予期しない出費が発生する　203
(3) 不動産価格が動いている時期は要注意　204
(4) 買換えローン　204
(5) 中高年層の買換え　205

8 高齢者の住替え……………………………………………………206
(1) 国の支援による移住・住みかえ支援制度がある　206
(2) 一般社団法人移住・住みかえ支援機構の
　　マイホーム借上げ制度の概要　206
(3) 住替え先を購入するためのローン制度もある　208

9 リバースモーゲージ………………………………………………210
(1) 公的制度　210
(2) 民間制度　210
(3) 住宅金融支援機構　211
(4) リバースモーゲージを普及させるための課題　211

10 返済が苦しくなったとき……………………………………………212
(1) 生活を見直し家計費の軽減を考える　212
(2) 増収対策を検討する　213
(3) ローンの条件変更を検討する　214
(4) 返済が苦しくなったお客様にアドバイスする場合の留意点　221

11 返済に行き詰まってしまった場合······222

(1) 任意売却の検討　222

(2) 保証会社の代位弁済　222

(3) 任意売却が困難な場合は競売申立て　223

(4) 競売申立てから物件引渡しまで　224

(5) 自己破産と民事再生手続　225

PART VI　知っておくと便利・資料集

1-1　返済額早見表　230
　　　（元利均等返済方式　借入額100万円あたり毎月返済額）

1-2　返済額早見表　233
　　　（元金均等返済方式　借入額100万円あたり初回返済額）

2　住宅ローンの借入可能額早見表（元利均等返済方式）　236

3-1　機構団信特約料の目安（元利均等返済）　238

3-2　機構団信特約料の目安（元金均等返済）　239

4-1　一部繰上返済メリット目安表（期間短縮型）　240

4-2　一部繰上返済メリット目安表（返済額軽減型）　243

5　キャッシュフロー表　244

6-1　登記事項証明書例　土地　246

6-2　登記事項証明書例　建物　247

6-3　登記事項証明書例　区分所有建物　249

7　住宅ローン借入申込書　251

8　住宅ローン保証委託申込書（兼契約書）　254

9　個人情報の取扱いについての同意書　260

10　団体信用生命保険申込書兼告知書　265

11　地主の承諾書　266

12　住宅ローン契約書（金銭消費貸借契約証書）　267

13　固定金利の選択に関する特約書　271

14　不動産抵当権設定契約証書（求償権用）　273

ix

PART I

相談の受付から融資が実行されるまでは、こんな流れ

序

　まず最初に、相談の受付から融資実行までの流れを示すと、図表Ⅰ－1のようになります。

　民間住宅ローンには提携ローンと非提携ローンがありますが、基本的な流れはいずれも同じです。ただし、提携ローンにおいては、多くの場合、住宅供給事業者が相談受付の段階を担っています。

図表Ⅰ－1　住宅ローン相談受付から融資実行までの流れ

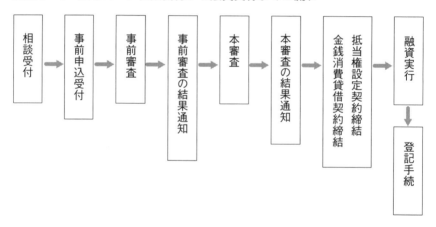

1 住宅ローン相談の受付

　住宅ローンの相談があった場合、まずお客様の属性や計画についてヒアリングを行い、図表Ⅰ-2のような事項について、できるだけの情報を収集します。

図表Ⅰ-2　住宅ローン相談受付メモ

	項目	内容			
申込人について	氏名			年齢	歳
	住所	〒 電話			
	連絡先	自宅・勤務先・その他（　　　　　）			
	職業	勤務先　　　　　　　　業種 電話 勤続年数　　年　　　年収　　　　万円			
	家族構成	配偶者、子ども（　人）、その他（　　）			
	現在の住居	自己所有・賃貸			
	健康状態	団体信用生命保険加入　可・否			
申込内容	ローン名称	ローン			
	借入希望額	万円			
	資金使途	一戸建て新築(土地:取得済み・同時取得・借地)、 一戸建て購入(新築・中古)、マンション購入(新築・中古)、リフォーム			
	返済期間	年			
	資金計画	所要額(万円)		調達額(万円)	
		購入金額 (建築費)		自己資金	(うち贈与　　)
		諸費用		本件借入額	
				その他の 借入額	借入先　借入額
		合　計		合　計	
	物件概要				
	購入先				
取引状況	取引歴				
	受信取引				
	与信取引				
	その他	給与振込・公共料金自動引落し			

3

チェックリスト 1 住宅ローン相談の受付

項　目	チェック事項	Check	対　　策
申込人	氏名		
	年齢		
	住所		
	連絡先		
	職業		
	年収		
	家族構成		
	現在の住居		
	健康状態		
申込内容	ローン名称		
	借入希望額		
	資金使途		
	返済期間		
	資金計画		
	物件概要		
	購入先		
取引状況	取引歴		
	取引の内容		

2 事前審査の申込み

　相談に伴うヒアリングが終了したら、次に事前審査の申込みを受け付けます。事前審査の申込みでは、「住宅ローン事前審査申込書」の提出を求めます。

　前項の相談の受付で、最初から事前審査の申込みを兼ねて受け付ける場合もあります。

　事前審査を行う理由は、住宅供給事業者に融資の可否を迅速に知りたいというニーズが高いこと、ローン商品が定型化されており、比較的短時間で融資の可能性が判断できることなどです。

(1) 事前審査申込みの提出書類

　事前審査申込みでは、図表Ⅰ-3のような書類の提出を求めます。

(2) 事前審査申込時の留意事項

●本人確認

　申込人について本人確認を行います。本人確認の方法は、公的証明書（運転免許証、パスポート、個人番号カードなど）の原本の提示を求め、本人の了承を得てコピーを取り保管します。

●「個人情報の取扱いについての同意書」の徴求、記入・捺印

　事前審査の申込みにあたって、個人情報の収集、保有、利用範囲、目的、個人信用情報機関への登録・利用など「個人情報の取扱いについての同意書」（図表Ⅵ-9参照）に記載されている事項について、お客様に十分説明し納得を得ておき、本人に記入・捺印してもらいます。

●商品に関する説明

　申込人に対して、住宅ローン商品の内容や借入条件を説明し、十分な

● 2 事前審査の申込み

図表 I −3　事前審査申込必要書類

分類	書類・内容	チェック
金融機関への申込書類	住宅ローン事前審査申込書(注意:本人自筆)	
	個人情報の取扱いについての同意書(注意:本人自筆)	
	諸費用の見積書(諸費用ローンを借り入れる場合)	
本人確認・所得関係書類	運転免許証・個人番号カード・パスポート(どれか1点)	
	収入証明書	
	①給与所得者の場合:源泉徴収票(写)	
	②法人の代表者・役員の場合:決算書3期分(写)	
	③個人事業主の場合:確定申告書3期分(写)・納税証明書(その1・その2)	
	その他	
契約関係書類	建売・中古住宅の場合:売買契約書(写)　　新築の場合:工事請負契約書(写)	
	重要事項説明書(写)、建築確認済証(写)	
	その他	
購入(建築)物件関係書類	物件のパンフレット・チラシ(平面図・立面図・配置図)	
	住宅地図	
	公図・地積測量図・建物図面・登記事項証明書(土地・建物)	
	建築確認済証(写)・検査済証(写)	
	その他	
現在の自宅の書類	(買換え・建替えの場合)売却する自宅関連の書類	
	物件のパンフレット・チラシ・平面図・立面図・配置図・住宅地図・建築確認済証(写)	
	自宅登記事項証明書(土地・建物)・公図・地積測量図	
	借入れがある場合　返済予定表・明細書	
	住宅ローン返済口座通帳の写(1年分)	
	不動産媒介契約書(代理・専属専任媒介・専任媒介・一般媒介)契約書	
	その他	
備考		

6

理解が得られたことを確認します。

●住宅ローン事前審査申込書の記入

　住宅ローン事前審査申込書は、申込人本人が自書し実印を押捺します。

●債務状況の確認

　住宅ローンの審査においては、返済負担率の算定に際し、他の債務についても年間返済額に含めるので、現在の債務状況について確認しておく必要があります。クレジットの毎月の請求書、ローンについては返済予定表を確認し、毎月返済額、残高、残存期間を確認します。延滞歴・事故歴についても口頭で確認します。

　法人の役員の場合は、代表者が法人名義借入の保証を行っている場合があるので、その内容についても確認をしておく必要があります。

●保有資産等の確認

　本人の収入状況を確認した上、返済が困難になったときに備えて、家族・親族の保有資産等を確認しておきます。

●健康状態の確認

　過去の病歴や現在の健康状態等により、団体信用生命保険への加入に支障をきたすことがないか確認します。

●不法行為のチェック

　提出書類の偽造・変造をチェックし、マネーロンダリングなど不法行為を未然に防止します（PART Ⅳ「1借入申込人の属性審査」（6）参照）。

（3）事前審査におけるチェックポイント

　事前審査においては、次のような事項について重点的に審査を行い、融資についておよその可否を判定します。

① 個人信用情報照会による他の借入金の状況調査

② 完済時年齢

③ 勤務形態・勤続年数

④ 会社経営者や自営業者の場合は事業の内容

⑤ 借入金額

⑥　資金計画

⑦　返済負担率

⑧　購入物件

⑨　健康状態

チェックリスト　　2 事前審査の申込み

項　　目	チェック事項	Check	対　　　策
徴求書類	徴求書類に漏れはないか		
本人確認	写真付公的証明の原本確認		
	コピーを保管		
個人情報の取扱いについての同意書	本人による記入、捺印		
	記載事項の説明		
商品説明	商品内容、借入条件の説明		
住宅ローン事前審査申込書	自書、実印の押捺		
債務状況	他の借入金・保証債務の資金使途、金額、年間返済額、返済期間など		
保有資産	本人、家族、親族の保有資産		
健康状態	団体信用生命保険加入の可否		
不法行為防止	本人確認記録の作成・保存		
	取引記録の作成・保存		
	疑わしい取引の届出		

3 本審査から融資実行まで

(1) 本審査

　事前審査で承認が下りたら、次ページの図表Ⅰ-4の書類の提出を求め、さらに詳細な審査を行います。

　本審査の詳細については、「PARTⅣ　住宅ローン審査のポイントはここだ！」で解説します。

(2) 契約手続

　本審査の結果、承認が下りたら、契約手続を行います。

●金銭消費貸借契約

　融資契約は、金銭消費貸借契約の形態で行われます。金銭消費貸借契約は民法第587条に規定されている消費貸借契約の一種です。消費貸借契約とは、金銭その他の物を借り受け、それを消費した後、これと同種、同等、同量の物を返還するという契約です。契約の目的物が金銭の場合、「金銭消費貸借契約」といいます。消費貸借契約は要物契約であり、目的物を交付してはじめて契約の効力が発生します。

　(a) 記入と捺印および記載事項確認

　債務者の戸籍上の氏名・住民票上の住所等を自署し、実印を押捺します。保証人欄は保証人が自署し実印を押捺します。金額の訂正は基本的には認められません。

　また、金利タイプ、金利変動基準、手数料等後日トラブルになりやすい事項はしっかりと説明し、納得を得ておくことが必要です。

　一般的に、契約書の調印は融資実行日に先立って行われますが、契約日付は調印日でなくローン実行日とします。

3 本審査から融資実行まで

図表Ⅰ－4　本審査申込必要書類

記入書類	金融機関所定用紙	・住宅ローン借入申込書→図表Ⅵ-7
		・住宅ローン保証委託申込書→図表Ⅵ-8
		・個人情報の取扱いについての同意書→図表Ⅵ-9
		・団体信用生命保険申込書兼告知書→図表Ⅵ-10

公的書類		給与所得者	個人事業主	会社役員
	・源泉徴収票	○	－	○
	・住民税決定通知書／課税証明書	○	－	○
	・確定申告書（直近3年分写）	－	○	－
	・納税証明書（その1・その2）	－	○	－
	・法人の決算書（直近3期分写）	－	－	○
	・法人の確定申告書（直近3期分写）	－	－	○
	・本人確認書類（運転免許証、個人番号カード等）	○	○	○
	・印鑑証明書	○	○	○
	・住民票または特別永住者証明書もしくは在留カード	○	○	○

物件関係		戸建			マンション	
		新築	建売	中古	新築	中古
	・登記事項証明書（土地）→図表Ⅵ-6	○	○	○	○	○
	・登記事項証明書（建物）→図表Ⅵ-6	○	○	○	○	○
	・地積測量図、土地公図	○	○	○	○	○
	・建物図面	○	○	○	○	○
	・売買契約書（写）	－	○	○	○	○
	・重要事項説明書（写）	－	○	○	○	○
	・工事請負契約書または見積書（写）	○	－	－	－	－
	・建築確認済証（写）	○	○	－	－	－
	・住宅地図、チラシ、パンフレット	－	○	○	○	○

その他		備考
	・仮換地図	仮換地の場合に必要
	・仮換地証明書	仮換地の場合に必要
	・履歴書	転職して間もない場合に必要なこともある
	・住宅ローン返済予定表	借換えの場合は必要
	・住宅ローン返済口座の通帳（写）	借換えの場合は必要
	その他	

10

(b) 規定（条項）

　金銭消費貸借契約における規定（条項）は多岐にわたり、一般消費者にとって難解な部分が多いので、重要条項についてはお客様の理解が得られるまで、正確に説明する必要があります。一般的な規定事項は以下のとおりです。詳細は、図表Ⅵ-12「住宅ローン契約書（金銭消費貸借契約証書）」を参照してください。

- ・借入金額
- ・金利
- ・最終回返済日
- ・借入金使途
- ・元利金返済方法
- ・繰上返済
- ・担保
- ・期限前の全額返済義務
- ・反社会的勢力の排除
- ・相殺
- ・債務返済の順序
- ・団体信用生命保険
- ・代り証書等の差入れ
- ・印鑑照合
- ・費用の負担
- ・届出事項
- ・報告および調査
- ・債権譲渡
- ・成年後見人等の届出
- ・合意管轄
- ・個人信用情報センターへの登録
- ・保証

┌─ 【期限の利益喪失（期限前の全額返済義務）について】 ─

　「期限の利益」とは、期限到来までの間、当事者が享受できる権利ですが、この場合は、金融機関が債務者に対して一定期間与える与信供与のことです。例えば、期間35年の住宅ローンを貸し出した場合は、35年という期限の利益を借り手に与えたということになります。

　金銭消費貸借契約には必ずこの「期限の利益の喪失」条項が盛り込まれます。なぜなら、貸し手である金融機関にとっては、債権回収リスクが生じた場合（借り手の財務状況が悪化し返済不履行の可能性が発生する場合等）は、「期限の利益喪失」により速やかに債権が回収できるという条項であり、債権保全上は必要不可欠なものであるからです。

　この条項については、借り手にとっては極めて重要な条項ですから、しっかりとした説明が必要です。「期限の利益喪失」事由として、主なものは次のとおりです。

　　・返済を延滞し、書面により督促されても、なお遅延損害金を含めた返済が滞った場合。
　　・住所変更等の重要事項の届出を怠るなどの借り手の責めに帰すべき事由によって所在が不明になった場合。
　　・他の債務について期限の利益を喪失した場合。
　　・契約規定違反を犯した場合。
　　・支払いを停止した場合。
　　・手形交換所の取引停止処分を受けた場合。
　　・破産もしくは民事再生手続開始の申立てがあった場合。
　　・担保物件の差押えまたは競売手続の開始があった場合。
　　・申込内容に虚偽があった場合。
　　・信用状態に著しい変化が生じ、返済不履行相当の事由があった場合。
　　・保証人および保証提携先が上記いずれかに該当した場合。
　　・借入人または保証人が反社会的勢力に該当すると判断された場合。

└───────────────────────────────────────

（c）契約の時期

　金銭消費貸借契約証書の調印は、実務的には多くの場合、住宅ローン実行日以前に行います。つまり事前に（先日付で）契約書調印を行い、金融機関側で実行日に向けて実行準備を行います。

　住宅ローン実行日は同時に住宅購入資金等の決済日でもあり、実行日当日に書類不備等でトラブルになることを未然に防止するために、このような措置がとられています。

(d) 事後管理

金銭消費貸借契約証書は、通常差入れ方式を採っており、原本は銀行が保管、債務者は写の交付を受けます。債務者が借入金を完済したときは、金銭消費貸借契約証書は債務者に返却されます。

●抵当権設定契約

(a) 抵当権設定契約とは

抵当権設定契約は、住宅ローンの場合は住宅という物的担保の差入れを求め、債権保全を行うためになす契約であり、住宅ローンを借り入れる場合の必須条件です。一般的な住宅ローンの場合は保証会社が債務保証を行うので、保証会社がその求償権を担保するため抵当権設定契約を締結します。

抵当権を設定することで、保証会社の求償権に対して債務の履行がなされない場合に、保証会社は法定の手続き（競売）により抵当権を実行し、債権回収を行います。抵当権を実行した後にもなお残債務がある場合は、債務者はただちに返済する義務があり、抵当権実行後余剰が生じた場合には、債務者にその余剰金が返還されます。

なお、抵当権は借入金が完済され、金融機関の債権が消滅すれば、その抵当権も消滅し（「付従性がある」という）、債権が第三者に移転すれば抵当権も第三者に移転します（「随伴性がある」という）。

(b) 記入と押印

金銭消費貸借契約証書と同様に、戸籍上の氏名・住民票上の住所を自署し、実印を押捺します。債務者と担保提供者（抵当権設定者）が異なる場合は、担保提供者も自署し実印を押捺します。

(c) 条　項

一般的な記載条項は以下のとおりです。詳細は、図表Ⅵ-14「不動産抵当権設定契約証書（求償権用）」を参照してください。

・抵当権の設定
・登記義務
・抵当物件
・損害保険

- ・借地権
- ・任意処分
- ・抵当物件の調査
- ・費用の負担
- ・担保保存義務
- ・管轄裁判所
- ・抵当物件ならびに順位

(d) 契約の時期

　金銭消費貸借契約と同時に抵当権設定契約を行いますが、実際に設定登記が完了するまでには、住宅ローン実行後1～2週間程度かかります。

　住宅ローンを実行すると同時に、登記代理人である司法書士は、抵当権設定のための登記申請書を法務局に提出します。金融機関は受付番号により法務局に提出されたことを確認します。

　なお、新規分譲の提携ローンなどでは、当該物件の購入者をひとまとめにして、あらかじめ金銭消費貸借契約証書と抵当権設定契約証書の調印を済ませておきます。

●保証委託契約

　住宅ローンは、通常、連帯保証人は必要とせず、その代わりに金融機関が指定する保証機関と保証委託契約を結ぶことにより、貸出金は保証されます。

　借入者は、一般的に保証機関に対し担保提供し、返済不能となった場合、保証機関が返済（代位弁済）を行います。保証機関は、通常、借入者が6カ月以上延滞した場合に代位弁済を行います。代位弁済が行われると、その後借入者は保証機関に対して返済義務を負うことになりますが、それでも返済ができない場合は、最終的には競売の申立てが行われます。

　保証機関の保証を受けるためには、借入者は保証機関に対し保証料を支払う必要があります。保証料は、借入当初に一括で支払う方法と、ローン金利に上乗せし借入期間に分割して支払う方法があります。

　一般的に銀行は自行系列保証会社の保証で、信用金庫は（一社）しん

きん保証基金等の保証で実行しています。

(3) 融資実行

　金銭消費貸借契約は、要物契約であることから、その契約日は融資実行日と同一の日とされます。この日から利息が発生し、債権債務関係が発生します。

　住宅ローンの融資実行日には、金融機関は融資を実行し貸出代り金で住宅購入代金（建築代金）の決済が行われます。司法書士は、融資実行と住宅購入資金の決済を確認した後、法務局に登記申請を行います。

　融資実行の事務は、次のような手順で進められます。

●ステップ1（融資実行の事前準備）

　通常、消費者は住宅ローン借入れに必要な諸費用（保証料・事務手数料・印紙代等）や、住宅購入資金のうち住宅ローンで借りる資金以外の自己資金（頭金）等を、住宅ローンを借り入れる金融機関に開設した口座に事前に入金しておきます。

●ステップ2（各種書類の確認）

　すでに調印済みの金銭消費貸借契約証書等の各契約書やその他書類の再確認を実施し、不備や誤記入がないかどうかをチェックします。

●ステップ3（住宅購入代金・建築代金の決済準備）

　住宅ローン実行後に行う住宅購入決済に備えて、住宅販売業者（建築業者）への購入代金（建築代金）の振込準備をします（振込用紙に金額等の必要事項を記入）。同時に振込資金の払出しのために、金融機関所定の支払請求書に金額等を記入し、押印（引出口座の届出印）をします。

●ステップ4（融資の実行と住宅購入代金決済）

　住宅ローンの融資代り金は指定口座に振り込まれます。その後ただちに金融機関へ支払う諸費用が引き落とされ、住宅販売業者（建築業者）に対して住宅購入代金（建築代金）決済を行います。

　その後、登記完了を待って、所有権の移転や抵当権設定に関する登録免許税や司法書士報酬を支払い、完全に資金決済が終わることになります。

3 本審査から融資実行まで

チェックリスト 3 本審査から融資実行まで

項　目	チェック事項	Check	対　　策
徴求書類	徴求書類に漏れはないか		
	申込書類の自筆、実印押捺		
契約手続	金銭消費貸借契約証書・抵当権設定契約証書の自署、実印押捺		
	重要条項の説明		
融資実行	諸費用、頭金などの口座入金		
	各種書類の確認		
	融資代り金の口座入金		
	諸費用、購入代金（建築代金）の支払い		
登記手続	登記完了後の登記事項証明書確認		
	登録免許税、司法書士報酬の支払い		

16

4 インターネット・バンキングの利用拡大とフィンテック

　インターネット・バンキングの顧客向けの提供サービスは、預金残高照会から振込、ローン取引に至るまで数多くありますが、住宅ローン分野においては、お客様が自らローンシミュレーションにより返済額の計算を行い、インターネットにより主体的に商品選択を行って、店頭に足を運ぶことなくローンの申込みを行うなどインターネット・バンキングの利用が広がっています。

　これにより、大幅なコスト削減が可能となり、新規参入したネット銀行や一部既存銀行では、面談型の住宅ローンとは異なった低金利のローンを提供しています。

　最近、金融界においてフィンテックの活用が急速に注目されるようになりました。フィンテック（FinTech）とは、Finance（金融）とTechnology（技術）を合わせた造語で金融とIT（情報技術）の融合を意味します。インターネットやクラウド、スマートフォンなどのIT技術により人工知能（AI）やビッグデータを活用し、顧客の利便性の向上、金融機関のコスト削減や新たな金融サービスの提供を図ろうというものです。その分野は、資金決済、送金、資金運用サポート、クラウドファンディングから融資審査に至るまで多岐にわたっています。

　一部大手銀行では、既にIT企業と組みAIを使った個人向け融資を始めているほか、人工知能と統計データを活用した住宅ローン等の審査手法の開発を進めています。また、AIを使い住宅ローンやカードローンの審査代行サービスを行う会社が設立され、地銀向けにそのサービスを提供する準備が進められています。

　銀行業務の中でも特にアナログ的手法に頼っていた住宅ローンの審査分野で、今後ビッグデータとAIを駆使した新しい審査手法が開発され

進展していくことが予想されます。これにより、新たな顧客層の開拓、申込みから融資実行までの大幅な時間短縮、新たなサービスの提供とそれに伴う住宅ローン市場の拡大が期待されます。

PART II

住宅ローンのコンプライアンスとは？

1 コンプライアンスの意義

(1) コンプライアンスとは

　企業は、民法や商法をはじめ、それぞれの分野における多岐にわたる関連法令のもとで企業活動を展開しています。コンプライアンスとは、企業の役員や従業員がこれら法令をはじめ社内の諸ルール、行動規範を遵守すべきこと（法令遵守）を意味します。コンプライアンスを逸脱して、法令違反で社会的な不祥事を起こした場合、その企業は顧客離れや企業イメージの低下を招き、経営上大きなダメージを受けることになり、最悪の場合、世の中からの退場を余儀なくされる場合もあります。

(2) 住宅ローンアドバイスにおけるコンプライアンスとは

　住宅ローンアドバイスにおけるコンプライアンスとは、「消費者契約法」など関連する法令を遵守し、金融機関としての説明責任を果たすことにより、情報の非対称性からお客様を守り、お客様に適合した住宅ローン商品を提供することにあります。そして、特に次の法令等の趣旨をよく理解し、遵守することが求められます。

● 「消費者契約法」
　重要事項に関し、「事実と異なることを告げた」、「故意に顧客に不利益となる事実を告げなかった」、「不確実な事項について断定的な判断を提供した」、「不適切な勧誘により顧客を困惑させた」等の行為があった場合は、契約を取り消すことができます。

● 「金融商品販売法」
　融資取引には直接適用はありませんが、重要事項の説明義務に違反した場合は、顧客は損害賠償の請求ができることになっており、法の趣旨

から「消費者契約法」とともに重視すべき法令です。

●「個人情報保護法」

住宅ローンのお客様からは、極めて詳細な多くの個人情報が提供されるので、個人情報の取扱いには特に注意を要します（22～23ページ参照）。

●「税理士法」・「弁護士法」など

住宅ローン相談においては、税制や法律に関する判断を要する場面が多くありますが、税理士や弁護士の資格を有していない担当者が相談に臨む場合は、税理士や弁護士の分野に踏み込んで、これらの法令に違反することのないよう留意することが必要です。

税理士の資格を有しない者が一般的な税務に関する解説を行うことは構わないが、個別具体的な事案に関する税務計算を行うことは、有償無償を問わず、税理士法違反となります。また、弁護士の資格を有しない者が、報酬を得る目的で法律事務を業とすることは、弁護士法違反となります。

●全国銀行協会の申し合わせ

住宅ローンに関する指針として、「住宅ローン利用者に対する金利変動リスク等に関する説明について」（平成16年12月21日）があり、この趣旨に沿った対応がなされているかどうかが重視されています（27～31ページ参照）。

チェックリスト　1 コンプライアンスの意義

項　　目	チェック事項	Check	対　　策
消費者契約法	「事実と異なることを告げた」、「故意に顧客に不利益となる事実を告げなかった」、「不確実な事項について断定的な判断を提供した」、「不適切な勧誘により顧客を困惑させた」等の行為はなかったか		
金融商品販売法	重要事項の説明義務違反はなかったか		
個人情報保護法	個人情報の取扱いは適切であったか		
税理士法・弁護士法など	税理士法・弁護士法違反になるような行為はなかったか		
全銀協申し合わせ	金利リスクに関する十分な説明を行っているか		

2 個人情報の保護

住宅ローンの相談・申込みにあたっては、お客様の氏名・住所・年齢・職業・収入・家族構成・財産の内容・信用情報など数多くの個人情報が提供されます。したがって、これを取り扱う金融機関等は細心の注意を払い、不適切な利用、情報の漏えいなどが発生しないよう、その情報の保護・管理を徹底する必要があります。

「個人情報の保護に関する法律」（以下「個人情報保護法」）は2005年4月1日に全面施行されました。

（1）個人情報とは

個人情報とは、生存する個人の情報で、明らかに特定の個人が識別できるものを指します。

個人情報保護法では、個人情報は次の3つの概念を定め、個人情報取扱事業者(注)にはそれぞれ定められた義務が課せられています。

① 個人情報……生存する個人に関する情報で特定の個人を識別可能なもの。氏名、生年月日、個人の氏名が書かれた電子メールや会員番号など。

② 個人データ……コンピュータや目次・索引により分別・整理され、容易に検索できる状態にある個人情報（個人情報データベース）。顧客リスト、アドレス帳など。

③ 保有個人データ……本人からの請求により個人情報取扱事業者が開示、内容の訂正、追加または削除、利用停止および第三者への提供の停止を行うことができる権限を有する6ヵ月を超えて保有する個人データ。社員の給与情報、取引情報、顧客データベースなど。

（注）個人情報取扱事業者とは、個人情報データベース等を事業の用に供している者で国の機関、地方公共団体等を除くほとんどすべての事業者が対象となる。

（2）個人情報取扱事業者に求められる義務

個人情報取扱事業者には、次のような義務が課せられています。

① 利用目的をあらかじめ特定し、利用目的の達成に必要な範囲内で個人情報を取り扱う。

② 個人情報は不正な手段で取得してはならず、取得時には本人に対し利用目的の通知・公表を行う。

③ 個人データは、利用目的達成に必要な範囲内において、正確・最新の内容に保つよう努め、個人データの漏えい、滅失または棄損の防止その他の安全管理措置を講じ、従業者・委託先の監督をする。

④ あらかじめ本人の同意を得ないで、第三者に個人データを提供してはならない。ただし、第三者への提供を利用目的とすることにつき、あらかじめ本人に通知し、または本人の知りうる状態に置き、本人の求めに応じて開示・訂正・利用の停止等を行うこととしている場合は、第三者への提供をすることができる（この方法をオプトアウトという）。

⑤ 苦情の処理とそのための体制の整備に努める。

⑥ 特定の個人を識別することができないように加工したものを匿名加工情報と定義し、「ビッグデータ」の活用を可能とした。

チェックリスト　2 個人情報の保護

項　目	チェック事項	Check	対　　　策
利用目的の特定	個人情報の取得時に利用目的をあらかじめ特定し、本人に対し通知し公表しているか		
個人データの管理	個人データにつき正確・最新の内容に保つよう努めているか		
	個人データの漏えい、滅失または棄損の防止につき安全管理措置を講じ、従業者・委託先の監督を行っているか		
	あらかじめ本人の同意を得ず、第三者に個人データを提供するようなことはないか		
オプトアウト	保有個人データにつき、本人の求めに応じ開示・訂正・利用の停止等を実施する体制を整備しているか		
苦情処理	苦情の処理とそのための体制整備を行っているか		

3 マイナンバー制度

　2016年1月に施行されたマイナンバー制度（法律名：行政手続における特定の個人を識別するための番号の利用等に関する法律）は、当面の利用範囲として、社会保障、税、災害対策の3分野に限定されており、民間企業におけるビジネス利用は禁止されています。

　ただ、金融機関は、事務手続き上、お客様から個人番号が表示された書類の提出を受ける場合があります。この点に関して、内閣府管轄の特定個人情報保護委員会（注：2016年1月1日に改組し、現在は｜個人情報保護委員会｜）発表による「特定個人情報の適正な取扱いに関するガイドライン（事業者編）」では、個人番号および個人情報の漏えい等を防止するために、次のような安全管理措置を講ずることとされています。

(1) 安全管理措置

① 基本方針の策定
　関係法令、ガイドライン等の順守、苦情処理の窓口等
② 取扱規程等の策定
　取扱方法、責任者・事務取扱担当者およびその任務
③ 組織的安全管理措置
　安全管理措置を講ずるための組織体制整備
④ 人的安全管理措置
　事務取扱担当者の監督および教育
⑤ 物理的安全管理措置
・情報漏えい等を防止するため、個人情報ファイルを取り扱う情報システムを管理する区域および事務を実施する区域を明確化
・電子媒体または書類等を持ち出す場合において、容易に個人番号が判明しない措置の実施

・ 事務取扱上必要がなくなった場合で、法定の保存期間等が経過した場合は速やかに削除

⑥ 技術的安全管理措置

・ 事務担当者および取り扱う個人情報ファイルの範囲を限定するため、アクセスできる情報の範囲や事務取扱担当者を限定

・ 外部からの不正アクセスの防止

・ 情報漏えい等の防止

(2) 取扱上の留意点

上記ガイドライン別冊「金融業務における特定個人情報の適正な取扱いに関するガイドライン」に関するQ&Aでは、住宅ローンに関係するものとしては次のように説明しています。

① 個人番号が記載された給与所得の源泉徴収票を使用する場合

本人および扶養家族の個人番号が記載されていない源泉徴収票の交付を受けるのが原則であるが、個人番号が記載された源泉徴収票を住宅ローンに活用する場合は、個人番号部分を復元できない程度にマスキングする等の工夫をすること。

② 顧客から契約ごとに提供を受けた個人番号による名寄せ

住宅ローン審査等で、必要な範囲で名寄せを行い、同一人物であることを確認することは利用制限に違反しないが、それ以外の事務で金融機関独自に顧客情報（商品購入履歴、資産情報等）を検索・管理するために個人情報を利用することはできない。

(3) 窓口での個人番号による本人確認

窓口での個人番号による本人確認を行う場合は、次の番号確認書類と身元確認書類（いずれも原本）が必要となります。

① 番号確認

個人番号カード（裏面）、通知カード、個人番号が記載された住

民票の写しまたは住民票記載事項証明書

② 身元確認

個人番号カード（表面）、運転免許証、運転経歴証明書、パスポートなど顔写真付きの公的証明書

（4）個人番号利用によるメリット

① 申込時の提出書類の収集が容易になる。

② 住宅ローン控除など税務申告の手間が軽減される。

（5）将来的な方向

当初、個人番号の民間企業による利用は禁じられていましたが、その後逐次これが解禁されはじめており、今後次のようなことが可能となる予定です。

① 2018年1月から預貯金口座への付番が開始されており、登録するか否かは当初は任意としているが、2021年を目処にこれを義務化することが検討されている。

② その結果、住宅ローン分野においても収入が明確に把握できるほかすべての銀行口座の情報を把握することができ、また、過去の情報まで遡り延滞履歴等も明らかになるなど審査機能が強化されるとともに審査のスピードアップにつながることになる。

チェックリスト 3 マイナンバー制度

項　　目	チェック事項	Check	対　　策
苦情処理	苦情処理窓口の設置		
取扱規定	取扱規定の策定		
安全管理措置	組織的安全管理措置		
	人的安全管理措置		
	物理的安全管理措置		
	技術的安全管理措置		
源泉徴収票	マスキング		
本人確認	番号確認		
	身元確認		

4 重要事項の説明

　住宅の販売に関しては、「宅地建物取引業法」により「重要事項」の説明が義務付けられていますが、住宅ローンに関しては特にそのような法令上の義務付けはなく、「重要事項」の定義も定められていません。しかし、全国銀行協会では消費者保護の観点から、傘下銀行に対し、「重要事項」につき消費者に対し十分な説明を行うことを求めており、「住宅ローン利用者に対する金利変動リスク等に関する説明について」などの申し合わせがあります。銀行は、住宅ローンの申込みを受けるにあたっては、次のような融資に関する条件を「重要事項」として十分説明し、顧客の理解と納得を得ておかなければなりません。

(1)「重要事項」として説明が求められる主なポイント

① 融資金額
② 返済期間（返済開始時期、完済時期）
③ 金利（次項28ページにて詳説）
　・金利タイプごとの特徴、特に金利上昇リスクの説明。変動金利の未払利息の説明は必須
　・金利上昇時のリスクは、金利上昇により返済額が増えるという説明にとどまらず、毎月返済額のシミュレーションにより具体的な金額で説明
　・金利変更ルールと返済額見直しルール。基準金利の変動に伴う適用金利の変更ルールと返済額見直しルール
　・金利タイプの変更ルール
④ 手数料等
　・事務手数料、繰上返済手数料、固定金利特約設定手数料、条件変更手数料のしくみと金額、支払方法など

・保証料、団体信用生命保険料等のしくみと金額、支払方法

・税金、登記費用など

・遅延損害金

⑤ 返済方法

・元利均等返済と元金均等返済のしくみと特徴

・ボーナス併用返済のしくみと留意点

⑥ 返済期間・毎月返済額

・返済期間と毎月返済額の関係

・毎月返済額は無理なく返せる金額か

・完済時年齢はライフプランから見て妥当な年齢か

⑦ 繰上返済

・繰上返済のしくみと効果

・繰上返済できる金額、時期など

⑧ 個人信用情報機関への登録および登録情報の利用

⑨ 保証機関・連帯保証人（連帯債務者）

・機関保証のしくみ

・連帯保証人（連帯債務者）を必要とする場合

⑩ 返済困難・返済不能時の措置

・返済困難時の対応方法

・返済不能時（長期延滞）の対応方法（任意売却、代位弁済、競売など）

（2）金利リスクについて（詳説）

●借入れ前の金利リスク

公的融資を除き、住宅ローンは基本的に申込時ではなく融資実行時の金利が適用されます。このことは、申込当初に顧客に説明して十分な理解を得ておくことが必要です。

申込時から融資実行時までの間に金利が上昇した場合、負担額が増えるので、その負担増に耐えられる程度の余裕をもった計画を組むことが

必要です。なぜならば、金利上昇により、住宅取得計画を組み直さなければならない事態となることもあるからです。金利が上昇した場合、どの程度の負担増になるかを具体的な数字で示し、家計がそれに耐えられるかどうかも検証しておくことが必要です。

　図表Ⅱ-1は金利が上昇した場合、どのくらいの影響があるかを示したものです。

図表Ⅱ-1　金利上昇に伴う返済額比較表

前提条件　借入額　　　　　　3,000万円
　　　　　返済期間　　　　　35年
　　　　　返済方法　　　　　元利均等返済
　　　　　申込時金利　　　　年1.5%
　　　　　融資実行時金利　　年2.0%

	申込時	融資実行時	差　額
金　利	1.5%	2.0%	0.5%
毎月返済額	91,855円	99,379円	+7,524円
全期間返済額	3,858万円	4,174万円	+316万円

　申込時に1.5%だった金利が、融資実行時には2.0%に上昇していたとすると、毎月返済額が7,524円、全期間返済額が316万円増加することになり、ライフプランに少なからず影響を与えることになります。

●借入れ後の金利リスク

申込時に次の点につき説明し、理解を求めておくことが必要です。

(a) 変動金利型の金利リスク

① 一般的に4月と10月の年2回、短期プライムレートに連動して金利が見直される。

② 元利均等返済の場合、返済額は5年ごとに見直しを行い、金利変動とのギャップは、6年目以降の返済額で調整する。

③ 5年目ごとに返済額を見直す場合、返済額のアップ率は25%（財形住宅融資は50%）で頭打ちとし、その場合発生する未払い分につ

いては、6年目以降の返済で調整する。

④　元利均等返済で金利が急激に上昇した場合、利息金額だけで毎月返済額をオーバーし、未払利息が発生することがある（68ページ参照）。

(b)　固定金利期間選択型の金利リスク

①　固定金利期間が経過したのちは、再び固定金利期間選択型を選択しなければ変動金利型に移行するので、金利リスクが伴う。

②　特に3年・5年など短期固定の固定金利期間選択型については、当初金利は低いが固定金利期間経過後の期間が長い分だけ長期固定に比べ大きな金利リスクを伴う。

図表Ⅱ-2は、固定金利期間選択型で借りたローンの返済額が、将来金利上昇によってどのくらい負担が増えるかを示したものです。

3年固定の固定金利期間選択型で、返済期間35年、当初3年間の金利1.0％のローンを3,000万円借りた場合、毎月返済額は84,686円ですが、仮に固定金利期間の3年が経過した時点の金利が1.5％に上昇したとすると、毎月返済額は8％近くアップして、91,264円となります。

図表Ⅱ-2　固定金利期間選択型の固定金利期間経過後の返済負担アップ額

前提条件		
	借入額	3,000万円
	返済期間	35年
	返済方法	元利均等返済
	金利タイプ	固定金利期間選択型（3年固定）
	金　利	当初3年間　年1.0％
		4年目以降　年1.5％

91,264円（金利1.5％）　7.8％アップ

84,686円（金利1.0％）

借入れ　　3年目

毎月返済額

返済期間

(c) **全期間固定金利型の金利リスク**

　低金利時代においては、長期にわたり低い金利が保証されるので、利用者にとってメリットがありますが、高金利時代においては、世の中の金利が低下しても、借りているローン金利が高止まりしてしまうというデメリットがあります。

(3) 重要事項説明の際の留意点

① 説明は、お客様の知識、経験等に照らして十分理解できる説明、方法で行わなければなりません。
② 特に金利リスクについては、十分理解できるまで説明しなければなりません。
③ 金利の予測については断定的に行ってはなりません。
④ 審査の結果、希望条件に合った融資に応じられない場合があることを、あらかじめ伝えておかなければなりません。

4 重要事項の説明

チェックリスト　4 重要事項の説明

項　目	チェック事項	Check	対　策
融資金額	本人の意思確認		
返済期間	本人の意思確認		
金利	借入れ前の金利リスクの説明（金利決定時期、申込時から融資実行時までの間に金利が上昇した場合の負担増を具体的な金額で説明）		
	各金利タイプごとの特徴、特に金利リスクの説明		
	金利上昇時の毎月返済額のシミュレーション		
	変動金利型の未払利息の説明		
	金利変更ルールと返済額見直しルールの説明		
	金利タイプ変更ルールの説明		
諸費用・税金	手数料・保証料・団信保険料・税金、登記費用等のしくみ、金額、支払方法の説明		
返済方法	元利均等返済と元金均等返済のしくみ、ボーナス併用返済のしくみと留意点についての説明		
返済期間・毎月返済額	無理なく返せる返済期間と毎月返済額についての説明		
繰上返済	繰上返済のしくみと効果についての説明		
信用情報機関	個人信用情報機関への登録情報についての説明		
保証・連帯債務	機関保証、連帯保証人・連帯債務者についての説明		
返済困難時・返済不能時	返済困難時・返済不能時の措置についての説明		
重要事項説明の留意点	顧客の知識、経験等に照らして十分に理解できる説明であったか		
	金利の予測について断定的な説明をすることはなかったか		

5 適合性の原則

　住宅ローンのアドバイスを行うにあたり、最も重要なことは、借入額や返済計画が適正であるか（お客様に適合しているか）どうか、すなわち「適合性の原則」に則った計画であるかということです。「いくら借りられるか」よりも「いくら返せるか」が重要なポイントで、あくまでもその住宅ローンがお客様の返済能力に適合しているか否かという観点からアドバイスをしなければなりません。

　以下にそのチェックポイントを掲げます。

（1）借入金額はお客様の家計からみて無理のないものであるか

　借入可能額を算定する場合、返済負担率を基準に計算する方法が広く採用されています。特に、住宅供給事業者は、金融機関で定められた返済負担率によって計算した借入額を借入可能額とみなし、目いっぱい借りることをお客様に勧める傾向があります。しかし、金融機関で定めた返済負担率は、決してお客様の返済能力を保証するものではありません。お客様の返済能力は、返済負担率の検証に加えてライフプラン的観点から判断する必要があります。

（2）ライフプラン的観点とは

　返済能力は、単に現在の収入と返済額の比率だけで機械的に判断することはできません。

　職業、収入の安定性、保有資産、家族構成、今後の就労計画（妻のパート、定年後の就労等）、子どもの教育計画ほか、様々なライフイベントを考えて計画を組む必要があります。特に子どもの教育費支出が大幅に

増加する時期にローン返済が可能か否か、次項の完済時年齢とも関連し、老後資金は確保できるか否かの検証も必要です。キャッシュフロー分析が必要とされる所以です。

もし、計画が無理な場合は、ライフイベントに優先順位をつけて見直すか、取得物件の見直しが必要となります。可能であれば、「相続時精算課税制度」や「直系尊属からの住宅取得等資金の贈与に係る非課税措置」など生前贈与を利用した親の援助も検討します（144 〜 147ページ参照）。

借入時の年齢も将来の返済負担を見る上で、大きな要素になります。借入時の年齢によっては、今後の返済期間が短くなり、毎月返済額が家計負担能力を超えることもあります。申込人の現在年齢を考慮せずにローン借入れを勧めることは、控えなければなりません。

（3）完済時年齢は適正か

金融機関は、最終返済時年齢をおおむね75歳ないし80歳と定めていますが、定年退職後15年〜 20年間にわたり返済を続けていくことは、一般的には困難であり、60歳には完済できるような計画で臨む必要があります。

60歳までに完済しようとすると、毎月返済額が多額となり、負担が困難な場合もあります。その場合は、当初長めの返済期間でスタートし、途中で繰上返済して期間を短縮する方法もあります。ただし、将来、繰上返済をする原資が確保できるか否かも検討した上で取り組むことが必要です。

（4）お客様のリスク許容度はどのくらいか

将来金利が上昇した場合、返済額がアップして家計を圧迫することが考えられます。申込人の家計がどの程度の金利上昇までならば耐えられるか、シミュレーションを行って、具体的な数字で把握しておくことが

必要です。

リスク許容度の高い家計ならば、ある程度リスクを取っても、当面は金利の低い変動金利型や短期固定の固定金利期間選択型を利用することも場合によっては選択肢のひとつとして考えられます。一方、リスク許容度の低い家計は、全期間固定金利型か長期の固定金利期間選択型を利用するのがよいでしょう。

なるべく自己資金を多くして、借入額を圧縮すれば、それだけリスクは低くなります。将来、もし何らかの原因で返済困難に陥った場合も、借入残高が少なければ、家を売却してローンをクリアできる可能性が高くなりますから、なるべく多くの自己資金を投入して借入金額を圧縮することは、健全な方法といえます。

(5) 取得希望物件は本人の属性からみて相応のものか

本人の年齢、収入、資産、家族構成などからみて、極端に贅沢なものでないか等もチェックポイントになります。本人の趣味で不相応な高価な物件を購入すると、返済負担が重くなるのみでなく、あまりにマニアックな物件は将来売却する場合も売りにくい物件となります。

チェックリスト　5 適合性の原則

項　目	チェック事項	Check	対　策
借入金額	家計からみて無理のない金額か		
ライフプラン的観点	収入の安定性、保有資産、就労計画等の検討		
	子どもの教育資金は無理なく準備できるか		
	老後資金は無理なく準備できるか		
	計画が無理な場合のライフイベント見直し		
	借入時年齢が遅すぎることはないか		
完済時年齢	60歳までに完済できる予定か		
リスク許容度	何%までの金利上昇に耐えられるか検証したか		
取得希望物件	取得希望物件は分相応のものか		

6 本人確認と借入れ意思の確認

　住宅ローン申込みを受け付ける場合、申込人が間違いなく本人であり、申込内容も本人の意思に間違いないことを確認することが必要です。

(1) 本人確認

　近年、提出書類を偽造して融資金を詐取したり、犯罪で得た資金を、不動産売買等を通して合法的な資金を装うマネーロンダリングが横行しています。これらは、テロや闇金融など新たな犯罪の温床となっているため、これを未然に防止する目的で、従来銀行に義務付けられていた本人確認が更に強化され、2007年3月に「犯罪収益移転防止法」が制定されました。同法では、金融機関や宅建業者を含む47業種が「特定事業者」に指定され、次の措置が義務付けられています。

(a) 取引時確認および確認記録の作成

　顧客の本人特定事項（氏名、住居、生年月日）、取引目的、職業を確認する。運転免許証、パスポート、個人番号カードなど写真付本人確認書類等で確認すること。顔写真のない確認書類の場合は、①健康保険証、年金手帳等、別の本人確認書類を追加提示する、または②本人確認書類に記載の住所に取引関係文書を転送不要郵便等で送付する。コピーを取る場合は、本人の了解を得、センシティブ（機微）情報については塗りつぶしなどの処置が必要。

　なお、ネットバンキングによる取引の利便性を高めるため、2018年11月30日から、ネットで運転免許証などの身分証と現在の顔写真を撮影し、セットで送信することにより、ネットで本人確認を完結することが可能となった。

(b) 確認記録の保存

　確認記録は7年間の保存義務あり。保存期間を定めておき、必要なく

なったら廃棄するルールも必要。

（C）疑わしい取引の届出

特定業務において収受した財産が犯罪による収益である疑いがあり、またはマネーロンダリングの疑いがあると認められたときは、速やかに行政庁に届け出ることが義務付けられた。

（2）借入れ意思の確認

本人の意思による借入れであることを確認するためには、次のことを励行することが必要です。

① 借入申込書、契約書類は、署名のみでなく、内容もすべて本人の自筆で作成すること。

② 作成は、金融機関担当者の面前で行うこと。

金融庁では、毎事務年度（7月〜翌年6月）当初に金融機関に対する監督方針を業態別に公表していますが、平成25年9月6日に平成25事務年度の監督方針が公表されました。その中で住宅ローンに関しては、主要行等向けと中小・地域金融機関向けの共通事項として、次のとおり監督方針が示されています。

　　「平成25事務年度　中小・地域金融機関向け監督方針」（抜粋）
　住宅ローンについては、以下の点に特に留意する。
・顧客の理解と納得を得るために、将来の金利の変動の可能性を含め住宅ローンの商品性について適切かつ丁寧な顧客説明に努めることを求めていく。また、顧客への適切かつ丁寧な説明態勢の構築が図られているかについて確認する。
・顧客の将来にわたる無理のない返済を念頭に置きつつ、顧客の経済状況等実態に応じたきめ細かな融資判断を通じた資金供給の円滑化を促していく。
・債務者から条件変更等の申し出があった場合に、当該債務者の経済状況等を十分踏まえた適切な対応を行っているか等について確認する。
・住宅ローンについてグループ保証会社等が保証している場合（住宅ローン債権を当該保証会社等が代位弁済により取得した場合を含む。）、当該保証会社においても、適切な対応が図られるよう、指導・協議・要請等を行っているか等について重点的に確認する。

・住宅ローンに関して、その商品性や金融機関間の競争の高まりや市場動向等に鑑み、延滞状況等の管理だけでなく、貸出金利の低下等により採算割れとなっていないか確認するとともに、繰上返済の発生状況、与信時から一定期間経過後にデフォルトが発生する特性等を勘案したリスク管理態勢がとられているかについて確認する。

・特に、顧客保護に関するコンプライアンスは、形式的に法令等を遵守するだけでは足りず、法令等の趣旨・目的を十分に理解した上で、公共性が高く信頼性が求められる金融機関として、顧客や社会の求める水準を認識し、その期待に応えていくことが重要である。そのためにも、まずは、顧客の属性（知識、経験、財産の状況、目的等）に照らして、販売・勧誘を行うことが適当な金融商品等であるかを的確に検討・判断し、金融商品等の開発を行うことが必要である。その上で、金融商品等の販売・勧誘に際し、顧客の属性に応じた適切な説明を行うとともに、顧客の目線に立ち、生活設計やマネープランといった顧客の資産運用ニーズを真に踏まえた観点からコンサルティング機能を適切に発揮していくことが重要である。

チェックリスト　6 本人確認と借入れ意思の確認

項　目	チェック事項	Check	対　策
本人確認	写真付きの公的証明で確認したか		
	取引記録の作成・保存を行ったか		
	疑わしい取引について行政庁に届出を行ったか		
借入れ意思の確認	借入申込書・契約書類はすべて本人の自筆によるものか		
	借入申込書・契約書類は金融機関担当者の面前で作成したか		

PART III

知っておくべき住宅ローンのポイント！

1 住宅ローンの種類と特徴

(1) 公的融資

●住宅金融支援機構の融資および関連業務

　住宅金融公庫（以下「公庫」）は2007年3月に廃止され、独立行政法人住宅金融支援機構（以下「機構」）に衣替えしました。それに伴い、公庫の直接融資は原則廃止され、災害融資や高齢者向け融資など民間では対応しにくいものを中心に、次の融資業務を実施しています。

(a) 財形住宅融資（財形持家直接融資）

　財形持家転貸融資や共済組合直接融資、福利厚生会社（財形住宅金融㈱）融資などを利用できない企業の従業員、公務員などが、機構を利用して財形住宅融資を借り入れることができます（詳細は44～46ページ参照）。

(b) リフォーム融資

　耐震改修工事[注1]またはバリアフリー工事を行った場合の費用を融資する制度です。

　高齢者向け返済特例制度[注2]を利用する場合と利用しない場合で融資条件が異なります。

　（注1）次のいずれかの工事が対象となります。
　　　①耐震改修　　都道府県や市町村の認定を受け、耐震改修計画に従って行う工事
　　　②耐震補強　　機構の定める耐震性に関する基準に適合するよう行う工事
　（注2）高齢者向け返済特例制度　　高齢者（申込時満60歳以上）が借入金により工事を行った場合に利用できる制度で、生存中は元金を据え置いて利息のみ支払い、死亡時に物件の売却等により元金を一括返済する特例措置（リバースモーゲージ）

(c) 災害復興住宅融資

　自然災害により被害が生じた住宅の所有者で、地方公共団体から罹災証明書を交付された人が、建設、購入または補修する場合に利用できる融資制度です。東日本大震災、阪神・淡路大震災など、機構が指定した災害が対象になります。

【災害復興住宅融資制度の主な内容】（2019年5月現在）

　この融資制度では、次のとおり特別な救済措置を講じています。

① 融資限度額　　融資メニューとして、建設資金[注1]や購入資金[注2]では、基本融資額に加え特例加算[注3]を設けるほか、修繕資金では補修資金[注4]や引方移転資金[注5]、整地資金[注6]も融資対象としている。

(注1) 建設資金（基本融資額）　最高1,650万円

(注2) 購入資金（基本融資額）　最高2,620万円（うち土地取得資金970万円）

(注3) 特例加算　　　　510万円

(注4) 補修資金　　　　730万円

(注5) 引方移転資金　440万円

(注6) 整地資金　　　　440万円

② 金利　　機構の一般個人向け融資から大幅な引下げを行っている。

以上のほか、中古住宅向けの融資メニューもあります。

なお、高齢者向けに次の融資制度が新設されました。

【災害復興住宅融資（高齢者向け返済特例）】

① 申込時年齢　　満60歳以上

② 申込資格　　「罹災証明書」が交付されていること

③ 融資限度額　　通常の災害復興住宅融資制度に準じた融資限度額

④ 金利　　全期間固定金利　年1.95％（2019年5月1日現在）

⑤ 返済方法　　借入期間中は毎月利息のみ返済。元金は申込人（連帯債務者を含む）全員が死亡したとき、担保物件を売却して一括返済（リバースモーゲージ）。売却・一括返済した後残債務があった場合も返済免除（ノンリコースローン）

【東日本大震災被災者向け特例措置】（2019年5月現在）

①金利　　・建設資金、購入資金、整地資金…当初10年間は年0％、

11年目以降は年0.41％と大幅に引下げ

②返済期間　　住宅の建設または購入の場合、当初5年間元金据置可

（据置期間分期間延長可）

(d) 地すべり等関連住宅融資

地すべりや急傾斜地の崩壊により被害が生じるおそれのある家屋を移転したり、これに代わる住宅を建設または購入する場合に利用できる融資制度です。

(e) 宅地防災工事資金融資

地方公共団体から、宅地を土砂の流出などによる災害から守るための工事を行うよう勧告または改善命令を受けた人が利用できる融資制度です。

(f) 個人向け直接融資の廃止に伴い、経過措置として実施するもの

住宅債券（つみたてくん）または住宅積立郵便貯金の積立者で一定の要件を満たした人が利用できる次の融資。

①マイホーム新築融資、②建売住宅購入融資、③マンション購入融資、④分譲住宅購入融資、⑤リ・ユース住宅購入融資、⑥リフォーム融資、⑦住まいひろがり特別融資

図表Ⅲ-1　機構直接融資（経過措置）の融資概要（マイホーム新築融資の場合）

項　　目	内　　容
資金使途	本人が所有し居住する住宅の建設、新築
申込資格	借入時年齢70歳未満（親子リレー返済利用の場合は70歳以上も可） 日本国籍を有するか一定の要件を満たす外国人 毎月返済額の5倍以上の月収があること（「つみたてくん」利用の場合は4倍以上）
住宅の規模	80㎡以上280㎡以下。一戸建て等の敷地面積は100㎡以上
金　　利	申込人の収入、建物の構造・種類、床面積等により異なる。申込時金利適用
融資額	地域・規模により融資限度額が異なる 給与収入のみの場合 　　　　　年収800万円以下の人　　住宅部分の建設費の8割 　　　　　年収800万円超の人　　住宅部分の建設費の5割

融 資 額	給与収入のみ以外の場合 　　　　　所得金額が600万円以下の人　　　住宅部分の建設費の8割 　　　　　所得金額が600万円超の人　　　　住宅部分の建設費の5割 （2002年3月31日以前に「つみたてくん」または住宅積立郵便貯金 　の積立てを開始した人は年収にかかわらず8割）
返済期間	最長35年。完済時80歳以下。リフォームは最長20年
担　　保	建物および敷地に機構のために第1順位の抵当権設定
火災保険	損保会社の火災保険または火災共済を付保
団体信用 生命保険	機構団信任意加入

(注1)「つみたてくん」は、すべての債券が満期を迎えているが、一定の要件を満たしていれば経過措置として融資を受けることができる

(注2) 特約火災保険は2016年3月31日をもって新規引受を終了している

(g) 賃貸・分譲事業者向け融資

① 省エネ賃貸住宅建設融資（子育てファミリー向け）

　　一定の要件を満たした省エネルギー性能の高い子育て世帯に適した良好な賃貸住宅の建設または改良に必要な資金を融資する制度です。

② サービス付き高齢者向け賃貸住宅の建設・購入・リフォーム融資

　　2011年改正の「高齢者の居住の安定確保に関する法律」に基づく「サービス付き高齢者向け賃貸住宅」の建設・購入・リフォーム資金融資です。

③ まちづくり融資（長期建設資金）

　　小規模な共同建替えから法定再開発やマンション建替えをはじめ、地区計画等に適合する建替え事業等、市街地環境の整備・改善に資する事業を支援する融資制度です。

(h) マンション共用部分リフォーム融資

マンション共用部分のリフォーム融資制度で、管理組合が借り入れ、公益財団法人マンション管理センターなどが保証人となります。一定の金額内で工事費の80％が融資額の上限、返済期間は10年以内です。区分所有者が一時金を負担する場合の区分所有者向け融資制度もあります。

(i) 住宅融資保険

民間金融機関の次のような住宅ローンが返済不能に陥った場合に、あ

らかじめ締結した住宅融資保険契約に基づき保険金を支払う制度です。

① フラット35（保証型）（54ページ参照）

② フラット35パッケージ

　　金利変動に影響されないフラット35と低金利のメリットが受けられる「変動金利型」・「固定金利期間選択型」の民間ローンを一体的に融資するものです。民間住宅ローンも機構融資と一体的に審査を行い、融資も同時に決定します。申込時の提出書類を機構融資と共用するので、書類のムダがありません。保証料や繰上返済手数料は不要です。

③ フラット35つなぎ融資

　　フラット35またはフラット35パッケージの場合、融資実行までの間に発生する土地取得費、工事着工資金、中間金、住宅竣工後の受渡し代金等に対して行うつなぎ融資です。

④ 中小金融機関の融資

　　子会社に保証会社を有しない中小金融機関の住宅ローンです。

⑤ リバース60

　　金融機関が満60歳以上の利用者に対して、次の資金を融資するリバースモーゲージ型住宅ローン[注1]です。

・自己居住用住宅の建設・購入またはリフォーム資金

・サービス付き高齢者向け賃貸住宅の入居一時金

・住宅ローンの借換え資金

・親の住宅を担保とする子世帯の住宅の建設・購入資金

・「リコース型」と「ノンリコース型」がある[注2]

　（注1）利用者全員が死亡したときに元金を一括返済するローン

　（注2）回収金に不足がある場合、「リコースローン」では相続人が不足分を負担することになるのに対し、「ノンリコースローン」は負担が免除される

●財形住宅融資

（a）種　類

　財形住宅融資には、次の4つの種類があります。

1 住宅ローンの種類と特徴

図表Ⅲ-2　財形住宅融資の種類

種類	実施主体	利用者	原資
財形持家転貸融資	勤労者退職金共済機構	転貸融資制度を採用している企業の従業員	企業が勤労者退職金共済機構から調達（転貸）
共済組合直接融資	公務員共済組合	公務員	共済組合が財形取扱金融機関等および勤労者退職金共済機構から調達
福利厚生会社転貸融資	財形住宅金融㈱	財形住宅金融㈱の会員企業の従業員	財形住宅金融㈱が勤労者退職金共済機構から調達（転貸）
財形持家直接融資	住宅金融支援機構（沖縄においては沖縄振興開発金融公庫）	上記制度が利用できない企業の従業員、公務員（国家公務員を除く）	住宅金融支援機構等が財形取扱金融機関等から調達

(注1) 融資限度額、最長返済期間などは、実施主体によって異なる場合がある

(注2) 企業の従業員が財形持家転貸融資を企業から借りた場合、その企業を退職するとき残債務を原則として一括返済しなければならない。なお、債権債務関係を勤労者と勤労者退職金共済機構に移行させることもできる

(注3) 中小企業勤労者が財形持家転貸融資を企業から借りる場合、当初5年間、通常金利より0.2%引き下げた金利を適用する

(b) 融資条件

図表Ⅲ-3　住宅金融支援機構の財形住宅融資（機構財形住宅融資）の主な融資条件

項　　目	融　資　条　件
借入資格	・直近2年以内に財形貯蓄の積立てを行っていること ・借入申込日現在70歳未満で、かつ財形貯蓄を1年以上継続し、申込日現在50万円以上の残高を有していること ・事業主から所定の負担軽減措置(注1)を受けること
資金使途	・住宅の購入・新築・改良（増改築）の費用 ・住宅と併せて取得する土地購入代金
融資限度額	財形貯蓄残高の10倍（最高4,000万円）かつ取得価額の90%(注2)
返済期間	新築、新築住宅の購入　　　　35年以内 リ・ユース住宅購入 　　耐用性等により　　　　25年ないし35年以内 リフォーム　　　　　　　20年以内 80歳までに完済のこと
金　　利	5年固定金利制
返済方法	元利均等返済、元金均等返済（ボーナス返済併用可）
担　　保	住宅金融支援機構のために第1順位の抵当権設定
団体信用生命保険	任意加入
火災保険	損保会社の火災保険または火災共済

（注1）負担軽減措置の例
　①　5年以上の期間、融資額の1％以上を支給する（その額が3万円を超える場合は年3万円でも可）。
　②　①の利子補給を借入時一括して行う（その額が15万円を超える場合は15万円でも可）。
（注2）機構財形住宅融資（財形持家直接融資）以外の財形持家転貸融資、福利厚生会社転貸融資なども同じ融資率。ただし、共済組合直接融資は、もともと当該共済組合独自の住宅融資制度の枠内で独自の融資率で実施している。

　なお、東日本大震災の被災者に対しては、融資条件の特例措置があります。

●自治体融資

　都道府県、市町村等の自治体が行っている制度。自治体が直接資金を融資する「直接融資」と、自治体が金融機関をあっせんしたり、利子補給をする「間接融資」があります。

　自治体内に居住しているか、勤務先が自治体内にある人への融資で、すべての自治体が行っているわけではなく、融資条件も自治体により異なります。

(2) 民間融資

●住宅ローンを扱う民間金融機関

　都市銀行、信託銀行、旧長期信用銀行、地方銀行、第二地方銀行、信用金庫、信用組合、労働金庫、生命保険会社、損害保険会社、信販会社、農業協同組合、漁業協同組合、ネット銀行やモーゲージバンク^(注)などの金融機関が扱っています。

　（注）モーゲージバンクとは、証券化により資金調達を行う住宅ローン専業の融資会社。

●民間住宅ローンの種類

　民間金融機関の住宅ローンには「提携ローン」と「非提携ローン」があります。「提携ローン」は、ハウスメーカーやマンション業者など住宅供給事業者、勤務先企業などとの提携により実施するもので、一般的に金利等が優遇されており、手続きも定型化されています。

「非提携ローン」はバラ売りのローンであり、利用者が店頭などで個別に申し込みます。

●民間住宅ローンの融資条件

融資条件は金融機関により異なります。以前は、銀行の融資条件はほぼ横並びに近い形でしたが、最近は、キャンペーンや付加価値の付与等により特色を出して差別化を図っています。また、新規参入銀行やモーゲージバンクおよび一部の既存銀行などは、保証料や手数料の無料扱い、融資額に比例した手数料設定、団体信用生命保険の任意加入など、さらに踏み込んだ特色を出しています。

図表Ⅲ－4　一般的な民間住宅ローンの融資条件（大手銀行の例）

項　　目	融　資　条　件
借入資格	借入時20歳以上70歳以下、完済時80歳以下
資金使途	自己居住用住宅の建築・購入・増改築資金、借換資金と諸費用
借入金額	30万円以上1億円以内（10万円単位） 返済負担率、担保評価額による制限あり
借入期間	2年以上35年以内（1年単位）
借入金利	固定金利型、変動金利型、固定金利期間選択型の3タイプ
返済方法	元利均等返済方式、元金均等返済方式、ボーナス併用可
担　保	融資対象物件に保証会社を抵当権者とする抵当権設定
保証人	系列保証会社の保証
保証料	一括前払い型と利息上乗せ型あり
事務手数料	1件あたり32,400円
団体信用生命保険	強制加入
繰上返済手数料	金利タイプ、繰上返済金額などにより1,000円～50,000円
その他	疾病保障付き、ローン返済支援保険あり

●多様化する住宅ローン商品

住宅ローンをめぐる金融機関同士の競争は激化しており、各機関とも利用者のニーズにあわせ多様なローン商品を取り扱っています。

（a）金利リスクへの対応

金利リスクに対する利用者の関心は高まっており、そのニーズに対応して長期固定金利型のローン商品の品揃えが進んでいます。金利タイプ

の異なる商品の組合せにより、変動金利ないし短期固定の低金利と、長期固定の安心感の両方のメリットを併せ享受しようというものもあります。

多くの金融機関で、20 ～ 35年返済の超長期固定金利型を取り扱っていますが、一方、変動金利と固定金利を自由に切替えができるところ、固定金利期間中でも金利タイプが変更できるところ、複数の固定期間を選択できる固定金利期間選択型を取り扱っているところ（ソニー銀行の部分固定金利特約）などがあります。

(b) 返済方法の多様化

① 元金均等返済　　フラット35では、多くの銀行で元金均等返済を取り扱っています。銀行のプロパーローンでも取り扱っているところが増えています。

② 自動繰上返済　　普通預金の残高が一定額を超えた場合、超えた部分につき自動的に繰上返済手続を行うサービス。その場合、繰上返済手数料を無料とする銀行もあります（三井住友信託銀行）。さらに、繰上返済を行った後、資金が必要となったとき、短縮した期間内で元金返済の据置きを可としている銀行もあります（新生銀行）。

③ ライフプランに応じた返済計画　　共働きの期間は返済額を多くし、教育費のかかる期間は返済額を低く抑えるなど、ライフプランに応じて返済額を変更できるサービス。例えば、定額返済プラン（三井住友銀行）、返済額増額指定サービス（みずほ銀行）、返済休暇制度（東京スター銀行）など。

④ 元金据置き　　借入当初1年以内は利息のみを支払い、元金は据え置くサービス（三菱UFJ銀行、みずほ銀行など）。

⑤ 変動金利型の返済方法変更ルール　　金利見直しの都度返済額を見直す（返済額アップの上限なし）扱いを行っている銀行もあります（ソニー銀行）。

(c) 負担軽減

保証料・繰上返済手数料などの無料扱い、普通預金残高に連動した金

利負担軽減など、支払負担額の軽減メリットをアピールする商品が数多く登場しています。

① 保証料無料　　新生銀行、東京スター銀行、ソニー銀行、オリックス銀行、住信SBIネット銀行などの新規参入銀行など。

② 繰上返済手数料無料　　ネットで手続きした場合、多くの銀行で実施。

③ 預金連動型住宅ローン　　普通預金残高相当額に連動して、住宅ローン金利負担を軽減。ただし、返済休暇制度、固定金利選択手数料無料扱い、繰上返済手数料無料扱い、入院保険付保、団体信用生命保険等のサービスが組合せにより３つのパックになっており、各パックごとにメンテナンスパック料が必要（東京スター銀行）。

④ 金利優遇等　　その他、各銀行ごとに次のような特色を出した金利優遇商品を取り扱っています。

（ア）自己資金比率など信用度による金利優遇（多くの銀行）。

（イ）女性優遇　　多くの銀行で取り扱っていますが、銀行により優遇内容が異なります。優遇内容としては返済支援特約付医療保障保険付保、金利優遇、繰上返済手数料無料扱い、契約社員・単身者への融資などがあります。例えば、女性向け特典（三菱UFJ銀行）、凛（りそな銀行）、エグゼリーナ（三井住友信託銀行）など。

（ウ）大家族優遇　　一定人数以上の家族の場合、金利優遇（信用金庫中心に取扱いあり）。

（エ）オール電化住宅専用ローン　　電力会社と提携、オール電化住宅に対する住宅ローンを金利優遇（多くの銀行で取扱いあり）。

（オ）ガス省エネ住宅専用ローン　　ガス会社と提携、ガス省エネ住宅に対する住宅ローンの金利を優遇（多くの銀行で取扱いあり）。

(d) **リスク管理**

① 疾病保障付き　　多くの銀行で取り扱っていますが、取扱銀行により次のようにいろいろな保障パターンがあります。

・ガンと診断された場合、以後の返済免除

・急性心筋梗塞、脳卒中と診断され、所定の状態が60日以上継続したら、以後の返済免除

・七大疾病と診断された場合、就業障害期間につき返済免除（免責期間30日、1年以上継続で全額免除）

・病気・ケガにより入院した場合、当月の返済額を支払い

② ローン返済支援保険　　大半の銀行で取り扱っています。詳細は、PART III「12ローン返済支援保険」（107ページ）参照。

③ ガン保障特約付団体信用生命保険　　一部の銀行で、ローン返済期間中にガンになった場合、ローン残高相当分の給付金が支払われる特約の付いた団体信用生命保険を取り扱っています。

④ ワイド団信　　肝機能障害や高血圧など、治療中の人でも加入できる団体信用生命保険。ワイド団信については、PART III-10「(7)ワイド団信」（102ページ）を参照してください。

⑤ 自然災害時返済一部免除特約付　　自然災害により自宅が罹災した場合、住宅ローンの返済を一部免除（三井住友銀行）。

(3) フラット35

●証券化支援事業の立ち上げ

前述のように、住宅金融公庫は2007年3月で廃止され、住宅金融支援機構に衣替えしましたが、それに先立ち公庫は、民間金融機関の住宅ローン業務を支援する証券化支援事業を立ち上げ、機構の中心的な事業と位置付けています。金融機関はこれを利用した新型住宅ローンの取扱いを2003年10月から開始し、「フラット35」と命名され、公庫から受け継いだ機構も拡販に務めています。

フラット35は、民間金融機関が融資した住宅ローンの債権を証券化し、投資家に売却するもので、銀行はこれにより、調達と運用のミスマッチがなくなり、全期間固定金利の住宅ローンの取扱いが可能となりました。

●証券化支援事業（フラット35）のしくみ

公庫が始めた証券化支援事業には、「買取型」と「保証型」の2通り

があります。買取型は、機構が金融機関から住宅ローン債権を買い取り証券化するもので、保証型は、金融機関が独自に証券化し、機構は住宅融資保険（保証型用）を付保するとともに投資家に対する元利金支払保証をするものです。2003年10月にとりあえず買取型が、2007年１月に保証型がスタートしました。フラット35は、全国の銀行・信用金庫・信用組合・保険会社等のほかフラット35を主力商品と位置付けて、新たに参入してきたモーゲージバンクなどで取り扱っています。

(a) フラット35（買取型）のしくみ

① 金融機関は、顧客に対し住宅ローンを実行する（ローン借入れにあたり、顧客は、適合証明機関（検査機関）の発行する「適合証明書」を提出する）。

② 金融機関は、住宅ローンの実行後、住宅ローン債権を住宅金融支援機構に売却（債権譲渡）する。なお、住宅ローンの管理回収業務は機構が当該金融機関に委託する。

③ 機構は、買い受けた住宅ローン債権を、信託銀行等に担保目的で信託する。

④ 機構は、信託した住宅ローン債権を担保として、住宅金融支援機構債券（MBS）を発行する。

⑤ 機構は、MBSの発行代金を投資家より受け取る。

⑥ 機構は、MBSの発行代金により、金融機関に住宅ローン債権の買取代金を支払う。

⑦ 金融機関は、顧客から元利金の返済を受ける。

⑧ 金融機関は、顧客からの返済金を機構へ引き渡す。

⑨ 機構は、顧客からの返済金をもとに、投資家に債券の元利金を支払う。

フラット35と固定金利期間選択型または変動金利型ローンを併用した「フラット35パッケージ」が商品化されています。

1 住宅ローンの種類と特徴

図表Ⅲ-5 フラット35（買取型）のイメージ図

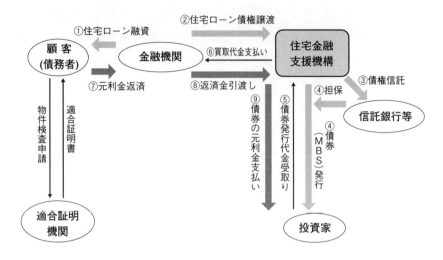

図表Ⅲ-6 フラット35（買取型）の商品概要　　2019年5月1日現在

項　目	融　資　条　件
申込資格	・年齢満70歳未満（親子リレー返済を利用する場合は70歳以上も可） ・安定した収入があること ・日本国籍を有する者、永住許可を受けている者または特別永住者 ・この住宅ローンとその他の借入金を合わせたすべての借入金の年間返済額の年収に占める割合（総返済負担率）が次の基準を満たしていること（年収合算可） 　| 年収 | 400万円未満 | 400万円以上 | 　| 基準 | 30%以下 | 35%以下 |
資金使途	・本人もしくは親族が居住する住宅の建設資金、購入資金（中古も可）または住宅ローンの借換え資金 ・現在ある住宅部分や車庫、物置等の既存建築物を敷地内に残して住宅を新築する場合も対象となる ・店舗や事務所と併用した新築住宅を購入する場合も対象となる（住宅部分の床面積が全体の2分の1以上であること） ・セカンドハウスも対象（金融機関によって取り扱っていない場合もある） ・リフォームだけのための融資は対象外。中古住宅の購入と併せて行うリフォームは対象

対象物件	共通	・床面積　一戸建て、連続建て、重ね建ては70㎡以上。共同住宅は30㎡以上 ・機構の定めた技術基準に適合する住宅（適合証明書の交付を受ける）
	新築	・建設費（建設に付随して取得した土地の購入費も含む）または購入価格が1億円以下^(※1)（消費税を含む）
	中古	・購入価格1億円以下^(※1)（消費税を含む） ・建築確認基準日が昭和56年5月31日（建築確認日が確認できない場合は、新築年月日が昭和58年3月31日）以前の場合は、機構の定める耐震評価基準に適合していること
融資金額		100万円以上8,000万円以内で、建設費または購入価額以内^(※2)
融資期間		次のいずれか短い方（1年単位） ① 15年以上35年以内（申込人の年齢が60歳以上の場合は10年以上） ② 80歳から申込時年齢（1年未満切り上げ）を減じた年数
金利		全期間固定金利（金利は金融機関により異なる）で融資実行時点の金利 段階金利もあり 返済期間（20年以下、21年以上）、融資率（9割以下、9割超）に応じて金利が異なる
返済方法		元利均等毎月払いまたは元金均等毎月払い（融資金額の40%を限度にボーナス返済併用可）
担保		機構を抵当権者とする第1順位抵当権を設定
保証人		不要　保証料無料
団体信用 生命保険		任意加入。加入する場合は、機構団体信用生命保険特約制度に加入
火災保険		融資対象物件に付保。保険金額は借入額以上とする（借入額が評価額を超える場合は評価額を保険金額とする）。保険期間、火災保険料の払込方法および質権設定の取扱いは取扱金融機関により異なる
融資手数料		金融機関によって異なる
物件検査 手数料		検査機関によって異なる
保証料・ 繰上返済 手数料		無料
併用		銀行プロパーローン可、財形住宅融資可

（※1）2019年10月1日以後の申込分から、建設費・購入価格の上限が撤廃される

（※2）融資率が90%を超える場合（借換え融資および保証型を除く）は、より慎重な審査を行うとともに融資額全体の金利が高く設定される

(b) フラット35（保証型）のしくみ

① 金融機関は住宅ローンを実行し、機構は住宅融資保険（保証型用）を付保する（ローンの借入れにあたり、顧客は適合証明機関（検査機関）の発行する「適合証明書」を提出する）。
② 金融機関は、証券化対象となる債権プールを組成する。
③ 金融機関は、債権プールを信託銀行等に債権信託する。
④ 信託銀行等は、金融機関に信託受益権を交付する。
⑤ 信託銀行等は、金融機関にサービシング（債権管理回収）業務と保険事務を委託する。
⑥ 金融機関は、投資家に信託受益権を売却する。機構は、投資家に対する元利金の支払保証をする。
⑦ 投資家は、金融機関に購入代金を支払う。

フラット35（保証型）の融資条件は、抵当権者が金融機関となるほかは、買取型に準じたものとなっていますが、金融機関により条件が異なる場合があります。

図表Ⅲ－7　フラット35（保証型）のイメージ図

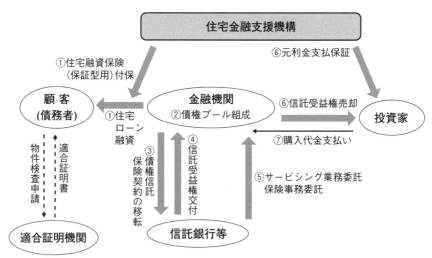

(c) 【フラット35】S

フラット35の技術基準に適合している上、次のいずれかひとつ以上の

要件につき所定の基準を満たす住宅については、一定期間の金利について優遇を受けることができます。

- ・バリアフリー性
- ・省エネルギー性（認定低炭素住宅など）
- ・耐震性
- ・耐久性・可変性（長期優良住宅）

なお、省エネルギー性、耐久性・可変性、耐震性、バリアフリー性のそれぞれの技術基準のグレードにより金利優遇期間を定め、次のとおり金利Aプラン、金利Bプランの2つのパターンに分けて実施しています（2020年3月31日までの申込分に適用）。

【フラット35】S金利Aプラン　当初10年間金利を0.25％引き下げる

【フラット35】S金利Bプラン　当初5年間金利を0.25％引き下げる

ただし、この措置は予算金額を達成する見込みとなった場合は、その時点で受付を終了します。

【フラット35】Sは、買取型・保証型のいずれにも適用され、また住宅の条件は異なりますが、中古住宅も対象となります。借換えには利用できません。

(d) 機構住みかえ支援ローン

機構と提携し住宅借上事業を実施している法人[注]が、住宅を借り上げることを条件に、住み替え先の住宅を取得するためのローン（フラット35）です。

「機構住みかえ支援ローン」の取扱金融機関は現在、日本住宅ローン㈱、日本モーゲージサービス㈱の2社です（2019年5月現在）。

> [注] 一般財団法人高齢者住宅財団による保証を活用し、移住を希望する個人から住宅を借り上げる事業を実施している法人で、現在、一般社団法人移住・住みかえ支援機構1社がこれに該当する（2019年5月現在）。

(e) ダブルフラット

ダブルフラットとは、返済期間の異なる2つのフラット35を組み合わせて利用するものです。これにより、返済期間の短い方の借入金が完済された後は、毎月の返済額が減り、家計負担が軽減されます。将来の教

育費が心配な家庭に向いています。

ダブルフラットは、次のような組み合わせが可能です。

・【フラット20】^(注) + 【フラット35】

・【フラット35】 + 【フラット35】

・【フラット20】 + 【フラット20】

（注）【フラット20】とは、【フラット35】のうち返済期間15年以上20年以下とするものをいう。

　ダブルフラットを利用する場合の注意点としては、それぞれの借入金について、金銭消費貸借契約や抵当権設定等の手続きが必要となり、融資手数料、印紙代、抵当権設定費用などがひとつの借入れの場合と比べ多くかかります。

(f)【フラット35】リノベ（性能向上リフォーム推進モデル事業）

　「【フラット35】リノベ」とは、【フラット35】を利用して、省エネ、耐震性等の住宅性能を一定以上向上させた中古住宅を取得する場合に【フラット35】の金利を一定期間引き下げる制度です。

　「【フラット35】リノベ」の概要は次のとおりです。

①　金利引下げプラン

　住宅性能のグレードにより金利Aプランと金利Bプランに分かれています。

図表Ⅲ－8　【フラット35】リノベの金利引下げプラン

	金利引下げ期間	金利引下げ幅
【フラット35】リノベ（金利Aプラン）	当初10年間	【フラット35】の借入金利から年0.5%引下げ
【フラット35】リノベ（金利Bプラン）	当初5年間	

（2020年3月31日までの申込受付分に適用）

②　住宅の条件

　（ア）省エネルギー性、耐震性、バリアフリー性、耐久性・可変性について定められた一定の基準に適合させる性能向上リフォームを行うこと

　（イ）中古住宅の維持保全に係る次のいずれかの措置が講じられて

いること

・インスペクション（現況調査）実施

・瑕疵保険等の付保等

・住宅履歴情報の保存

・維持保全計画の作成

③　留意事項

（ア）【フラット35】および【フラット35】リノベの技術基準に適合
　　することを証明するために適合証明検査機関による物件検査を受
　　け、適合証明書の交付を受けること

（イ）【フラット35】リノベは、中古住宅を購入して性能向上リフォー
　　ムを行う場合、または住宅事業者により性能向上リフォームが行
　　われた中古住宅を購入する場合に利用するもので、住宅の建築、
　　新築住宅の購入および借換えの際には利用できない

（ウ）リフォーム工事前に適合していない基準について、リフォー
　　ム工事により適合させること

（エ）【フラット35】リノベは、【フラット35】Ｓとの併用はできない

（オ）既存の住宅部分の全部を取り壊す改築工事を行う場合は、【フ
　　ラット35】リノベの対象外

（カ）【フラット35】リノベには、予算金額があり、予算金額を達成
　　する見込みとなった場合は、受付を終了する

④　取扱金融機関　　限定されている

(g)　団信付き【フラット35】（買取型）

これまでは団信の保険料は特約料として、毎年１回一括支払っていま
したが、団信加入に必要な費用を毎月返済額に含めて支払う【フラット
35】の取扱いを開始しました。新制度では、保険金の支払要件を身体障
害者手帳の交付や介護認定等公的制度と関連付けることにより、わかり
やすくすると同時に保障内容を充実しています（2017年10月１日申込受
付分から取扱い開始）。団信に加入しなくても融資が受けられる点は従
来どおりですが、その場合は異なった金利が適用されます。

(h) 【フラット35】子育て支援型・地域活性化型

　子育て支援や地域活性化について、積極的な取組を行う地方公共団体と機構が連携し、住宅取得に対する補助金交付等とセットでフラット35の借入金利を一定期間引き下げる制度です。

　地方公共団体が次のいずれかの事業を実施しており、地方公共団体が定める要件を満たし補助金交付の対象となる場合に、利用できます。

① 事業の概要

（ア）子育て支援型

・若年子育て世帯が住宅を取得する場合

・若年子育て世帯と親世帯が同居または近居するために住宅を取得する場合

（イ）地域活性化型

・UIJターンを契機として住宅を取得する場合

・居住誘導区域外から居住誘導区域内に居住する際に住宅を取得する場合（コンパクトシティー形成）

・空き家バンクに登録されている住宅を取得する場合(空き家活用)

・克雪住宅や雨水浸透施設を設置した住宅を取得する場合で、地方公共団体から補助金を受ける場合（防災対策）（2019年10月1日以後申込分から適用）

・東京23区から東京都、埼玉県、千葉県、神奈川県へ移住し、中小企業に就業した者で、地方公共団体から移住支援金を交付され住宅を取得する場合（地方移住支援）（2019年10月1日以後申込分から適用）

② 金利引下げ期間および引下げ幅

　　　　金利引下げ期間　　当初5年間

　　　　金利引下げ幅　　　フラット35の借入金利から年0.25％

　　　（2020年3月31日までの申込み受付分に適用）

(i) 金利引継特約付き【フラット35】

　フラット35の返済中に長期優良住宅を売却する場合、その住宅の購入者にフラット35の債務を引き継ぐことができる住宅ローンです。

① 利用条件

　　認定長期優良住宅であること以外は、通常のフラット35の利用条件と同じ

② 留意事項

　　（ア）取扱いを行っていない金融機関もある

　　（イ）金利引継を行う場合は、住宅購入者の同意を得る必要がある

　　（ウ）債務の引継ぎにあたっては機構の審査が必要

（j）フラット50

機構では、長期優良住宅の普及促進を図る国の施策に呼応して、2009年にフラット35に加え、返済期間を最長50年とする「フラット50」を新設しました。

① 利用条件

　　フラット50とフラット35の融資条件の主な相違点は次のとおりです。

図表Ⅲ－9　「フラット50」・「フラット35」融資条件対比表

	フラット50	フラット35
申込資格	申込時満44歳未満	申込時満70歳未満
資金使途	借換え資金は不可	借換え資金も可
対象物件	長期優良住宅 機構の定めた技術基準に適合	機構の定めた技術基準に適合
借入金額	100万円以上6,000万円以下[※1] 建築費または購入価額の60%以下[※2]	100万円以上8,000万円以下 建築費または購入価額以内
借入期間	36年以上50年以下	15年以上35年以下
債務引継	融資対象物件売却の際、債務引継可	債務引継不可

（※1）2019年10月1日以後の申込分から、融資限度額を8,000万円に引上げ
（※2）2019年10月1日以後の申込分から、融資率の上限を90%に引上げ

② 取扱金融機関

　　フラット50は、フラット35を取り扱うすべての金融機関で取り扱っているわけではありません。

③ 利用上の注意点
(ア) フラット50と併せてフラット35を利用する場合は、次のような扱いとなります。
- フラット35とフラット50は必ず同一金融機関に申し込むこと。
- 諸費用（抵当権設定費用等）は、フラット50のみまたはフラット35のみを利用する場合と比べ割高となる。
- フラット35とフラット50を併せた借入額は200万円以上8,000万円以下で、建設費または購入価額以内（1万円単位）。ただし、この場合もフラット50の借入金額の上限は6,000万円。
- フラット35とフラット50の借入額の合計額が住宅の建設費または住宅の購入価額の90％を超える場合は、返済の確実性などをより慎重に審査する。

(イ)【フラット35】Sの受付期間内に借入申込みを行った場合、長期優良住宅であることから【フラット35】S（金利Aプラン）として、当初10年間0.3％金利優遇が受けられます。

(ウ) フラット50は証券化支援事業（保証型）では利用できません。

(エ) 金利は、借入期間が長い分だけ高めの金利設定となっています。

(k) 適合証明書取得のための物件検査

【フラット35】を利用するためには、機構が定める技術基準に適合していることを示す適合証明書を取得する必要があります。適合証明書は、適合証明検査機関へ物件検査の申請を行い、合格すると交付されます。

① 物件検査の流れ

物件検査から適合証明書取得までの流れは次のとおりです。

(ア) 新築住宅

- 設計検査　機構の定める技術基準に適合していることを、設計図書等により確認する。中間現場検査の時期までに申請することになっている。

- 中間現場検査　工事途中の段階で、機構の定める技術基準に適合していることを、現地において目視できる範囲で

確認する。
(マンションなど共同建の物件は中間現場検査はなし)

・竣工現場検査 現地において目視できる範囲で確認する。建築基準法に基づく検査済証が交付されていることを確認する。竣工から2年以内に申請すること。

・物件検査に合格すると、適合証明書が交付される。
(イ) 中古住宅
・書類審査 機構の定める技術基準に適合していることを、設計図書や登記事項証明書などにより確認する。
・現地検査 機構の定める技術基準に適合していることを、現地において目視等で確認する。

・物件検査に合格すると、適合証明書が交付される。
(ウ)〔中古マンションらくらくフラット35〕

　機構が定める技術基準に適合しているものとして登録されているマンション。該当するマンションは、機構の物件検索サイトで検索でき、「適合証明省略に関する申出書」を取扱金融機関に提出することで、物件検査(適合証明書の取得)を省略することができます。
② 物件検査の簡略化
(ア)「フラット35」の適合証明書を取得するためには、所定の設計図面の審査および現場検査を受ける必要がありますが、住宅性能表示制度を利用して、所定の等級を取得していれば、設計図面の審査や、現場審査を省略・簡略化することができます。ただし、そのためには性能評価を申請した評価機関(検査機関)と同一の検査機関に、竣工現場検査や中間現場審査、適合証明の申請を行うことが必要です。
(イ) 分譲マンションや建売住宅などで、あらかじめ適合証明書を

取得している場合は、後から申し込んでも購入者は「フラット
35」を利用できます。

（ウ）住宅性能表示制度に基づく建設住宅性能評価を受けている場
合は、設計審査および中間現場検査を省略することができますか
ら、すでに着工済みの物件を購入する場合も、「フラット35」を
利用することができます。

③　適合証明書の有効期間

（ア）新築住宅

　　竣工から2年間

（イ）中古住宅

　　・一戸建て住宅　現地調査日から1年間

　　・マンション　　竣工から5年以内の場合…現地調査日から
　　　　　　　　　　5年間
　　　　　　　　　　竣工から5年超の場合……現地調査日から
　　　　　　　　　　3年間

2 返済方法

(1) 元利均等返済と元金均等返済

　住宅ローンの返済方法には、大きく分けて「元利均等返済」と「元金均等返済」の2つの方法があります。

●元利均等返済のしくみと特徴

　元金と利息の合計額が毎回一定となるような返済方法で、住宅ローンにおいては最も一般的な返済方法です。

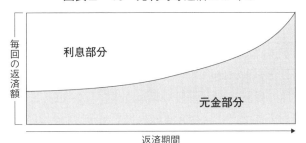

図表Ⅲ-10　元利均等返済のしくみ

【元利均等返済の特徴】
① 返済当初は返済額のうちの利息部分が多く、返済が進むに従って利息部分が減り、元金部分が多くなる。
② 毎回の支払額が一定で、生活設計が立てやすい。
③ 全期間の総支払額が元金均等返済よりも多い。

●元金均等返済のしくみと特徴

　毎回一定額の元金を返済していく方式です。毎回残高に応じた利息が上乗せされます。

図表Ⅲ－11　元金均等返済のしくみ

```
毎
回
の
返     利息部分
済
額
       元金部分

           返済期間
```

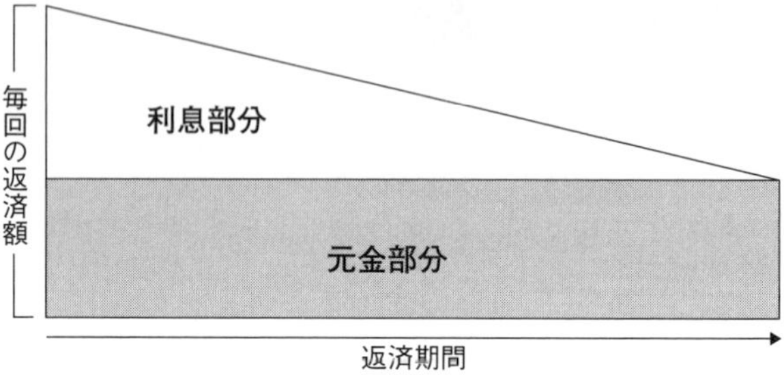

【元金均等返済の特徴】

　①　当初の支払額は多いが、返済が進むにつれて支払額が少なくなり負担が軽くなる。

　②　収入が多いうちにたくさん返済して早く元金を減らし、利息負担を減らしたい人に向いている。

　③　全期間の総支払額が元利均等返済よりも少ない。

　④　元利均等返済に比べると当初の返済額が多いため、借入可能額が少なくなる。

●元利均等返済と元金均等返済の返済シミュレーション

　図表Ⅲ－12は、元利均等返済と元金均等返済の月返済額および残高推移の比較表です。

　元利均等返済は、月とともに利息の支払額が減少し、その分元金返済額が増加して月返済額は一定となっています。それに対し、元金均等返済は元金返済額が一定で、利息支払額が月とともに減少して、その結果月返済額は月とともに減少していきます。

　元金均等返済は、元金返済額が一定で、その額が当初は元利均等返済よりも多いため、残高の減り方が元利均等返済よりも早くなっています。

2 返済方法

図表Ⅲ−12　元利均等返済・元金均等返済比較表

前提条件　借入金額3,000万円、返済期間35年、金利2.0%、

金利タイプ　全期間固定金利型

(単位：円)

	元利均等返済		元金均等返済	
	月返済額	残　高	月返済額	残　高
初　回	99,379	29,950,621	121,429	29,928,571
10年目　（120回目）	99,379	23,446,458	107,262	21,428,571
20年目　（240回目）	99,379	15,443,277	92,976	12,857,143
30年目　（360回目）	99,379	5,669,796	78,690	4,285,714
35年目　（420回目）	99,379	0	71,548	0
支払利息総額	11,739,109		10,525,000	

(2) 毎月返済とボーナス返済

　住宅ローンは毎月返済が基本ですが、年２回のボーナス返済を行うことにより、毎月返済額を抑えることができます。一般的にボーナス返済は融資金額の50％以内とされています（フラット35は40％以内）。ボーナス支給額は会社の業績により大きく左右されますので、ボーナス返済の額はなるべく低く抑えておくのが望ましい形といえます。

(3)　親子リレー返済

　住宅ローンは一般的に、「完済時の年齢が80歳を超えないこと」という条件がついています。そのため、借入者が高齢の場合、返済期間が短くなってしまうため、毎月返済額が多額となり希望どおりの借入れができないということが起こります。そのような場合、「親子リレー返済」を利用すると、借入期間は子の年齢をもとに選ぶことができますので、毎月返済額を低く抑えることができ、希望額の借入れが可能となります。

　「親子リレー返済」の条件は、金融機関によって若干異なりますが、一般的に次のとおりです。

① 当初、子を連帯債務者として親が借り入れ、親が定年年齢など一定年齢に達した時点で、返済を子に引き継ぐ。
② 同居中または将来同居を予定している親子であること。
③ 子の年齢が、借入時満20歳以上満70歳未満、完済時80歳未満であること。
④ 親子とも安定した収入があり、通常の住宅ローンの要件を満たしていること。
⑤ 団体信用生命保険（共済）は、親・子どちらかが加入、親子とも加入など金融機関により対応が異なるが、子が加入するケースが多い。
⑥ 物件は共有名義となり、それぞれの負担割合に応じて、住宅ローン控除を適用することができる。

「親子リレー返済」を利用する場合、次の点に注意することが必要です。
① 完済するまで、子が新たな住宅ローンを借りることができない。
② 子のみが団体信用生命保険（共済）に加入していた場合、親が死亡しても債務が残ってしまう。
③ 他の兄弟との間で争族が発生しないよう、十分話し合ったうえで利用することが必要。
④ 住宅ローンの借換えが困難。

3 金利タイプ

(1) 固定金利型（全期間固定金利型）

　借入当初設定した金利が全期間を通して変動しないタイプです。金利は、新発10年物国債の流通利回りなど市場の金利を基準に決定します。全期間にわたって金利は変動しませんが、11年目以降の金利が10年目までの金利よりも高く設定されているタイプもあります。フラット35においても、一部の金融機関でこのようなタイプを採用しています。

＜メリット＞
・金利上昇期にも将来の金利リスクがなく家計管理がしやすい。

＜デメリット＞
・金利下降期においては金利が高金利のまま固定されてしまう。
・変動金利型や固定金利期間選択型よりも高い金利設定となる。
・通常、全期間固定金利型から他の金利タイプに変更すること、またはその逆の変更はできない。

(2) 変動金利型

　短期プライムレートなどの市場金利に連動して金利が変動します。民間住宅ローンの場合、借入時の金利は3月1日と9月1日の短期プライムレートを基準にして、それぞれ4月と10月の年2回見直されます。一方、借入後の金利は4月1日と10月1日現在の短期プライムレートを基準にしてそれぞれ6月と12月の約定返済日の翌日から見直されますが、元利均等返済の場合、返済額は5年ごとに見直されます。見直しに際し、金利上昇により返済額が増加しても25％を超えて増加することはなく、それをオーバーした分は以後の返済額で調整することになります。

　財形住宅融資は5年ごとに金利が見直されます（5年固定金利制）。

財形住宅融資の場合も、5年ごとの金利見直しの際は、返済額の50％を超えて増加はなく、それをオーバーした分は民間ローンと同様、以後の返済額で調整することになります。

＜メリット＞
・高金利の時期においては、今後の世の中の金利低下に伴いローン金利も低下することが期待できる。

＜デメリット＞
・低金利の時期においては、今後の世の中の金利上昇に伴いローン金利も上昇するリスクがある。
・元利均等返済で金利が急激に上昇した場合、金利の額が返済額をオーバーし、未払利息が発生することがあるので注意が必要。

図表Ⅲ-13　変動金利型ローンにおける金利変動のイメージ図

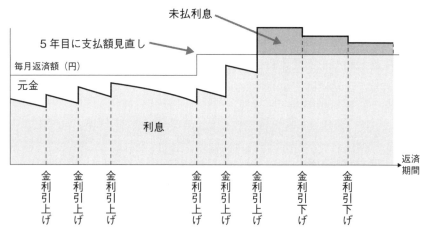

未払利息が発生した場合は、①未払利息から優先的に支払っていく、②翌年以降分割払いする、③期日まで繰り越す、など、金融機関によって対応が異なります。

（3）固定金利期間選択型

　借入後ある一定期間固定金利を適用し、その期間が経過した時点で、変動金利に移行するが、再び顧客が固定金利を選択することもできる方式で、現在の銀行ローンの主流を占めるタイプです。特に申し出をして手続きをしないと、自動的に変動金利になるので、注意が必要です。固定金利期間は1年、2年、3年、5年、7年、10年など金融機関ごとに品揃えをしていますが、最近では、20年、30年など超長期の固定金利期間を設定している銀行もあります。

　なお、金融機関によっては、いったん変動金利を選択すると再び固定金利期間選択型を選択することができないところもありますが、最近は多くの金融機関で双方を自由に変更できることになっています。

＜メリット＞

・比較的低金利で、一定期間固定金利とすることができる。

・固定金利期間経過後、金利の状況を見て再び固定金利を選択することもできる。

＜デメリット＞

・固定金利期間中の金利リスクはないが、固定期間経過後の金利リスクはある。特に、2年固定、3年固定など短期固定は、変動金利型と同様、金利リスクへの注意が必要。

・固定金利期間終了時の返済額については、変動金利型におけるような返済額の増加率の上限がないので、負担が急増する可能性もある。

・一般的に固定金利期間中の変動金利への変更ができない。

・固定金利期間が終了したとき再び固定金利を選択する場合は手数料が必要。なお、その場合、残期間を上回る固定金利期間を選択することはできない。

（4）上限付き変動金利型

　変動金利型ですが、金利が上昇しても借入当初決めた上限金利以上に

は上昇しないタイプです。

＜メリット＞

・変動金利型であるが、金利上昇に頭打ちがあるので、将来の金利上昇リスクが少ない。

＜デメリット＞

・一般的に通常の変動金利型よりも高めの金利設定となっている。

4 住宅ローン金利の決まり方

(1) 景気動向と金利

　金利は、景気の動向によってその動きが左右されます。景気がよくなると消費が伸びるとともに、企業はその需要に応じるため設備投資を増やすので、資金需要が強まり金利が上昇します。また逆に景気が悪くなると消費が冷え込むので、企業は設備投資を手控えるため、資金需要は弱まり金利が低下します。

　内閣府は、景気の動きを示す景気動向指数を毎月発表しています。景気動向指数には、コンポジット・インデックス（CI）とディフュージョン・インデックス（DI）があります。CIは構成する指標の動きを合成することで景気変動の大きさやテンポを、DIは構成する指標のうち、改善している指標の割合を算出することで景気の各経済部門への波及の度合いを測定します。CIとDIには、それぞれ先行指数と一致指数、遅行指数があります。CI一致指数が上昇しているときは景気の拡張局面、低下しているときは後退局面と見ることができます。また、DI一致指数が50％を上回っているときは景気の拡張局面、下回っているときは後退局面と見ることができます（図表Ⅲ-14）。

図表Ⅲ-14　景気動向指数に採用されている指標

	系列名		系列名		系列名
先行系列	①最終需要財在庫率指数（逆サイクル） ②鉱工業用生産財在庫率指数（逆サイクル） ③新規求人数（除学卒） ④実質機械受注（製造業） ⑤新設住宅着工床面積 ⑥消費者態度指数 ⑦日経商品指数（42種総合） ⑧マネーストック（M2） ⑨東証株価指数 ⑩投資環境指数（製造業） ⑪中小企業売上げ見通しDI	一致系列	①生産指数（鉱工業） ②鉱工業用生産財出荷指数 ③耐久消費財出荷指数 ④所定外労働時間指数（調査産業計） ⑤投資財出荷指数（除輸送機械） ⑥商業販売額（小売業） ⑦商業販売額（卸売業） ⑧営業利益（全産業） ⑨有効求人倍率（除学卒）	遅行系列	①第3次産業活動指数（対事業所サービス業） ②常用雇用指数（調査産業計） ③実質法人企業設備投資（全産業） ④家計消費支出（勤労者世帯、名目） ⑤法人税収入 ⑥完全失業率（逆サイクル） ⑦きまって支給する給与（製造業、名目） ⑧消費者物価指数（生鮮食料品を除く総合） ⑨最終需要財在庫指数

（2）民間住宅ローンの金利

●固定金利型（全期間固定金利型）

借入当初設定した金利が全期間を通して変動しない金利タイプです。

＜金利決定ルール＞

新発10年物国債の流通利回りなどの市場金利を基準にして、各金融機関が独自に決定します。金利決定にあたっては、フラット35との金利競争力も勘案されます。

●変動金利型

全期間を通して、市場金利に連動して金利が見直されます。

＜金利決定ルール＞

短期プライムレートに連動するタイプが主流で、金利は、年2回短期プライムレートに連動して見直されます。金利水準は一般的に短期プライムレート＋1％としています。一方、長期プライムレート連動タイプもあり、金利は同じく年2回、長期プライムレートに連動して見直されます。

なお、借入当初の金利適用基準と借入後の金利適用基準は異なりますが、一般的には次のようになっています。

(a) 借入当初の金利適用基準

借入時の金利は、一般的に3月1日、9月1日現在のプライムレートに連動して、それぞれ4月1日、10月1日に変更します。

(b) 借入後の金利適用基準

借入後の金利は、毎年4月1日、10月1日現在のプライムレートに連動して、6月、12月の約定返済日の翌日から適用されます。

●固定金利期間選択型

借入後ある一定期間固定金利を適用し、その期間が経過した時点で、変動金利にするか再び固定金利にするかを顧客が選択します。当初の固定金利期間は1年、3年、5年、10年、20年、30年などがあります。

＜金利決定ルール＞

　固定金利期間の金利は、国債の利回りや金利スワップレートなど当該期間に対応する市場金利を基準にして、他行ローン商品との金利競争力を考慮しながら各金融機関が独自に決定します。

　以上のとおり、民間住宅ローンの金利は、長短市場金利に連動して決定されますが、その関係を整理すると次のようになります。

図表Ⅲ－15　住宅ローン金利と日銀の金融政策との関連

住宅ローンの金利タイプ	連動する市場金利	市場金利の決定要因
変動金利型 固定金利期間選択型（短期）	短期金利 （政策金利）	日銀の現在の金融政策
固定金利型 固定金利期間選択型（長期）	長期金利 （10年物国債流通利回り）	日銀の将来の金融政策に対する市場のコンセンサス

（3）フラット35（買取型）の金利

　全期間固定金利型のローンで、一部の金融機関では、当初10年間と11年目以降で金利が変わる段階金利制を採っています。融資金利は、融資実行時点のものが適用されます。また、借入期間（20年以下、21年以上）、融資率（9割以下、9割超）に応じ、金利に差をつけています。

＜金利決定ルール＞

・融資実行月の前月下旬　　金融機関に金利提示

　直近の新発10年物国債流通利回りを基準として算定した利率に、機構の事業運営費相当分を上乗せしたものを、機構の提示金利として取扱金融機関に提示します。

・実行月の月初　　適用金利決定・公表

　各民間金融機関が、提示金利にサービシングフィー（債権の管理・回収手数料）を加算し、さらに他行との競争力等を勘案して対顧客のローン金利を独自に決定し発表します。

・融資実行後　　機構が住宅ローン（フラット35）債権買取

　機構が金融機関から住宅ローン債権を買い取り、信託銀行に信託してそれを担保に機構債（MBS）を発行して、機関投資家から長

期資金を調達します。
・融資実行月の翌月後半　　クーポンレート決定
　機構債の表面利率（クーポンレート）等の条件を決定します。提示金利の決定時点から２カ月程度のタイムラグがありますが、そこで発生するリスクは機構が負担することになっています。

図表Ⅲ－16　フラット35の金利決定イメージ

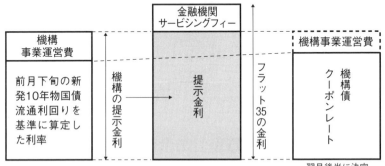

（4）財形住宅融資の金利

財形住宅融資は、５年ごとに金利が見直される５年固定金利制のローンです。

＜金利決定ルール＞

機構財形住宅融資の場合、機構が発行する財形住宅債券（５年利付債券）の利回りと財形取扱金融機関からの借入金の利率を基準にして決定されます。財形持家転貸融資の場合は、勤労者退職金共済機構からの借入金の利率を基準に決定されます。適用金利は１月、４月、７月、10月の３カ月ごとに見直されます。融資金利は、民間住宅ローンやフラット35と異なり、申込時の金利が適用されます。融資実行後、借入日から５年経過するごとに、金利と返済額が見直されます。

5 借入可能額の計算

借入可能額の計算方法は、住宅ローンの種類ごとの融資条件によって異なります。

(1) 民間住宅ローン

① 主な融資条件（例）
- 完済時年齢　　満80歳以下
- 最長返済期間　35年
- 各金融機関が独自に審査上の返済負担率の上限を決めている（図表Ⅲ-17）。返済負担率の計算上使用する金利は、適用金利ではなく各金融機関独自の安全度を見込んだ金利（審査金利）を使用する。年間返済額には他の借入金の返済額も加算して計算する
- 融資限度額　　1億円
- 審査金利　　　4.0％

図表Ⅲ-17　返済負担率基準（大手金融機関の例）

前年度の年収（税込）	返済負担率（年間返済額／年収）
250万円未満	25％以下
250万円以上～400万円未満	30％以下
400万円以上	35％以下

② 借入可能額計算例

〈前提条件〉
　年収（税込）　　　650万円
　年齢　　　　　　　35歳
　物件価格　　　　　3,800万円
　金利タイプ　　　　固定金利期間選択型
　利率　　　　　　　当初10年間　年2.0％
　　　　　　　　　　（審査金利　年4.0％）

返済期間	35年
返済方法	元利均等返済
他の借入金の返済	なし

図表Ⅲ－18　借入可能額算定表（民間住宅ローン）

返済負担率	①	35%
年間返済額	②＝年収×①	227.5万円
返済負担率から算定した 暫定借入可能額	③(注)	4,280万円
融資限度額	④＝物件価格×80%	3,040万円
借入可能額	③と④のうち少ない方の額	3,040万円

（注）年間返済額÷12カ月÷100万円あたりの毎月返済額×100万円

　　　＝227.5万円÷12÷4,428円×100万円＝4,280万円（10万円未満切捨て）

（図表Ⅵ－1「返済額早見表」参照）

　固定金利期間選択型の場合、固定期間経過後返済負担が増える可能性があるので注意が必要です。

（2）　財形住宅融資

① 　主な融資条件（機構財形）

・完済時年齢　　　満80歳以下

・最長返済期間　　35年

・年収により総返済負担率の上限が決められている（図表Ⅲ－19）。総返済負担率は適用金利で計算。年間返済額には他の借入金の返済額も加算して計算する

・融資限度額　　　4,000万円（財形貯蓄残高の10倍、物件価格の90%）

・金利　　　　　　5年固定金利制

図表Ⅲ－19　総返済負担率基準

前年度の年収（税込）	総返済負担率（年間返済額／年収）
400万円未満	30%以下
400万円以上	35%以下

② 借入可能額計算例

〈前提条件〉　年収（税込）　　　650万円

　　　　　　　年齢　　　　　　　35歳

　　　　　　　物件価格　　　　　3,800万円

　　　　　　　利率　　　　　　　年1.0％

　　　　　　　返済期間　　　　　35年

　　　　　　　返済方法　　　　　元利均等返済

　　　　　　　財形貯蓄残高　　　200万円

　　　　　　　他の借入金の返済　なし

図表Ⅲ－20　借入可能額算定表（財形住宅融資）

総返済負担率	①	35％
年間返済額	②＝年収×①	227.5万円
総返済負担率から算定した 暫定借入可能額	③(注)	6,710万円
融資限度額	④＝物件価格×90％	3,420万円
	⑤＝財形貯蓄残高×10	2,000万円
借入可能額	③・④・⑤のうち最も少ない額	2,000万円

（注）年間返済額÷12カ月÷100万円あたりの毎月返済額×100万円

　　　＝227.5万円÷12÷2,823円×100万円＝6,710万円（10万円未満切捨て）

（図表Ⅵ－1「返済額早見表」参照）

　金利が5年固定金利制なので、6年目以降の金利動向により、返済額が増加し負担が増える可能性がある点、注意が必要です。

(3)　フラット35

① 主な融資条件

・完済時年齢　　満80歳以下

・最長返済期間　35年

・年収により総返済負担率の上限が決められている（図表Ⅲ－21）。
　総返済負担率は適用金利で計算。年間返済額には他の借入金の返済額も加算して計算する

・融資限度額　　8,000万円（物件価格の100％）

・金利　　　　　全期間固定金利

図表Ⅲ−21　総返済負担率基準

前年度の年収（税込）	総返済負担率（年間返済額／年収）
400万円未満	30％以下
400万円以上	35％以下

② 借入可能額計算例

〈前提条件〉　年収（税込）　650万円

　　　　　　　年齢　　　　　35歳

　　　　　　　物件価格　　　3,800万円

　　　　　　　利率　　　　　年1.5％

　　　　　　　返済期間　　　35年

　　　　　　　返済方法　　　元利均等返済

　　　　　　　その他の借入金返済額　年30万円

図表Ⅲ−22　借入可能額算定表（フラット35）

総返済負担率	①	35％
総年間返済額	②＝年収×①	227.5万円
フラット35の年間返済額	②−30万円	197.5万円
総返済負担率から算定したフラット35の暫定借入可能額	③(注)	5,370万円
融資限度額	④＝物件価格×100％	3,800万円
借入可能額	③・④のうち少ない方の額	3,800万円

（注）年間返済額÷12カ月÷100万円あたりの毎月返済額×100万円

　　　＝197.5万円÷12÷3,062円×100万円＝5,370万円（10万円未満切捨て）

（図表Ⅵ−1「返済額早見表」参照）

　以上は、融資条件から導き出した「いくら借りられるか」という視点で計算した金額ですが、本来借入可能額は「いくら借りられるか」ではなく、「いくら返せるか」で考えなければなりません。「いくら返せるか」というライフプラン的視点に立った資金計画の手法については、184〜188ページを参照してください。

6 住宅取得に係る諸費用

住宅取得にかかる諸費用・税金としては、次に掲げるようなものがあります。

図表Ⅲ-23　新築マンション購入の場合の諸費用・税金（例）

物件価格　　4,120万円	購入時諸費用・税金等
ローン頭金　　800万円	物件関係
提携ローン　3,320万円	印紙税　　　　　　　　　　　10,000円
返済期間　　　35年	登記費用（含ローン関係）320,000円
	初年度固定資産税・都市計画税　80,000円
今後の継続的諸費用・税金等	修繕積立基金　　　　　　　311,800円
毎　　月	管理準備金　　　　　　　　　12,150円
管理費　　　　14,500円	
修繕積立金　　 6,450円	ローン関係
駐車場使用料　 5,000円	印紙税　　　　　20,000円
合　計　　　25,950円	保証料　　　　 684,252円
毎　　年	事務手数料　　　32,400円
固定資産税・都市計画税　120,000円	斡旋手数料　　　54,000円
	火災保険料　　 370,000円（全期間分）
	合　　計　　　1,894,602円

（1）住宅取得時の諸費用

住宅取得当初にかかってくるものとしては、ローン関係では、印紙税、登記費用（抵当権設定）、保証料、事務手数料、斡旋手数料、火災保険料など、物件関係では、印紙税、登記費用（所有権移転・保存登記）、修繕積立基金、管理準備金、仲介手数料（中古の場合）などがあります。なお、機構財形住宅融資で団体信用生命保険に加入した場合は、毎年保険料として機構団信の特約料がかかってきます（団体信用生命保険につ

79

いては、PARTⅢ「10団体信用生命保険」参照)。

　取得時の主な諸費用の内容は、以下のとおりです。税金関係の詳細については、PARTⅢ「14住宅税制」において詳述します。

●保証料

　銀行の場合、一般的に系列保証会社の保証をつけることが融資の要件となっています。

　保証料は一括前払方式と金利上乗せ方式があります。

　保証料は、銀行独自で設定していますが、各行ほぼ横並びです。ただし、審査結果により保証料が異なる場合もあります。

図表Ⅲ－24　住宅ローン保証料（元利均等返済　融資金額100万円あたり）
　　　　　　（大手銀行の例　抜粋）

期間	15年	25年	35年
元利均等返済	11,982円～ 47,918円	17,254円～ 69,018円	20,620円～ 82,437円
元金均等返済	10,195円～ 40,793円	13,908円～ 55,662円	16,329円～ 65,370円

●事務手数料

　大手銀行は、一般的に融資金額に関係なく一律32,400円としていますが、大手銀行の一部および多くのモーゲージバンクは、金利を低くする代わりに、融資金額に例えば2.16％など一定率を乗じた金額とする定率型と定額型との選択制をとっています。若干金利が高くても当初の手数料支払いを低く抑えるのか、当初の手数料を多く支払い金利を低くするのか、それぞれの利用者のニーズにより選択することになります。

●ローン斡旋手数料

　住宅販売事業者が顧客に提携ローンを斡旋する場合にかける斡旋手数料です。

●修繕積立基金（マンション）

　分譲マンションにおいて、毎月支払う修繕積立金とは別に、将来的な修繕費用を補うために当初まとまった金額を基金として積み立てておくものです。

80

6 住宅取得に係る諸費用

●管理準備金（マンション）

分譲マンションにおいて、管理組合の当初必要となる費用（共用部分の損害保険料等）です。

●司法書士手数料等

物件の表示登記にかかる土地家屋調査士への報酬、所有権移転登記、所有権保存登記、住宅ローンの抵当権設定登記にかかる司法書士への報酬です。報酬の額は、地域、登記の種類、建物の構造、面積、住宅ローン借入額等により異なります。

●媒介（仲介）手数料

不動産業者を通して仲介物件を購入する場合にかかってきます。報酬額は宅地建物取引業法により上限が次のように定められています。

図表Ⅲ－25　媒介手数料の報酬上限額（課税事業者の場合）

200万円以下の金額までの部分	100分の5.40
200万円を超え400万円以下の金額までの部分	100分の4.32
400万円を超える金額の部分	100分の3.24

〈例〉3,000万円の物件を購入した場合

```
200万円×5.40／100          ＝108,000円
（400万円－200万円）×4.32／100 ＝ 86,400円
（3,000万円－400万円）×3.24／100＝842,400円
          合計（報酬上限額）　1,036,800円
```

（2）住宅取得後の諸費用

住宅取得後の費用としては、内装の補修・更新費用、設備更新費用のほか、一戸建て住宅の場合は外壁・屋根等の塗装費・補修費や庭・外構メンテナンス費用、増改築費など、マンションの場合は管理費・修繕積立金や駐車場使用料などがかかります。また、固定資産税や都市計画税などの税金もかかってきます。具体的な金額については物件の規模やグレード、修繕・補修等の内容によって異なりますので、一概にはいえませんが、例えば30年間という期間で見た場合、数百万円から場合によっては1,000万円以上の金額を見込んでおくことが必要です。

取得後の主な諸費用の内容は次のとおりです。税金関係の詳細については、「14住宅税制」（110 〜 148ページ）を参照してください。

●火災保険料・地震保険料

銀行では、住宅ローン利用者を対象とした住宅ローン用の火災保険を扱っており、特に保険料が割安となっています。

●団体信用生命保険料（機構融資の場合）

① 機構財形など機構融資の場合は、金利とは別枠で、毎年1回、保険料として団信特約料が徴収されます（図表Ⅵ－3－1、Ⅵ－3－2（238 〜 239ページ）参照）。

② 疾病保障付住宅ローンの場合、一般的に保険料は金利に上乗せして徴収します。

●設備・内装等補修費

床、天井、壁、建具、電気・ガス設備、給排水設備、厨房設備、浴室設備、衛生設備などの老朽化による更新、補修等に必要な費用です。

●一戸建て特有のもの

① 躯体・外構修繕

屋根、外壁、庭、門扉、フェンス等、外構部分のメンテナンス費用です。

図表Ⅲ－26　木造一戸建て住宅の主な点検・補修の目安

補修内容	点検時期の目安	一回あたり費用の目安	30年間累計	
			補修回数	合計金額
外壁塗装	7 〜 10年	100万円	3回	300万円
屋根塗装（スレート葺き）	15 〜 20年	50万円	2回	100万円
軒先・軒裏塗装	15 〜 20年	30万円	2回	60万円
樋・床下メンテナンス	15 〜 20年	30万円	2回	60万円
シロアリ防除	5年	20万円	6回	120万円
クロス張替え	7 〜 10年	20万円	3回	60万円
サッシまわりコーキング	7 〜 10年	30万円	3回	90万円
合　　計				790万円

② 増改築

　子どもの成長に伴い手狭になって増築する場合や、バリアフリーのための改築など、家族構成の変化に伴い必要となってくるものです。

●マンション特有のもの

① 管理費・修繕積立金

　管理費は、共用部分の管理に必要な費用で、修繕工事に必要な修繕費は、管理費とは別に管理組合が修繕積立金として積み立てていきます。多くの場合、分譲時は安く設定され、築年数の経過とともに値上げしていきます。

　10年に一度くらいを目安に共用部分の大修繕工事を行いますが、修繕積立金だけでは不足するケースも多く、その場合は不足分を入居者から臨時徴収するなど対策が必要となります。

② 駐車場使用料

　一戸建て住宅の場合は庭を駐車スペースとして使えますが、マンションの場合は、別途駐車場を借りることが必要となります。

7 登記に関する知識

(1) 登記の種類──「表示に関する登記」と「権利に関する登記」

不動産に関する登記には、「表示に関する登記」と「権利に関する登記」があります。

●表示に関する登記

不動産の所在地や面積などの物理的状況を公示するもので、「表題部」に登記されます。「表示に関する登記」は登記官が職権で行うことが認められています。

●権利に関する登記

不動産の所有権や抵当権、賃借権等の権利変動を記録するもので、「権利部」に登記されます。「権利に関する登記」は当事者の申請または官庁などの嘱託によって行うことを原則とし、その権利を取得したことを第三者に主張するための対抗要件となります。

(2) 登記簿の構成──「表題部」と「権利部」

不動産の登記簿は、「表題部」と「権利部」により構成されていますが、土地・建物の場合と区分所有建物（マンション）の場合で若干異なった構成になっています。

●土地・建物

一筆の土地または1個の建物ごとに「表題部」と「権利部」に分けて構成されています。「権利部」は、所有権に関する登記事項が記録される「甲区」と所有権以外の権利に関する登記事項が記録される「乙区」に区分されています。

7 登記に関する知識

●区分所有建物（マンション）

専有部分ごとに「表題部」と「権利部」があり、「表題部」は建物全体を表示する「一棟の建物の表題部」と特定の住戸を表示する「専有部分の建物の表題部」に分けて表示されています。「権利部」は土地・建物と同様「甲区」と「乙区」に区分されています。

（3）登記簿の登記事項

●土地の表題部（図表Ⅵ－6－1参照）

土地の表題部には、その土地を特定できる表示に関する次の事項が記録されています。

「不動産番号」「所在」「地番」「地目」[注]「地積」「所有者」

（注）「地目」　土地の主たる用途により次の23種類に分類されている。

田、畑、宅地、学校用地、鉄道用地、塩田、鉱泉地、池沼、山林、牧場、原野、墓地、境内地、運河用地、水道用地、用悪水路、ため池、堤、井溝、保安林、公衆用道路、公園、雑種地

●建物の表題部（図表Ⅵ－6－2参照）

建物の表題部には、その建物を特定できる表示に関する次の事項が記録されています。

「不動産番号」「所在」「家屋番号」「種類」[注1]「構造」[注2]「床面積」「附属建物」「所有者」

（注1）「種類」　建物の主たる用途により、次のとおり分類されている

居宅、店舗、寄宿舎、共同住宅、事務所、旅館、料理店、工場、倉庫、車庫、発電所、変電所など

（注2）「構造」

・建物の主たる部分の構成材料　　木造、土蔵造、石造、れんが造、コンクリートブロック造、鉄骨造、鉄筋コンクリート造、鉄骨鉄筋コンクリート造等

・屋根の種類　　瓦ぶき、スレートぶき、亜鉛メッキ鋼板ぶき、草ぶき、陸屋根等

・階数　　平屋建、2階建、地下1階付3階建等

85

●区分所有建物（マンション）の表題部（図表Ⅵ－6－3参照）

（a）区分所有建物（マンション）の一棟の建物の表題部

建物全体に関する次の事項が記録されています。

「専有部分の家屋番号」「所在」「建物の名称」「構造」「床面積」「敷地権の目的である土地の表示」

（b）区分所有建物（マンション）の専有部分の建物の表題部

特定の部屋ごとに次の事項が記録されています。

「不動産番号」「家屋番号」「建物の名称」「種類」「構造」「床面積」「敷地権の種類」「敷地権の割合」

●土地、建物および区分所有建物（マンション）の権利部（図表Ⅵ－6－1～3参照）

「甲区」　所有権に関する次の事項が記録されています。

所有権保存登記、所有権移転登記、各持分、差押、仮差押、仮処分、破産等の登記など

「乙区」　所有権以外の権利に関する次の事項が記録されています。

抵当権、地上権、用益権、賃借権などの設定登記、変更・抹消登記

【抵当権設定登記について】

- ・登記権利者　　債権者である銀行または保証会社
- ・登記義務者　　登記簿上の所有者
- ・登記原因　　　○年○月○日付保証委託契約に基づく求償債権等（保証会社が登記権利者の場合）
- ・順位番号　　　1番以降、順次記載される
- ・債権額　　　　被担保債権の債権額
- ・添付書類　　　銀行等の登記事項証明書

　　　　　　　　抵当権設定契約書（登記原因証明情報）

　　　　　　　　登記義務者の印鑑証明書（発行後3カ月以内のもの）

　　　　　　　　所有権登記済権利証または登記識別情報

　　　　　　　　代理人が申請する場合には代理権限証書

（4）住宅ローンの実行と登記手続

●登記手続

住宅ローンを借り入れて住宅を取得する場合には、次の登記が必要と

なります。

① 購入者名義での建物表題登記

② 建物の所有権保存登記

③ 土地の所有権移転登記（土地の売買が絡む場合）

④ 土地・建物に対する抵当権設定登記

●融資実行手続

金融機関は、次の手順で融資実行手続を進めます。

① 住宅ローンの融資実行日に先立って建物表題登記を完了（建物表題登記は申請してから完了するまで1週間程度かかるため）

② 所有権保存登記、所有権移転登記、抵当権設定登記が同時にされることを銀行が確認（中古住宅購入の場合は抵当権抹消手続も同時に行う）

③ 住宅ローン融資実行

④ 建築費・購入代金等の支払い

（5）オンライン申請導入のための不動産登記法改正

2005年3月7日に改正不動産登記法が施行され、不動産登記手続において、オンライン申請が採用されました。主な改正点は次のとおりです。

●権利証の廃止と登記識別情報の新設

これまでの権利証（登記済証）は廃止され、登記が完了すると買主等の登記名義人のもとに12桁の英数字からなる「登記識別情報」が通知されることとなりました。今後の不動産取引にはこの「登記識別情報」が必要となります。

なお、すでに発行されている「権利証」は無効となるわけではなく、書面による登記申請の際に提出することが必要です。

●保証書の廃止と事前通知制度の新設

従来は「権利証」を紛失した場合は、本人確認のために2人の保証人による保証書を提出していましたが、今回この制度が廃止され、代わりに新たな本人確認制度として事前通知制度が新設されました。今後、権

利証を紛失した場合の本人確認方法は、本人限定受取郵便[注]を利用した事前通知制度によります。

なお、司法書士等資格者からの本人確認情報の提供により登記申請を行うこともできます。

（注）申請人本人だけが受け取れる通知書を郵便局で受け取り、登記所に申請が真実であることを届け出ることで本人確認を行う。

●申請書副本での代替制度の廃止と登記原因証明情報の提供

以前は権利の登記申請において、登記原因を証する書類は「申請書副本」で代替していましたが、現在はこれが廃止され、登記原因証明情報（抵当権設定契約書等）の添付が義務付けられています。

すでに全国の法務局においてオンライン申請の取扱いを実施していますが、従前と同じ書面による申請方法も可能です。

8 住宅の品質確保

(1) 住宅の品質確保の促進等に関する法律

　良質な住宅を安心して取得できる住宅市場の条件整備と活性化を図るため、2000年4月1日「住宅の品質確保の促進等に関する法律」（以下「品確法」）が施行されました。この法律は、次の3つの柱により構成されています。

- 「瑕疵担保責任の特例」
- 「住宅性能表示制度の創設」
- 「住宅に係る紛争処理体制の整備」

●瑕疵担保責任の特例

(a) 従来の状況

　従来、宅建業者が売主の場合、住宅の請負契約や売買契約に盛り込まれている瑕疵担保責任に関する記述は、宅地建物取引業法に基づき瑕疵担保責任の期間を引渡しの日から2年から5年程度とすることが多く、その期間満了後の修繕等に関しては、原則所有者が負担することとなっていました。

(b) 品確法施行後

　2000年4月1日に品確法が施行されたことにより、それ以降に締結された新築住宅の請負契約や売買契約については特例が設けられ、建設業者や宅建業者に対し基本構造部分(注)について10年間の瑕疵担保責任を負うことが義務付けられました。なお、新築住宅の請負契約や売買契約において特約を付ければ、基本構造部分以外も含め、瑕疵担保責任が20年まで延長可能となりました。

　（注）基本構造部分
　　　・柱や梁など住宅の構造耐力上主要な部分
　　　・屋根、外壁など雨水の侵入を防止する部分

なお、既存住宅については、任意の保険制度として中古住宅の検査と保証がセットになった「既存住宅売買瑕疵保険」があり、いずれも瑕疵担保責任保険法人が、保険を引き受けています。

(c) 品確法の適用範囲

品確法に基づく瑕疵担保責任は、請負契約や売買契約に基づくもので、契約当事者間でのみ適用されるものであるため、のちにその住宅を既存住宅として取得した人が、新築住宅の請負人や売主に対して、品確法の規定をもって責任を追及することはできません。

(d) 住宅瑕疵担保履行法の制定

品確法により10年間の瑕疵担保責任を負うことが義務付けられましたが、2005年に発覚した構造計算書偽装問題を機に、瑕疵担保責任の履行を実現するために裏付けとなる売主や請負人の資力確保の必要性がクローズアップされ、資力確保を義務化するための新たな法律として「特定住宅瑕疵担保責任の履行の確保等に関する法律（住宅瑕疵担保履行法）」が制定されました。これは、建設業者および宅建業者に対し一定の保証金の供託か保険$^{(注)}$への加入のいずれかを義務付けるものです。住宅保証機構㈱など住宅瑕疵担保責任保険法人が指定され、保険を取り扱っています。

(注) 国土交通大臣が指定した「住宅瑕疵担保責任保険法人」がこの保険を扱う。

●住宅性能表示制度

(a) 住宅性能表示制度の意義

① 制度の必要性

住宅を取得しようとする場合、一般消費者がその住宅の安全性や耐久性をチェックすることはなかなか困難です。そこで、国に登録した住宅性能評価機関が法律で定められた評価基準により消費者に代わって評価する制度が創設されました。

② 制度の利用方法とメリット

この制度は、利用を義務付けられているわけではなく、住宅を取得しようとする人や住宅建設業者、住宅販売業者などが、任意に利用できる制度です。

この制度を利用することにより、消費者は安心して住宅を取得することができ、建設業者や販売業者は、商品としての住宅の品質を保証してもらえることになり、販売促進にもつながります。

この制度を利用するためには、住宅の規模により異なりますが、およそ十数万円程度の手数料がかかります。

(b) 住宅性能表示制度のしくみ

① 住宅の性能評価を客観的に行う第三者機関（登録住宅性能評価機関）を整備します。

② 住宅性能評価機関は、住宅性能評価書を発行しますが、これには次の2種類があります。

　・「設計住宅性能評価書」（設計段階で評価）

　・「建設住宅性能評価書」（施工段階と完成段階の検査で評価）

マンションのモデルルームなどで「設計住宅性能評価書」を確認すれば、契約に先立ってそのマンションの品質をチェックすることができます。

住宅新築の場合は建設中と完成時に現場検査が実施され、引渡し時に「建設住宅性能評価書」が交付されます。

③ 性能のランク付け

構造耐力、遮音性、省エネルギー性など10分野35項目（2019年4月1日現在）につき、住宅の性能を表示するための共通ルールを定め、性能を等級（1等級〜5等級）でランク付けするなど、客観的に相互比較しやすくしてあります。数値が大きいほど高い等級ですが、高い等級を取るためにはそれなりのコストがかかるので、むやみに高い等級の評価を望むのは無意味です。例えば、窓を大きくして光・視環境の性能を上げると、地震に対する性能が低くなるなど、相反する関係のものもあるからです。

どの評価事項でどの程度の等級を望むのかを明確にした上で、評価依頼をすることが大切です。

④ 契約内容として保証

登録住宅性能評価機関が交付した住宅性能評価書を添付して住宅

の契約を交わした場合は、その記載内容（住宅性能）が契約内容として保証されます。

⑤　中古住宅も対象となる

2000年の住宅性能表示制度のスタート時には新築住宅のみを対象としていましたが、2002年からは評価方法は新築住宅とは異なりますが、中古住宅も対象とされることとなりました。

⑥　制度利用により住宅ローンの金利優遇も

金融機関によっては、この制度を利用した場合、住宅ローン金利を優遇しているところもあります。ただし、金利優遇を受けるために必要な評価書は、金融機関によって異なりますから、どの評価書が必要なのかをよく確認することが大切です。

●住宅に係る紛争処理体制の整備

建設住宅性能評価書が交付された住宅に関わるトラブルについては、国土交通大臣が指定する指定住宅紛争処理機関（各地の単位弁護士会）に紛争処理を申請し、裁判によらず迅速かつ円滑に紛争処理を図っていきます。指定住宅紛争処理機関は、紛争の内容によって、あっせん、調停、仲裁のうち最も適した方法により解決を図っていきます。

（2）フラット35の適合証明書との調整

●適合証明書の審査簡略化

①　フラット35の適合証明書を取得するためには、所定の設計図面の審査および現場検査を受ける必要がありますが、住宅性能表示制度を利用して、所定の等級を取得していれば、設計図面の審査や、現場審査を省略・簡略化することができます。ただし、そのためには性能評価を申請した評価機関（検査機関）と同一の検査機関に、竣工現場検査や中間現場審査、適合証明の申請を行うことが必要です。

②　分譲マンションや建売住宅などで、あらかじめ適合証明書を取得している場合は、後から申し込んでも購入者はフラット35を利用できます。

③　住宅性能表示制度に基づく建設住宅性能評価を受けている場合は、設計審査および中間現場検査を省略することができますから、すでに着工済の物件を購入する場合も、フラット35を利用することができます。

9 住宅の価格評価

(1) 不動産評価の3方式

不動産の評価方法には、原価法、収益還元法、取引事例比較法の3方式があります。

●原価法

現時点でその不動産を作るのにかかる費用(再調達原価)を計算し、経年等による減価修正を行って算出します。建物の場合は一般的に使うことができますが、土地の場合は埋立地や山林を造成した場合、宅地を造成したときにしか使えません。土地や建物が不足していた時代には、売り手が減価に利潤を上乗せして価格を決定すれば、買い手はそれを受け入れざるを得ませんでした。このように原価法は相対的希少性を前提とした評価法です。

●収益還元法

その不動産が、将来どのくらい収益を生み出すかを予測し、その予想収益を還元利回りで割り戻して元本としての不動産の価格を求める方式です。したがって、居住の快適性に注目して価格が決定される自己居住用住宅の評価には向かず、主として、収益用不動産の評価に適しています。

●取引事例比較法

市場における取引事例をもとに、立地条件、取引の事情、取引の時点などの修正を加えて算出する価格です。中古マンションなど十分な取引事例のある物件の評価に適しています。

(2) 土地の評価

●土地の公的評価

土地の公的評価としては、図表Ⅲ-27に示すとおり、「公示価格」「基

準値標準価格」「路線価」「固定資産税評価額」などがあります。

図表Ⅲ−27　公的土地評価一覧表

	公示価格	基準値標準価格	路線価	固定資産税評価額
所管官庁	国土交通省	各都道府県	国税庁	各市町村
評価目的	・一般の土地取引の指標 ・公共事業の適正補償金の算定基準	・国土利用計画法による土地取引の適正かつ円滑な実施 ・一般土地取引の指標	相続税・贈与税課税のため	固定資産税等課税のため
評価時点	毎年1月1日	毎年7月1日	毎年1月1日	3年ごとの基準年度の前年1月1日
公表時期	3月下旬	9月下旬	7月初旬	3月または4月
評価割合			公示価格の8割程度	公示価格の7割程度

　不動産の価格は、この他時価（実勢価格）があり、一物四価または一物五価といわれています。

●住宅用地の評価

　住宅用地を住宅ローンの担保として評価する場合は、自用の住宅の敷地として使用することを前提に評価します。したがって、評価方法としては原価法や収益還元法ではなく、取引事例比較法を用います。

　具体的な価格査定の方法としては、次のような方法があります。

（例1）事例地の価格を基準にして、事例地と評価対象地の相続税路線価から算定します。

　　　　事例地の価格　　　　　　　　250,000円／㎡
　　　　事例地の正面路線価　　　　　200,000円／㎡
　　　　評価対象地の正面路線価　　　150,000円／㎡
　　　評価対象地の価格査定は、次のとおり行います。
　　　　評価対象地の査定価格＝事例地の価格×評価対象地の正面路線価
　　　　　　　　　　　　　　　　÷事例地の正面路線価
　　　＝250,000円×150,000円÷200,000円＝187,500円／㎡

さらに、取引事例の時点が、路線価評価の時点とかい離している場合は、時点修正を行います。

（例２）地価公示地の公示価格を基準にして、地価公示地と評価対象地の正面路線価から算定します。

地価公示地の公示価格　　200,000円／㎡

地価公示地の正面路線価　160,000円／㎡

評価対象地の正面路線価　130,000円／㎡

評価対象地の価格査定は、次の２段階に分けて行います。

・第１段階　まず、評価対象地の地価公示ベースの価格を求めます。

評価対象地の地価公示ベースの価格＝地価公示地の公示価格×

評価対象地の正面路線価÷地価公示地の正面路線価

＝200,000円×130,000円÷160,000円＝162,500円／㎡

・第２段階　次に、地元の不動産業者への聞込み等により、公示価格と実勢価格の格差を把握し補正して、実勢価格を求めます。

＜評価額の補正＞

（a）正面路線価は標準的な画地を前提にしていますから、評価対象地の道路との高低差、土地の形状等を勘案して、必要に応じ個別的要因による補正を行います。

（b）次の事項は評価に影響を与える要因となります。

①　地盤　　地震の影響を受けやすい地盤ではないか

②　地下埋設物　　土地の利用に影響を与える地下埋蔵物はないか

③　土壌汚染　　工場の跡地などで、土壌が汚染されている危険性はないか

④　権利関係　　私道負担の有無。境界線は明確か

⑤　生活関連施設の整備状況　　上下水道、情報通信施設に不備はないか

⑥　公法上の規制　　日影規制・斜線制限等が実効の建ぺい率・容積率を制約することはないか

⑦　周辺建物倒壊の被害　　周辺の建物が地震等で倒壊した場合の影響はないか

⑧　道路事情や駐車スペース　　道路や敷地には車の出し入れに十分なスペースがあるか

⑨　環境に影響を与える施設との関係　　墓地、葬儀場、産廃施設、ゴミ処理場等嫌悪施設はないか

⑩　心理的影響等を与える事実　　殺人、誘拐などの犯罪が発生した場所、空巣、痴漢などの犯罪が多発している地域ではないか。近辺に特殊な宗教の施設や反社会的なまたは非合法的な組織の施設等はないか

　なお、一般個人間の売買価格は、取引事例から算定する実勢価格に近い金額となりますが、建売業者の分譲地の値段は、業者が計算した積算価格が基準となります。

(3) 戸建住宅（自用の建物およびその敷地）の評価

　土地は取引事例比較法により、建物は同一の建物の新築を想定して必要となる建築費（再調達原価）により評価します。

●建物の評価

　再調達原価に築年数による減価修正を施して算定します。

①　再調達原価の査定方法には、次の2通りの方法があります。

　　・直接法　　実際の建築費×建築費の変動指数

　　・間接法　　標準的な想定建築費

②　築年数による減価修正は、耐用年数と経過年数の比率を減価することにより行います。建物構造別の耐用年数は、おおむね次のとおりです。

　　SRC（鉄骨鉄筋コンクリート）・RC（鉄筋コンクリート）　35～40年

　　S（鉄骨）　　20～30年

　　W（木造）　　20～25年

例えば、耐用年数25年の木造建築物が築後10年経っている場合は、10

÷25＝40％が減価率となります。

ただし、現実には木造住宅の売買価額は築後20年で、担保評価額は10年でゼロとしているケースが多いのが実態です。

なお、国土交通省が主導する「住生活基本計画」において、建物評価の適正化を図るため、インスペクション（建物状況調査）を活用した評価手法を導入する計画が動き始めています。

また、設備部分は多くの場合15年としています。

●建付地の評価

古い建物が建っていたり、周囲の状況に適合しない建物が建っている場合、更地化に必要な取壊し費用を上限に「建付減価」と考え、更地価格からこれを差し引いて建付地の評価額を算定します。

●市場性減価

以上の積上げ方式による評価額は、必ずしも短期間に売買可能な金額水準とは限りません。一般的でない個性的な建物で市場での競争力がなければ積算価格では売却は困難となりますので、市場性減価が必要となります。

●過大物件の総額割引

単価が妥当であったとしても、規模が過大な物件は市場競争力がないので、総額の段階で割引をする必要が生じます。

（4）マンション（区分所有建物およびその敷地）の評価

取引事例比較法および収益還元法が基本となります。マンションは戸建住宅よりも賃貸に出しやすく、賃貸市場も形成されていて事例も豊富なので、ケースにより収益還元法を使用します。

●取引事例の選択

取引事例の選択にあたっては、できるだけ同一マンション内の事例を選択しますが、それが入手できない場合は、立地、一棟の規模・グレードが似ている事例を探します。

●マンション特有のチェックポイント

マンションは一戸建てと違って、価格査定の上で特に注意しなければならない次のような事項があります。

① 管理費・修繕積立金等の月額および積立残高
② 修繕・模様替え工事の履歴
③ 耐震構造、有害物質、土壌汚染などの危険性
④ ピアノ、ペット、フローリング等模様替えの制限
⑤ 眺望・敷地内のゆとり空間の状況
⑥ 管理組合・管理会社などをめぐる管理体制
⑦ 管理規約や細則などによる制約
⑧ 売主、販売業者、施工業者の信用

10 団体信用生命保険

　住宅ローンの債務者が、死亡または所定の高度障害になったとき、生命保険会社が金融機関に残債務に相当する保険金を支払い、住宅ローンを完済する団体保険です。契約形態は次のとおりです。
- 保険契約者　　金融機関
- 被保険者　　　債務者
- 保険金受取人　金融機関

（1）団体信用生命保険への加入

　団体信用生命保険（団信）に加入するには、告知書によって健康状態を申告しなければならず、健康上問題がある場合は加入できません。

　一般的に銀行は、団信への加入が住宅ローン借入れの要件となっています。したがって、加入できない場合はその銀行から住宅ローンを借りることができません。その場合は、団信が任意加入となっているフラット35や機構財形住宅融資などを利用するという選択肢があります。また、一部の金融機関で任意加入としているところもあります。ただ、万が一の場合に遺族が返済できる目処を立てておくことが必要です。

（2）告知書

　団信へ加入する際提出する告知書（図表Ⅵ-10「団体信用生命保険申込書兼告知書」を参照）は、ありのままを正しく記入することが必要です。事実を記入しなかったり、記入した内容が事実と異なっていた場合は、保障開始から2年以内は告知義務違反とされ、保険金が支払われない場合があります。

（3）保険料

　保険料は、銀行の場合は銀行負担となっており、保険料対応分だけ金利が高く設定されているのが一般的ですが、利用者負担となっているところでは、一般的に約0.3％が金利に上乗せされます。

　フラット35や機構財形住宅融資の場合は任意加入となっており、加入する場合は住宅金融支援機構の「機構団信」に加入し、財形住宅融資は毎年1回ローン残高に応じた特約料（保険料）を支払っていきます（図表Ⅵ－3－1、2（238〜239ページ）参照）。フラット35は、団信加入に必要な費用が金利に含まれています。

　団信の保険料は生命保険料控除の対象にはなりません。

（4）保険金の支払い

　被保険者（住宅ローンの債務者）が、死亡または所定の高度障害になったときに保険金が支払われます。ただし、告知書が告知義務違反とされ契約が解除されたとき、保障の開始日から1年以内に自殺したとき、戦争・その他の変乱により死亡または高度障害状態になったときなどの場合は、保険金は支払われません。

（5）住宅金融支援機構の団体信用生命保険
（機構団信特約制度）

　住宅金融支援機構の団体信用生命保険（機構団信）は、機構が保険契約者兼保険金受取人となり、債務者を被保険者とする保険です。フラット35や機構財形を利用するときで、団信に加入する場合は、機構団信を利用します。

　機構では、通常の機構団信のほか、ガン、急性心筋梗塞、脳卒中を保障の対象とした3大疾病付機構団信を取り扱っています。

　加入資格は満15歳以上70歳未満で、満80歳の誕生日の属する月の末日

までに死亡、高度障害になった場合を保障します。

　連帯債務で借り入れた場合は、どちらか一方が加入することになりますが、連帯債務者が夫婦の場合は、夫婦連生団信（デュエット）に夫婦で加入し、夫婦どちらか一方の加入者が死亡または高度障害になった場合、住宅の持分等には関係なく残債務全額が支払われます。保険料（特約料）は、1人加入の場合の約1.56倍となります。

　親子リレー返済の場合は、どちらか一方しか加入できません。ただし、親が加入し、満80歳の誕生日の属する月の末日で保障が終了した場合、満70歳未満の子が機構団信に加入できます。

（6）特定疾病保障付団体信用生命保険

　一部の金融機関や住宅金融支援機構で、特定疾病保障付団信を取り扱っています。これは、死亡や高度障害のほか、3大疾病（ガン、急性心筋梗塞、脳卒中）などが原因で一定の要件に該当した場合、ローン残高の全額が支払われるものです。

（7）ワイド団信

　最近、従来の団信では加入できなかった肝機能障害や高血圧などで治療中の人でも加入できる「ワイド団信」の取扱いを開始した銀行もあります。

　ワイド団信の引受条件は、銀行によって異なりますが、おおむね次のような特徴があります。
　①　借入時の年齢の上限を低く抑えている
　②　金利を通常より高く設定している
　③　借入金額によっては、診断書の提出を要件としている
　④　親子ローンなど一部のローンを対象外としている
　⑤　外資系生保会社が1社で引き受けている

11 火災保険・地震保険

　各行とも、保険料を割り引いた住宅ローン専用火災保険を取り扱っていますが、住宅ローン利用者に必ずしも加入を義務付けているものではなく、通常の火災保険や火災共済を利用することも可能です。
　フラット35や機構財形住宅融資などを借り入れる場合も同様に、通常の火災保険か火災共済を利用することになります。

(1) 火災保険

●住宅用火災保険の種類と保障内容

　従来、補償内容により「住宅火災保険」あるいは「住宅総合保険」という名称で商品が分かれていましたが、最近は損害保険会社において保険商品の簡素化が進み、お客様サイドにて補償内容を選択できるようになっています。

　〔一般的な火災保険の補償内容〕
　　・火災
　　・落雷
　　・破裂・爆発
　　・物体の落下、飛来、衝突、倒壊
　　・水ぬれ
　　・騒じょう、集団行動、労働争議等
　　・風災・ひょう災・雪災
　　・水災
　　・盗難による盗取、損傷、汚損
　　・持出し家財の損害
　　・上記以外の不測かつ突発的な事故
　　・損害発生時の諸費用

なお、家財のうち、1個または1組の価格が30万円を超える貴金属、宝石、美術品などは「明記物件」といって、契約時に保険契約申込書に明記しないと保険の目的に含まれません。

●火災保険料の税務処理

火災保険は保険料控除の対象となりません。

●保険金額

保険金額は、物件の評価額（保険価額）と同額で契約するのが基本です。保険金額が保険価額を上回る場合（超過保険）は、全焼しても保険価額を超えて保険金が支払われることはなく、保険金額が保険価額を下回る場合（一部保険）は、保険金額が保険価額の80％など一定割合以上であれば、保険金額を限度として、実際の損害額が支払われますが、80％未満の場合は、次のように損害保険金額が減額されます。

$$
損害保険金^{(注1)} = 損害額 \times \frac{保険金額}{保険価額 \times 一定比率^{(注2)}}
$$

（注1）保険金額が限度となる
（注2）保険会社や保険の種類によって異なる。特約火災保険は70％

ただし、現在販売されている保険商品は再調達価額ベースで（次項「保険金額の契約方式」参照）実損払い方式とする契約が主流です。

●保険金額の契約方式

保険事故が発生した場合の保険価額（評価額）は、再調達価額から減価償却分を控除した価額として算出されるため、実際には保険金だけでは建物を再築できないことがあります。保険金だけで同等程度の建物を再取得したり復旧に必要な修理費を賄うためには、再調達価額により契約する必要があります。

●質権設定

住宅ローンを融資する場合、金融機関は保険金請求権に質権設定します。ただし、最近は、万一火災の場合も保険金で再築したり、抵当権に基づく物上代位権の行使により住宅ローンを回収できるので、金融機関の事務簡素化のためもあり、多くの金融機関で質権設定を省略しています。

●住宅ローンの借入れと火災保険に関する留意事項

① 住宅ローンの借入れにあたって火災保険に加入する場合、保険契約は長期にしたほうが保険料は大幅に安くなりますが、火災保険の長期契約は最長10年までとなっています。

② 住宅金融支援機構から特約火災保険を付保して借り入れた住宅ローンを、繰上返済により特約火災保険の期限前に完済した場合も、そのまま保険料（特約料）の安い特約火災保険を利用し続けることができます。

③ 住宅金融支援機構から住宅ローンを借り入れる場合、借入額以上の火災保険を付保することが義務付けられていますが、保険事故発生時の損害額を十分にカバーするためには、火災保険の保険金額は借入額にとどまらず、物件評価額いっぱいの金額で設定する必要があります。

（2）地震保険

●地震保険のかけ方

火災保険では、地震・噴火またはこれらを原因とする津波による火災は免責となっていますので、地震等による火災の損害をカバーするためには、地震保険を付帯する必要があります。地震保険は火災保険と併せて契約することになっており、単独で契約することはできません。

対象物件は、居住用の建物およびそれに収容されている家財です。

保険金額は、主契約の火災保険の保険金額の30〜50％の範囲で任意に設定します（建物5,000万円、家財1,000万円が上限）。

●保険金の支払額

支払われる保険金の額は、損害の程度によって決まります。

なお、1回の地震で支払われる保険金総額の上限は11兆7千億円（2019年8月1日現在）とされており、その金額を超える場合は、支払保険金総額に対する11兆7千億円の割合によって減額されます。

このように、地震保険で支払われる保険金には制約があるため、受取

11 火災保険・地震保険

図表Ⅲ-28　地震保険の保険金支払額

損害の程度	支払い保険金額
全　損	保険金額の100%（時価額が限度）
大半損	保険金額の60%（時価額の60%が限度）
小半損	保険金額の30%（時価額の30%が限度）
一部損	保険金額の5%（時価額の5%が限度）

保険金だけで住宅を建て直すには不十分です。地震保険の目的は、住宅の再築のための資金というより、当面の生活再建のための資金と位置付けられています。

●地震保険料の税務処理

2007年1月に地震保険料控除制度が創設され、所得税は最高5万円まで、住民税は最高2万5,000円まで所得控除されることになりました。

106

12 ローン返済支援保険

　団体信用生命保険が付保されていれば、債務者に万一のことがあった場合も、その時点で保険金が支払われて債務はなくなり、遺族は返済負担を免れることができます。高度障害の場合も保険金が支払われますが、問題はそこまでには至らないが入院、治療により休業やむなきに至り減収となった場合です。このような場合に返済支援をする保険が「ローン返済支援保険」で、銀行が提携している損害保険会社で加入します。加入者が病気やケガで30日を超えて就業できない状態になったとき、3～5年間にわたり保険金が支払われます。銀行によって、保険料や給付の内容が若干異なります。また、倒産や解雇によって失業した場合も支払いの対象にしている銀行もあります。

（大手銀行の例）

① 免責期間　　病気やケガで入院または自宅療養により就業できない期間が30日（免責期間）を超えて継続した場合に保険金を支払う

② 填補期間　　最長3年間

③ 保険金額　　ローン返済月額（年間返済額／12）

④ 保険料　　　ローン返済月額1万円につき100円台前半（銀行により異なる）

13 疾病保障付住宅ローン

　病気やケガで入院または自宅療養により就業できなくなり、減収となった場合の保障としては、前項の「ローン返済支援保険」がありますが、多くの金融機関でさらに保障を厚くした疾病保障付住宅ローンを取り扱っています。

　これは、保険会社との提携により一定要件を満たせば残債全額について保険金が支払われ、以後のローン返済の必要がなくなる疾病保障保険を付けたものです。

　疾病保障付住宅ローンは、次ページの表に示すとおり、いろいろなパターンがあります。

　保障の内容は、銀行によって異なり、多くの場合ガンや三大疾病は残債全額保障としています。

　A銀行やC銀行の病気・ケガの入院保障は、所定の条件を満たすと入院一時金が支払われます。

　疾病保障には、次のような諸々の制約があります。

① かつてガンを罹患したことのある人は対象外です。免責期間終了後ガンと診断されれば即時保険金が支払われます。

② 一般的に3カ月程度の免責期間を設けているので、その場合は借入日以後3カ月以内に発病したものについては、保険金支払いの対象になりません。

③ ガンの場合、一般的に「上皮内ガン」および「皮膚の悪性黒色腫以外の皮膚ガン」は保険金支払いの対象外となっています。

　すでに加入している保険と保障が重なっていないか、病気で減収となった場合、他にそれを補う方法はないのかなどをチェックし、住宅ローンに疾病保障を付ける必要があるのかどうかをよく検討する必要があります。

13 疾病保障付住宅ローン

図表Ⅲ－29　住宅ローンに付帯されている疾病保障の例

	A銀行	B銀行	C銀行
借入時年齢	20歳以上46歳未満	満20歳以上満50歳以下	20歳以上46歳未満
保障範囲	八大疾病(注1)	七大疾病(注3)	八大疾病(注1)
保障内容	①ガンと診断されたらローン残高を支払う ②急性心筋梗塞・脳卒中で所定の状態が60日以上継続したらローン残高を支払う ③5つの慢性疾患(注2)で就業不能状態が1カ月を超えて継続したら12カ月間返済を保障、就業不能状態が13カ月を超えて継続したらローン残高を支払う ④病気やケガで入院して約定返済日が到来したら1回分の返済を保障、その状態が1カ月を超えて継続したら入院一時金10万円を支払う	①ガンと診断されたらローン残高を支払う ②急性心筋梗塞・脳卒中で入院したらローン残高を支払う ③4つの生活習慣病により自宅療養で働けない状態が30日間を超えて継続したら、超えた期間につき1年間を限度に返済を保障、さらに働けない状態が継続したらローン残高を支払う	①ガンと診断されたら、または急性心筋梗塞・脳卒中で60日以上所定の状態が続いたら、ローン残高の2分の1を支払う ②5つの慢性疾患(注2)で就業不能状態が2カ月を超えて継続したら10カ月間返済を保障、就業不能状態が12カ月を超えて継続したらローン残高の2分の1を支払う ③病気やケガで入院したら入院一時金10万円を支払い、2カ月分の支払いを保障、入院が2カ月継続したら入院一時金30万円を支払う
免責期間	借入日から3カ月	保険期間の初日から90日	借入日から3カ月
追加費用	金利に0.3％上乗せ	金利に0.3％上乗せ	金利に0.15％上乗せ
その他	融資金額5,000万円超は要診断書	加入時の診断書不要	診断給付金が5,000万円を超える場合要診断書

（注1）八大疾病　　ガン・急性心筋梗塞・脳卒中・高血圧症・糖尿病・慢性腎不全・肝硬変・慢性膵炎

（注2）5つの慢性疾患　　高血圧症・糖尿病・慢性腎不全・肝硬変・慢性膵炎

（注3）七大疾病　　三大疾病＋4つの生活習慣病（高血圧性疾患・糖尿病・慢性腎不全・肝硬変）

14 住宅税制

（1）住宅の取得およびリフォームに関わる税制

●印紙税

印紙税は、不動産売買契約書、工事請負契約書、金銭消費貸借契約書などを作成したときに国が課税する税金です。印紙税額は、図表Ⅲ－30に示すとおり契約書等の種類や記載金額によって定められており、契約書等に収入印紙を添付し消印することによって納付します。

図表Ⅲ－30　不動産売買契約書、工事請負契約書、金銭消費貸借契約書の印紙税額（抜粋）

契約金額	印紙税額	軽減措置（売買契約・請負契約）(注)
500万円超1,000万円以下	10,000円	5,000円
1,000万円超5,000万円以下	20,000円	10,000円
5,000万円超1億円以下	60,000円	30,000円

（注）令和2年3月末までの間に作成される不動産売買契約書、工事請負契約書に適用される軽減措置。金銭消費貸借契約書は軽減措置なし。

●登録免許税

登録免許税は、不動産の所有権保存登記、所有権移転登記、抵当権の設定登記等の際に国が課税する税金です。その税額は、不動産の種類、登記の種類、不動産の評価額や債権の額などによって定められています。税額は、固定資産税評価額（抵当権設定登記は、債権金額または極度金額）に下記の税率を乗じて計算します。

図表Ⅲ－31　登録免許税税率表

登記の種類・原因		本則	軽減税率と適用期限		
^		^	令2.3.31	令3.3.31	令3.4.1～
土地	所有権移転(注1)	20/1000	15/1000	本則
^	所有権の信託	4/1000	3/1000	本則

110

		表示登記		非　課　税	
建物	所有権保存	住宅	4/1000	1.5/1000(注2)	本則
		住宅以外		本則	
	所有権移転	売買　住宅	20/1000	3/1000(注3)	本則
		売買　住宅以外		本則	
		相続・法人の合併	4/1000	本則	
		遺贈・贈与等	20/1000	本則	
	所有権の信託		4/1000	本則	
	抵当権設定		4/1000	1/1000(注4)	本則

(注1) 令和3年3月31日まで次の免税措置がある（141ページ参照）。

　①相続登記をしないまま死亡した相続人への所有権移転登記にかかる登録免許税の免税

　②市街化区域外の所有者不明土地で、行政目的のために行う所有権移転登記にかかる登録免許税の免税

(注2) 令和2年3月31日までに認定長期優良住宅または認定低炭素住宅（114～115ページ参照）の所有権保存登記をしたときは、1/1000に軽減される（新築または未使用のものに限る）。

(注3) ①令和2年3月31日までに認定長期優良住宅の所有権移転登記をしたときは1/1000（一戸建ては2/1000）に、認定低炭素住宅（省エネ住宅）の所有権移転登記をしたときは1/1000に軽減される（未使用のものに限る）。

　②令和2年3月31日までに買取再販業者により一定の質の向上を図るために改修工事が行われた中古住宅について、所有権移転登記をしたときは、1/1000に軽減される。

(注4) 土地・建物購入資金として借り入れた債務に係る抵当権設定登記に関しては、債務額全額が軽減対象となる。

＜軽減措置の主な適用要件＞

住宅を新築または取得した場合で、次のすべての要件を満たす場合

①　住宅専用の家屋であること（住宅部分の床面積が9割以上あること）

②　新築または取得から1年以内に登記すること

③　床面積が50㎡以上であること

④　既存住宅の場合は、築後20年以内（耐火建築物は25年以内）または一定の耐震基準を満たしていること（耐震基準を満たしていないときは、取得後に耐震改修工事を行って入居する場合も可）

⑤　登記申請書に家屋所在地の市区町村長の発行する「住宅用家屋証明書」を添付すること

●不動産取得税

(a) 不動産取得税の対象となる取得の範囲

不動産取得税は、購入、家屋の新築・増改築、贈与、交換などにより、不動産を取得した場合に都道府県が課税する税金です。この取得には、有償・無償の別や登記の有無を問いません。ただし、相続(包括遺贈および被相続人から相続人に対する遺贈を含む)による取得には課税されません。

(b) 税 率

令和3年3月31日までの取得については、税率が不動産の取得の時期や種類に応じて次のように定められています。

    土地および住宅 3%　　　　住宅以外の家屋 4%

(c) 税額の計算

図表Ⅲ-32　不動産取得税税額表

		税　　額	軽減措置	
土　地		評価額(注1)×1/2(注2)×3%-軽減額	次のうち多い方の金額を税額から控除 ①45,000円　②1㎡あたりの土地の評価額×1/2×建物床面積の2倍(最高200㎡まで)×3%	
建物	新築	(評価額(注1)-軽減額)×3%	評価額から1戸につき1,200万円を控除(注3)	
	中古	同　　　上	昭和29年7月~昭和38年12月	100万円
			昭和39年1月~昭和47年12月	150万円
			昭和48年1月~昭和50年12月	230万円
			昭和51年1月~昭和56年6月	350万円
			昭和56年7月~昭和60年6月	420万円
			昭和60年7月~平成元年3月	450万円
			平成元年4月~平成9年3月	1,000万円
			平成9年4月~	1,200万円

(注1) 固定資産税評価額を用いる。新築住宅などで固定資産税評価額が設定されていない場合には、都道府県知事が固定資産評価基準によって評価した額となる。

(注2) 令和3年3月31日までに取得した宅地については、課税標準が2分の1に軽減されている。

(注3) 令和2年3月31日までに認定長期優良住宅を新築または取得したときは、1,300万円を控除。

(注4) 宅建業者が中古住宅を買い取り、一定の増改築を行った上、個人に再販売する場合に宅建業者に課される住宅およびその敷地にかかる不動産取得税も軽減措置の対象となる(令和3年3月31日まで適用)。

＜軽減措置の主な適用要件＞

・土　地

①　取得する住宅の床面積が50㎡以上（戸建て以外の貸家住宅の場合は40㎡以上）240㎡以下の専用住宅であること

②　土地を取得し、3年以内（やむを得ない事情がある場合は4年以内）にその土地の上に住宅を新築したとき

③　住宅を取得後1年以内にその敷地を取得したとき

④　新築の土地付き住宅を新築後1年以内に取得したとき

⑤　土地付きの既存住宅を取得したとき

⑥　土地を取得した日から1年以内にその土地上の既存住宅を取得したとき

⑦　土地を取得した日前1年以内に、その土地の上にある既存住宅を取得していたとき

⑧　住宅が、下に掲げる建物の適用要件を満たしていること

・建　物

①　自ら居住する住宅（別荘は除く）

②　一戸につき床面積50㎡以上（戸建以外の貸家住宅の場合は40㎡以上）240㎡以下

③　既存住宅の場合は築後20年以内（耐火建築の場合は25年以内）または一定の耐震基準を満たしていること（耐震基準を満たしていないときは、取得後に耐震改修工事を行って入居する場合も可）

＜居住用超高層建築物（タワーマンション）の不動産取得税見直し＞

　これまで、タワーマンションの不動産取得税は、一棟全体の不動産取得税を専有部分の床面積で按分して算出していましたが、平成29年度税制改正により、高さが60mを超えるタワーマンションについては、階層による取引価格の差を勘案して補正することになりました。具体的には次のとおりです

①　1階を100とし、階が1階増すごとに39分の10を加えた数値を補正率とし、不動産取得税の課税標準（固定資産税評価額）を補正する。

②　天井の高さ、付帯設備の程度等について、著しい差がある場合は、

その差異に応じた補正を行う。

③ 区分所有者全員による申し出があった場合には、その申し出た割合により按分することも可能とする。

④ 補正の対象は、建物のみであり、土地についての補正は行わない。

⑤ この改正は、平成30年度から新たに課税されることとなるタワーマンション（平成29年4月1日以前に売買契約が締結された住戸を含むものを除く）について適用する。

なお、同趣旨の見直しを固定資産税・都市計画税についても実施します（127〜128ページ参照）。

●住宅ローン控除（住宅借入金等特別控除）

住宅ローン控除とは、借入金によって自己居住用住宅の新築、取得、または一定規模の増改築等をした場合に、一定期間に限り、各年末の借入金残高のうち一定割合の金額をそれぞれの年分の所得税額から控除するというものです。

住宅ローン控除制度は、これまで景気対策の一環として、頻繁に適用期限の延長ないし拡充が繰り返されてきましたが、平成26年以降は、適用される消費税率に応じ、次のとおりとなっています。

図表Ⅲ−33　住宅ローン控除限度額

居住年 （消費税率）	一般住宅			認定長期優良住宅 [注1] 認定低炭素住宅 [注2]			控除 期間
	残高限度	控除率	最大控除額	残高限度	控除率	最大控除額	
平成26年 1月〜3月 （5％）	2,000万円 (3,000万円)	1.0％ (1.2％)	200万円 (360万円)	3,000万円 (3,000万円)	1.0％ (1.2％)	300万円 (360万円)	10年
平成26年4月〜 令和3年12月 （8％または10％）	4,000万円 (5,000万円)	1.0％ (1.2％)	400万円 (600万円)	5,000万円 (5,000万円)	1.0％ (1.2％)	500万円 (600万円)	10年

※（　　）内は東日本大震災の被災者等に係る再建住宅に適用されるもの

(注1) 長期優良住宅とは、平成18年6月に施行された「住生活基本法」に基づく住宅供給政策の一環として提言された「200年住宅構想」によるもの。それを実現するための具体的な施策として平成20年11月に「長期優良住宅の普及の促進に関する法律」が成立、耐久性、耐震性、可変性、維持保全の容易性などを備えた国土交通省令で定める基準に適

14 住宅税制

合した住宅が「認定長期優良住宅」と定められた（新築または建築後未使用のものに限る）。すでに、長期優良住宅を普及させるための施策が逐次実施されている。

(注2) 低炭素住宅とは、都市機能の集約化やそれと連携した公共交通機関の利用促進、建築物の低炭素化等の施策を講じることにより、その普及を図ることを目的として、平成24年12月に施行された「都市の低炭素化の促進に関する法律」に基づくもの。建築物の低炭素化を促進するための基準に適合していると認定されたものが、「認定低炭素住宅」と定められた（新築または建築後未使用のものに限る）。

(注3) 個人間の中古住宅売買には消費税が課税されないが、本表の消費税率５％の場合の控除限度額を適用する。

(注1) の「認定長期優良住宅」と（注2）の「認定低炭素住宅」を併せ、「認定住宅」と定義している。

　所得税から控除しきれない部分が発生した場合は、次の金額を限度に翌年の住民税から控除できることになっています。

消費税率５％の場合　　　　　　　97,500円

消費税率８％または10％の場合　　136,500円

（個人間の中古住宅売買の場合は97,500円）

＜平成31年度税制改正で追加された制度＞

　令和元年10月の消費税率引上げに対応し、住宅ローン控除の特例を次のとおり追加します。

　①　対象者　消費税率10％の住宅を取得し、令和元年10月１日から令和２年12月31日までの間に居住した者

　②　控除期間　住宅ローン控除適用年の11年目から13年目まで

　③　控除額

　　（ア）一般住宅

　　　次のうちいずれか少ない金額

　　・住宅借入金等の年末残高（4,000万円を限度）×１％

　　・〔住宅取得等の対価の額または費用の額－消費税額〕（4,000万円を限度）×２％÷３

　　（イ）認定長期優良住宅および認定低炭素住宅

　　　次のうちいずれか少ない金額

　　・住宅借入金等の年末残高（5,000万円を限度）×１％

PART Ⅲ　知っておくべき住宅ローンのポイント！

115

・〔住宅取得等の対価の額または費用の額－消費税額〕（5,000万円を限度）×2％÷3

（ウ）東日本大震災の被災者等に係る再建住宅

次のうちいずれか少ない金額

・住宅借入金等の年末残高（5,000万円を限度）×1.2％

・〔住宅取得等の対価の額または費用の額－消費税額〕（5,000万円を限度）×2％÷3

（注1）1年目から10年目までは現行と同様の控除額。

（注2）住宅取得等とは、新築住宅・既存住宅・増改築等をいう。

・併用住宅の場合は、自己居住用部分のみが対象

・補助金の額または直系尊属からの非課税による贈与額は、住宅取得等の対価の額等から控除しない。

④　住宅ローン控除適用年の11年目から13年目までの各年分で、所得税から控除しきれない分が発生した場合は、その分は翌年度分の住民税から控除する。ただし、当該年分の所得税の課税総所得金額等の額の7％相当額（最高136,500円）を上限とする。

⑤　その他の適用要件　現行の住宅ローン控除制度と同様

<住宅ローン控除の主な適用要件>

①　日本の居住者であること（ただし、非居住者期間中に住宅を取得・増改築等をした場合も含む）

②　配偶者等一定の親族からの取得でないこと

③　新・増改築や取得の日から6カ月以内に居住の用に供し、その年の12月31日まで継続して居住の用に供していること

④　この控除を受ける年の合計所得金額が3,000万円以下であること

⑤　床面積が50㎡以上（共有の場合は全面積で判定）であること

⑥　併用住宅の場合は床面積の1/2以上が居住の用に供されていること

⑦　既存住宅の場合は築後20年以内（耐火建築物は25年以内）または一定の耐震基準を満たしていること（耐震基準を満たしていないときは、取得後に耐震改修工事を行って入居する場合も可）

⑧　増改築費用は100万円（国または地方公共団体から補助金等の交

付を受ける場合には当該補助金等（以下単に「補助金」という）を
超えること

⑨　増改築後の床面積が50㎡以上であること

⑩　民間金融機関、住宅金融支援機構等公的機関、勤務先等からの償
還期間10年以上の住宅借入金であること

⑪　勤務先からの住宅借入金の金利は年0.2％以上であること

⑫　取得または新・増改築した居住用財産に居住した年および前年・
前々年に従前の住宅の譲渡にあたり「3,000万円特別控除の特例」、
「所有期間10年超の居住用財産を譲渡した場合の軽減税率の特例」、
「特定の居住用財産の買換え・交換の特例」などの適用を受けた場
合には「住宅借入金等特別控除」は受けられない。また、その住宅
に居住した年の翌年または翌々年に、その住宅（敷地を含む）以外
の資産の譲渡につきこれらの特例を受ける場合にも受けられない

＜災害の場合＞

①　住宅ローン控除の適用を受けていた住宅が、災害により居住の用
に供することができなくなった場合、従来は居住の用に供すること
ができなくなった年に限り、住宅ローン控除を受けることができま
したが、平成29年度税制改正により本来の適用年まで適用されるこ
ととなりました。

②　再建支援法適用者が、再建住宅に住宅ローン控除を適用する場合
には重複適用可能です。

＜借換えの場合の留意点＞

住宅ローン控除を受けている途中で借り換えた場合は、新たに借り換
えたローンが住宅ローン控除の要件を満たしていなければ、以後のロー
ンについてはローン控除の適用はありません。

＜繰上返済の場合の留意点＞

住宅ローン控除を受けている途中で繰上返済をした場合、繰上返済を
したことにより、当初借入時から完済までの償還期間が10年未満となっ
てしまった場合は、以後の住宅ローン控除は受けられません。

14 住宅税制

●認定住宅新築等特別控除

　認定長期優良住宅または認定低炭素住宅を新築または取得した場合、税額控除が受けられる制度です（非居住者期間中に新築または取得をした場合においても適用可能）。

図表Ⅲ－34　認定住宅新築等特別控除の概要

居住年	平成26年4月～令和3年12月
対象住宅	認定長期優良住宅、認定低炭素住宅 登記床面積50㎡以上で床面積の1／2以上が自らの居住の用に供されていること
控除率	標準的な性能強化費用相当額の10％に相当する金額を居住年の所得税額から控除（控除しきれない部分は翌年の所得税額から控除する）
控除対象限度額	650万円(注1)
控除限度額	65万円(注2)
所得制限	その年の合計所得金額が3,000万円以下であること
他制度との関係	「住宅ローン控除」とは選択適用。「特定の居住用財産の買換え・交換の特例」（133ページ参照）との重複適用可
適用期限	令和3年12月31日までに適用対象者が居住（新築等の日から6カ月以内に居住すること）

（注1）消費税率が8％または10％以外の場合は500万円
（注2）消費税率が8％または10％以外の場合は50万円

●特定の増改築等に係る住宅借入金等を有する場合の所得税額の特別控除
　―バリアフリー・省エネ改修促進税制（ローン型）

　住宅ローンを借り入れてバリアフリー改修または省エネ改修工事および省エネ改修工事と併せて行う一定の耐久性向上改修工事を行った場合、年末ローン残高（1,000万円以下の部分）の一定割合を所得税の額から控除する制度です。

図表Ⅲ－35　バリアフリー・省エネ改修促進税制（ローン型）の概要

居住年	平成26年4月～令和3年12月
控除対象借入金	年末残高1,000万円以下の部分、償還期間5年以上
控除率	年末借入金残高に対する次の割合の金額が5年間所得税額から控除される

118

14 住宅税制

控除率	・バリアフリー工事または省エネ工事(ローン残高[注1] 250万円まで) 2％ ・その他の工事（ローン残高750万円まで） 1％ （5年間の控除額合計 最大62.5万円）
控除期間	5年間
工事費用	50万円（補助金を控除）を超えること
バリアフリー工事の対象者	①50歳以上の者 ②要介護・要支援認定者 ③障害者 ④親族のうち②もしくは③に該当する者または65歳以上の者のいずれかと同居している者
所得制限	その年分の合計所得金額が3,000万円以下であること
他制度との関係	住宅ローン控除とは選択適用
適用期限	令和3年12月31日までに適用対象者が居住（増改築の日から6カ月以内に居住すること

(注1) ローン残高のうち、補助金の額を差し引いた工事費用に相当する部分の金額
(注2) 上記以外は、一般のローン控除の増改築にかかる要件と同じ

●既存住宅に係る特定の改修工事をした場合の所得税額の特別控除―
バリアフリー・省エネ改修促進税制（投資型）

　上記のバリアフリー・省エネ改修促進税制（ローン型）のほかに住宅ローンの借入れが要件となっていない所得税の減税措置（税額控除）があります。

図表Ⅲ－36　バリアフリー・省エネ改修促進税制（投資型）の概要

居住年	平成26年4月～令和3年12月
控除率	＜バリアフリー改修工事＞ 標準的な工事費用[注1]（補助金の額を控除、最高限度額200万円）の10％に相当する金額を居住年の所得税額から控除
	＜省エネ改修工事＞[注2] 標準的な工事費用[注1]（補助金の額を控除、最高限度額250万円、太陽光発電装置を設置する場合は350万円）の10％に相当する金額を居住年の所得税額から控除
工事費用	50万円を超えること
バリアフリー工事の対象者	①50歳以上の者 ②要介護・要支援認定者 ③障害者 ④②もしくは③に該当する者または65歳以上の者のいずれかと同居している者
所得制限	その年分の合計所得金額が3,000万円以下であること

119

他制度との関係	住宅ローン控除のほか、バリアフリー・省エネ改修促進税制（ローン型）とは選択適用
適用期限	令和３年12月31日までに適用対象者が居住（増改築の日から６カ月以内に居住すること）

(注1) 標準的な工事費用　　バリアフリー改修工事の種類または省エネ改修工事の改修部位ごとに単位あたりの標準的な工事費用として定められた金額に当該改修工事を行った床面積等を乗じて計算した金額

(注2) 省エネ改修工事または耐震改修工事と併せて行う一定の耐久性向上改修工事も対象となる

●住宅の多世帯同居改修工事に係る所得税の減税

　居住用の家屋について、一定の多世帯同居改修工事を含む増改築を行った場合、「特定の増改築等に係る住宅借入金等を有する場合の所得税額の特別控除（バリアフリー・省エネ改修促進税制）」（ローン型）および「既存住宅に係る特定の改修工事をした場合の所得税額の特別控除（バリアフリー・省エネ改修促進税制）」（投資型）（118 ～ 119ページ参照）の適用対象として追加され、税額控除が受けられる特例が創設されました。

　　(注1) 一定の多世帯同居改修工事とは、①調理室、②浴室、③便所または④玄関のいずれかを増設する工事（①から④までのいずれか２つ以上が複数となっているものに限る）

　　(注2) 登録住宅性能評価機関、指定確認調査機関、建築士事務所に所属する建築士、住宅瑕疵担保責任法人などが発行する多世帯同居改修工事等の証明書を確定申告書に添付すること

　①　「特定の増改築等に係る住宅借入金等を有する場合の所得税額の特別控除」への追加

　　一定の多世帯同居改修工事を含む増改築を行い、その費用に充てるために借り入れた住宅ローンを有するときは、図表Ⅲ－37のように住宅ローンの一定割合が所得税額から控除されます。住宅の増改築等に係る住宅ローン控除とは選択適用となります。

14 住宅税制

図表Ⅲ－37　住宅の多世帯同居改修工事促進税制（ローン型減税）の概要

控除対象借入金	償還期間５年以上の住宅ローン　年末残高1,000万円以下の部分
控除率	年末借入金残高に対する次の割合の金額が所得税額から控除される ・多世帯同居改修工事に係る工事費用（250万円を限度）に相当する住宅ローンの年末残高　　　２％ ・その他の住宅ローン年末残高　　　１％
控除期間	５年間
工事費用	50万円（補助金を控除）を超えること
所得制限	その年の合計所得金額が3,000万円以下であること
入居期限	平成28年４月１日から令和３年12月31日までの間に居住すること

②　「既存住宅に係る特定の改修工事をした場合の所得税額の特別控除」への追加

一定の多世帯同居改修工事を含む増改築を行ったときは、図表Ⅲ－38のように工事費用の一定割合が所得税額から控除されます。住宅の増改築等に係る住宅ローン控除とは選択適用となります。

図表Ⅲ－38　住宅の多世帯同居改修工事促進税制（投資型減税）の概要

控除率	標準的な工事費用相当額（最高限度250万円）の10％に相当する金額を居住年の所得税額から控除
控除期間	居住年のみ
工事費用	50万円（補助金を控除）を超えること
所得制限	その年の合計所得金額が3,000万円以下であること
入居期限	平成28年４月１日から令和３年12月31日までの間に居住すること

●耐震改修をした場合の所得税額の特別控除制度

耐震改修工事を行った場合に受けられる所得税の減税措置（税額控除）です。

図表Ⅲ－39　耐震改修に係る所得税減税措置の概要

控除率	標準的な工事費用（補助金等の額を控除）相当額の10％（最高限度額25万円）をその年分の所得税額から控除
他制度との関係	住宅ローン控除との併用可
工事期限	令和３年12月31日

14 住宅税制

●固定資産税におけるバリアフリー・省エネ・耐震改修促進税制

バリアフリー、省エネまたは耐震改修の工事を行った場合、次のとおり固定資産税が減額されます。

図表Ⅲ－40　バリアフリー・省エネ改修に係る固定資産税減額措置の概要

	バリアフリー改修	省エネ改修
減額幅	翌年度分に限り当該家屋に係る固定資産税を3分の1減額（認定長期優良住宅の省エネ改修は3分の2減額）	
工事費用	50万円超（補助金の額を控除）	
建物の要件	新築された日から10年以上経過した住宅100㎡までの部分が対象 改修後の床面積50㎡以上280㎡以下	平成20年1月1日以前からある住宅120㎡までの部分が対象 改修後の床面積50㎡以上280㎡以下
対象者	①65歳以上の者、②要介護・要支援認定者、③障害者のいずれかが居住	
減額対象	工事が完了した年の翌年度分	
工事期限	令和2年3月31日	

図表Ⅲ－41　耐震改修に係る固定資産税の減額措置の概要

減額幅	翌年度分から当該家屋に係る固定資産税を2分の1減額（認定長期優良住宅は3分の2減額）
工事費用	50万円超（補助金の額を控除）
面積制限	昭和57年1月1日以前からある住宅120㎡までの部分が対象。改修後の床面積50㎡以上
減額対象	工事が完了した年の翌年度分。重要な避難路として自治体が指定する沿道の住宅は翌年以降2年間（初年度は3分の2減額）
期限	令和2年3月31日

●消費税

(a) 住宅関連の消費税

住宅を建築したり購入した場合、消費税が課税されます。

課税対象には次のようなものがあります。

①　建築請負工事代金

②　新築の建物購入代金

③　宅建業者など事業者が売主となっている中古住宅の購入代金

④　不動産媒介手数料

⑤ 司法書士等への報酬
⑥ ローン手数料

次のものは課税対象外となっています。

① 土地購入代金
② 個人間売買による中古住宅の購入代金
③ 住宅ローンの保証料
④ 団体信用生命保険料

(b) 税率

平成26年4月1日に5%から8%に引き上げられており、令和元年10月1日から更に10%に引き上げられる予定となっています。

(c) 消費税率引上げの経過措置

① 一戸建て建築の場合

住宅の建築には通常長い期間を要するため、経過措置が設けられており、平成25年9月30日までに建築請負契約を締結したものについては、引渡しが平成26年4月1日以降となったとしても、旧税率の5%が適用されました。また、同様に平成25年10月1日から平成31年3月31日までの間に締結した工事請負契約については、引渡しが令和元年10月1日以後になったとしても税率は8%が適用されます。

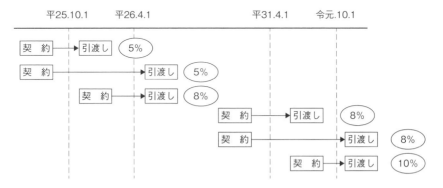

② 新築の分譲マンションや建売住宅購入の場合

経過措置が適用されるのは、建築請負契約の場合に限られていますので、新築分譲マンションや建売住宅購入の場合には、この適用はあ

りません。したがって、たとえ平成25年9月30日（平成31年3月31日）までに購入契約をしたとしても、引渡しが平成26年4月1日（令和元年10月1日）以降となった場合は、原則として消費税は引上げ後の税率である8％（10％）となります。

ただし、分譲マンションや建売住宅等でも、内装、外装、設備の設置、構造など購入者の注文が請負契約としてつけられているものについては上記経過措置が適用されます。

なお、中古住宅は、通常売主が個人なので、その場合は消費税は課税されません。

(d) すまい給付金制度

住宅ローン控除の恩恵を十分に受けられない一定以下の低所得者層のために「すまい給付金制度」が新設されました。この制度は、消費税引上げによる住宅取得者の負担を緩和するために導入されたものです。

住宅ローンを借りて住宅を購入した人を対象に、次のような現金給付が行われます。

① 給付対象者および給付額

収入額（都道府県民税の所得割額）によって給付基礎額が決まり、

図表Ⅲ－42　すまい給付金給付額

＜消費税率8％の場合＞

収入額の目安	都道府県民税の所得割額	給付基礎額
425万円以下	6.89万円以下	30万円
425万円超475万円以下	6.89万円超8.39万円以下	20万円
475万円超510万円以下	8.39万円超9.38万円以下	10万円

＊神奈川県は収入の目安は同じですが、住民税の税率が他の都道府県と異なるため、所得割額が上表と異なります（消費税率10％の場合も同じ）。

＜消費税率10％の場合＞

収入額の目安	都道府県民税の所得割額	給付基礎額
450万円以下	7.60万円以下	50万円
450万円超525万円以下	7.60万円超9.79万円以下	40万円
525万円超600万円以下	9.79万円超11.90万円以下	30万円
600万円超675万円以下	11.90万円超14.06万円以下	20万円
675万円超775万円以下	14.06万円超17.26万円以下	10万円

給付基礎額に登記上の持分割合を乗じた額が給付されます（図表Ⅲ－42参照）。

　また、住宅ローンによらず現金で購入した場合も、現金給付を行います。その場合は、収入額の目途が650万円以下となるほか、年齢50歳以上という要件が追加されます。

②　対象となる住宅
　・床面積50㎡以上の住宅
　・住宅ローンを利用している場合は、施工中（中古住宅は売買時）に検査を受けている住宅。住宅ローンを利用していない場合は、施工中（中古住宅は売買時）に検査を受けることに加えフラット35Sと同等の基準を満たす等の住宅

(e) 消費税増税と住宅購入時期の選択

　住宅購入時期に関しては、「住宅ローン控除制度」の拡充や「すまい給付金制度」の実施により、消費税増税後に購入した方が計算上有利な場合もあります。

　購入時期に関しては消費税増税による負担増もさることながら、むしろ今後の金利動向や物件価格の動向も併せて考慮して選択することが必要です。

（2）住宅の保有に関わる税制

●固定資産税

　固定資産税は、登記の有無にかかわらず、毎年1月1日現在の固定資産課税台帳に土地・家屋の所有者として登録されている者に対して市町村（東京都の特別区の場合は都）が課税する税金です。

＜土地にかかる負担調整措置＞

　3年ごとに行われる固定資産税評価額の評価替えにより、税負担が急激に増加することが起こり得るが、これを緩和するため、前年度の課税標準額と当年度の固定資産税評価額を比較した負担水準により調整を行った上、当年度の課税標準額を決定します。

$$負担水準 = \frac{前年度の課税標準額}{当年度の固定資産税評価額 \times 住宅用地の特例割合^{(※)}} \times 100(\%)$$

（※）住宅用地の特例割合（図表Ⅲ－43参照）
　　　小規模住宅用地　　6分の1
　　　一般住宅用地　　　3分の1

課税標準額の計算

　負担水準100％以上の場合

　　当年度の課税標準額＝固定資産税評価額×1/6(1/3)

　負担水準100％未満の場合

　　当年度の課税標準額

　　＝前年度の課税標準額＋固定資産税評価額×1/6(1/3)×5％^(※)

　（※）固定資産税評価額×1/6(1/3)を上限とする
　　　　固定資産税評価額×1/6(1/3)×20％を下回る場合は20％相当額とする
　　（令和2年度まで実施を継続）

図表Ⅲ－43　固定資産税の税額と軽減措置

税　　　額	居住用財産の軽減措置
課税標準^(注1) ×1.4％(標準 税率。税率は 市町村によっ て異なる)	土地 　① 1戸あたりの面積が200㎡までの部分（小規模住宅用地） 　　　課税標準が固定資産税評価額の1/6となる 　② 1戸あたりの面積が200㎡を超える部分（一般住宅用地） 　　　課税標準が固定資産税評価額の1/3となる 　（税額の変動を緩和するための負担調整あり） 建物　令和2年3月31日までに取得した新築住宅につき120㎡ 　　　以下の居住用部分の税額を軽減 軽減額　　固定資産税額の1/2 軽減期間　① 地上3階建て以上の中高層耐火住宅　5年度分^(注2) 　　　　　② 上記以外の住宅　3年度分^(注3)

(注1) 課税標準は、固定資産税評価額から軽減措置等による金額を差し引いたもの。
(注2) 令和2年3月31日までに認定長期優良住宅を新築したときは、7年間軽減。
(注3) 令和2年3月31日までに認定長期優良住宅を新築したときは、5年間軽減。

＜建物の軽減措置の主な適用条件＞

令和２年３月31日までに新築した住宅で、以下の条件に当てはまる床面積120㎡までの居住用部分

① 住宅専用の家屋であること（セカンドハウスを含み、別荘を除く）

② 居住用部分の床面積が1/2以上

③ 居住用部分の床面積が１戸につき50㎡（戸建て以外の貸家住宅の場合は40㎡）以上280㎡以下

＜タワーマンションの固定資産税見直し＞

これまで、タワーマンションの固定資産税は、一棟全体の固定資産税額等を専有部分の床面積で按分して算出していましたが、平成29年度税制改正により、高さが60mを超えるタワーマンションについては、階層による取引価格の差を勘案して補正することになりました。具体的には、

① １階を100とし、階が１階増すごとに39分の10を加えた数値を補正率とし、固定資産税額を補正する。

② 天井の高さ、付帯設備の程度等について、著しい差がある場合は、その差異に応じた補正を行う。

③ 区分所有者全員による申出があった場合には、その申し出た割合により按分することも可能とする。

④ 補正の対象は、建物のみであり、土地についての補正は行わない。

⑤ この改正は、平成30年度から新たに課税されることとなるタワーマンション（平成29年４月１日以前に売買契約が締結された住戸を含むものを除く）について適用する。

なお、同趣旨の見直しを不動産取得税についても行います（113ページ参照）。

●都市計画税

都市計画税は、登記の有無にかかわらず、毎年１月１日現在の市街化区域内に所在する土地や家屋などの固定資産課税台帳に所有者として登録されている者に対して、市町村が課税する税金です。

タワーマンションについては、固定資産税と同様の税額補正を行います。

図表Ⅲ-44　都市計画税の税額と減税措置

税　　　額	マイホームの軽減措置
課税標準^(注)×0.3%（上限税率は市町村によって異なる）	土地 ①　1戸あたりの面積が200㎡までの部分（小規模住宅用地） 　　　課税標準が固定資産税評価額の1/3となる ②　1戸あたりの面積が200㎡を超える部分（一般住宅用地） 　　　課税標準が固定資産税評価額の2/3となる （税額の変動を緩和するための負担調整あり） 建物は軽減措置なし

（注）課税標準は、固定資産税評価額から軽減措置等による金額を差し引いたもの。

（3）不動産の賃貸に関わる税制

●自己居住用住宅等を賃貸する場合

　転勤でマイホームを賃貸する場合や、相続した空き家を賃貸する場合などです。住宅を貸して受け取った家賃等は、一般的に「不動産所得」として、給与所得や利子所得など他の所得と合算され、所得税・住民税が課税されます。不動産所得の金額は、その年中の総収入から必要経費を控除して計算されます。

　①　収入に計上される主なもの

　　　賃料、礼金、権利金、更新料、敷金などのうち返還を要しないもの等

　②　必要経費に計上される主なもの

図表Ⅲ-45　主な必要経費

経費項目	留意点等
固定資産税・都市計画税	
火災保険料・地震保険料等	長期の損害保険で積立保険料に相当する部分は除く
修繕費	資本的支出となる固定資産の改良は除く
減価償却費	物件の取得日により、旧定額法・旧定率法・定額法・定率法を適用
借地の場合の地代	
管理費	

③　所得税・住民税の税率

図表Ⅲ－46　所得税・住民税の税率

課税所得		税率		
		所得税	住民税	合計
195万円以下		5%		15%
195万円超	330万円以下	10%		20%
330万円超	695万円以下	20%		30%
695万円超	900万円以下	23%	10%	33%
900万円超	1,800万円以下	33%		43%
1,800万円超	4,000万円以下	40%		50%
4,000万円超		45%		55%

（注）所得税と住民税の所得控除の差額は考慮していない。

●事業的規模で賃貸する場合

①　規模

　社会通念上、事業と称するに至る程度の規模で貸し付けているかどうかにより判定します。

　・貸間、アパート等

　　独立した室数が概ね10以上であること

　・独立家屋

　　概ね5棟以上であること

②　所得の種類

　一般的に「不動産所得」として課税されますが、次のように業態によって所得の分類が異なる場合があります。

　・下宿等

　　室のみの賃貸は「不動産所得」

　　食事付きの場合は「事業所得」または「雑所得」

　・有料駐車場

　　自己の責任において保管する場合は、「事業所得」または「雑所得」、

　　それ以外の場合は、「不動産所得」

③　収入、必要経費として計上されるもの

　自己居住用住宅の場合とほぼ同様ですが、更に次の点につき留意が

必要です。

- ・物件取得のための借入金利子は、経費に計上されるが、賃貸物件使用日までの借入金利子は取得価格に算入される。
- ・物件譲渡に際しての立退料は、譲渡所得の収入金額から差し引くので、必要経費にはならない。

④　個人事業税

　一定の基準に該当する場合は、不動産貸付業または駐車場業として「個人事業税」が課税されます。

（4）住宅の譲渡に関わる税制

●売却時の譲渡益課税

　不動産を譲渡したことによって生じた所得は、譲渡所得として他の所得とは分離し、次のとおり課税されます。

図表Ⅲ－47　長期譲渡（譲渡年の1月1日現在における所有期間5年超）

所得の計算	課税長期譲渡所得金額 ＝譲渡価格－（取得費[※1]＋譲渡費用[※2]）－特別控除額[※3]
税　　額	課税長期譲渡所得金額×20％（所得税15％　住民税5％）

図表Ⅲ－48　短期譲渡（譲渡年の1月1日現在における所有期間5年以下）

所得の計算	課税短期譲渡所得金額 ＝譲渡価格－（取得費[※1]＋譲渡費用[※2]）－特別控除額[※3]
税　　額	課税短期譲渡所得金額×39％（所得税30％　住民税9％）

[※1]　取得費……購入代金（建物については、建物購入代金・増改築費用から減価償却費相当額を差し引く）、媒介手数料、印紙代、登録免許税、不動産取得税、設備費用、居住開始日までの借入金利子等
　　　・相続や贈与などにより取得した土地・建物を譲渡したときの取得費は、被相続人や贈与者がその土地・建物を購入したときの取得費
　　　・取得費がわからないときは、譲渡価額の5％を取得費とすることができる
　　　・相続または遺贈により取得した相続財産を3年以内に譲渡した場合は、その譲渡した相続財産に課税された相続税額を取得費に加算することができる
[※2]　譲渡費用……広告料、測量費、不動産鑑定料、媒介手数料、印紙代、譲渡に際して支

払った立退料、建物取壊し費用等

※3　特別控除額……居住用財産の3,000万円特別控除、土地・建物収用に係る5,000万円特別控除などの税額の軽減措置

（注）平成25年から25年間は基準所得税額に2.1％の復興特別所得税が上乗せされます。

長期譲渡：15％→15.315％　（＝15％×102.1％）
短期譲渡：30％→30.63％　（＝30％×102.1％）

●居住用財産の3,000万円特別控除の特例

一定の要件を満たす居住用財産を売却し譲渡益が出た場合、譲渡益から3,000万円の控除が認められます。

＜主な適用要件＞

① 自分が居住している家屋やその敷地、借地権の譲渡であること（居住部分が90％以上のときは、全体が居住用になる）

② その家屋に居住しなくなってから3年を経過する日の年の12月31日までに譲渡したものであること

③ 家屋を取り壊した日から1年以内に譲渡契約をし、住まなくなった日から3年を経過する日の年の12月31日までに譲渡すること（この間の敷地の貸付は不可）

④ 譲渡先が、配偶者など親族以外のものであること

⑤ 前年、前々年にこの控除または「特定の居住用財産の買換え・交換の特例」「居住用財産の買換え等の場合の譲渡損失の損益通算及び繰越控除の特例」「特定居住用財産の譲渡損失の損益通算及び繰越控除の特例」を受けていないこと

⑥ 買換えの場合、新しい居住用財産の購入に際して「住宅借入金等特別控除」の適用を受けないこと

●空き家に係る譲渡所得の特別控除の特例

被相続人が1人で居住していた家屋^(注)で、相続後空き家となっている住宅を、相続人が平成28年4月1日から令和5年12月31日までの間に譲渡した場合の譲渡所得について、居住用財産の譲渡所得の3,000万円特別控除の適用を受けることができる特例が創設されました。

（注）要介護認定を受け、老人ホーム等に入所していた場合を含む。ただし、そ

の間自己のために一定の使用をしていた場合も含むが、事業の用、貸付の用また他者の居住の用に供されていた場合は除く。この措置は、平成31年4月1日以後の譲渡について適用する。

図表Ⅲ−49 空き家に係る譲渡所得の特別控除の概要

住宅の要件	一戸建て住宅（区分所有建築物を除く）
	土地建物、建物のみ、建物解体後の土地のみいずれも可
	昭和56年5月31日以前に建築された建物
	建物を取り壊さず売却するときは、譲渡時において耐震規定またはそれに準ずる基準に適合していること
	相続時から譲渡時まで土地や家屋を事業の用、貸付けの用、居住の用などに供されていないこと
譲渡の要件	譲渡価格が1億円以下
	平成28年4月1日から令和5年12月31日の間の譲渡
	相続のあった日から3年経過した日の属する年の年末まで
他制度との関係	・相続税の取得費加算の特例(注) とは選択適用 ・特定の居住用財産の買換え・交換の特例との重複適用を可能とする措置を講ずる
手続き	譲渡家屋の耐震性と相続時から譲渡時まで事業の用、貸付けの用、居住の用などに供されていないことを地方公共団体の長などが確認した旨を証する書面を確定申告に添付

(注) 相続により取得した土地、建物、株式等を一定期間内に譲渡した場合に、相続税額のうち一定金額を譲渡所得の計算上取得費に加算することができる制度（130ページ図表Ⅲ−47、図表Ⅲ−48参照）

●所有期間10年超の居住用財産を譲渡した場合の軽減税率の特例

一定の条件を満たす所有期間10年超のマイホームを売却した場合、次のとおり譲渡益課税の税率が軽減されます。

3,000万円特別控除後の課税長期譲渡所得金額が

6,000万円以下の部分　14%（所得税10%・住民税4%）

6,000万円超の部分　　20%（所得税15%・住民税5%）

（注）平成25年から25年間は基準所得税額の2.1%の復興特別所得税が上乗せされます。

6,000万円以下の部分　10%→10.21%
6,000万円超の部分　　15%→15.315%

＜主な適用要件＞

① 譲渡年の1月1日現在で所有期間が10年を超えるもの

② その他、3,000万円特別控除の適用要件と同一の要件を満たすこと

●特定の居住用財産の買換え・交換の特例

所有期間10年超で10年以上居住しているマイホームの買換え等をして譲渡益が発生した場合は、譲渡益の課税が繰り延べられます。ただし、譲渡対価が取得物件の取得価額より多い場合は、差額に課税されます。

＜主な適用要件＞

① 前項の「軽減税率の特例」の適用要件と同一の要件を満たす家屋またはその敷地

② 譲渡資産は、譲渡者が居住の用に供している期間が10年以上のものであること

③ 配偶者等一定の親族への譲渡でないこと

④ 譲渡資産の譲渡対価の額が1億円以下であること

⑤ 取得資産は床面積50㎡以上、敷地面積が500㎡以下であること

⑥ これまで「買換え資産が既存の耐火建築物の場合は、築後25年以内のものであること、または一定の耐震基準を満たしていること、もしくは既存住宅売買瑕疵保険に加入していること」とされていたが、平成30年度改正において、非耐火建築物についても同様の経過年数等要件が追加され、平成30年1月1日以後に譲渡資産の譲渡をし、4月1日以後に買換え資産を取得する場合に適用されることとなった

⑦ 従前の居住用財産の譲渡の年または前年・前々年に「居住用財産の3,000万円特別控除の特例」や「所有期間10年超の居住用財産を譲渡した場合の軽減税率の特例」「居住用財産の買換え等の場合の譲渡損失の損益通算及び繰越控除の特例」「特定居住用財産の譲渡損失の損益通算及び繰越控除の特例」の適用を受けていないこと

⑧ 取得資産に関して「住宅借入金等特別控除」の適用を受けないこと。ただし、「認定長期優良住宅新築等特別控除」との重複適用は認められる

⑨ 令和元年12月31日までの譲渡であること

●居住用財産の買換え等の場合の譲渡損失の損益通算及び繰越控除の特例

　居住用財産の買換え等により譲渡損失が出た場合において、一定の条件を満たせば、他の所得と損益通算が認められ、当該年度だけでは損益通算しきれない場合は、翌年以降最長３年間譲渡損失の繰越しができます。

＜主な適用要件＞

①　譲渡年の１月１日現在で所有期間が５年を超えていること

②　繰越控除を受けようとする年の合計所得金額が3,000万円以下であること

③　譲渡先が配偶者等の親族でないこと

④　居住用財産を譲渡した年の前年の１月１日から譲渡年の翌年の12月31日までに新しい居住用財産を取得し、取得した年の翌年の12月31日までに入居するかまたは入居する見込みのあること

⑤　譲渡した居住用財産の敷地が500㎡を超える場合、譲渡損失のうち500㎡を超える部分に相当する金額は繰越控除の対象から除外される

⑥　取得資産は居住部分の床面積が50㎡以上であること

⑦　繰越控除を受けようとする年の12月31日において、取得資産を取得するための住宅ローン（返済期間10年以上）を有していること

⑧　居住用財産を譲渡した年の前年または前々年に「居住用財産の3,000万円特別控除の特例」「所有期間10年超の居住用財産を譲渡した場合の軽減税率の特例」「特定の居住用財産の買換え・交換の特例」の適用を受けていないこと。居住用財産を譲渡した年に「特定の居住用財産の買換え・交換の特例」の適用を受けていないこと。居住用財産を譲渡した年の前年以前３年以内に生じた譲渡損失について、「居住用財産の買換え等の場合の譲渡損失の損益通算及び繰越控除の特例」または「特定居住用財産の譲渡損失の損益通算及び繰越控除の特例」の適用を受けていないこと。「住宅借入金等特別控除」との併用可

⑨　令和元年12月31日までの譲渡であること

14 住宅税制

●特定居住用財産の譲渡損失の損益通算及び繰越控除の特例

居住用財産を売却して譲渡損失が出た場合において、住宅ローン残高が売却額以上であったときは、一定の条件を満たせば他の所得と損益通算が認められ、当該年度だけでは損益通算がしきれない場合は、翌年以降最長3年間住宅ローン超過額を限度として譲渡損失の繰越しができます。

＜主な適用要件＞

①　譲渡年の1月1日現在で所有期間が5年を超えていること

②　繰越控除を受けようとする年の合計所得金額が3,000万円以下であること

③　配偶者等親族に対する譲渡ではないこと

④　居住用財産を譲渡した年の前年または前々年に「居住用財産の3,000万円特別控除の特例」「所有期間10年超の居住用財産を譲渡した場合の軽減税率の特例」「特定の居住用財産の買換え・交換の特例」の適用を受けていないこと。居住用財産を譲渡した年に「特定の居住用財産の買換え・交換の特例」の適用を受けていないこと。居住用財産を譲渡した年の前年以前3年以内に生じた譲渡損失について、「居住用財産の買換え等の場合の譲渡損失の損益通算及び繰越控除の特例」または「特定居住用財産の譲渡損失の損益通算及び繰越控除の特例」の適用を受けていないこと。「住宅借入金等特別控除」との併用可

⑤　令和元年12月31日までに行う売却であること

（5）住宅の相続に関わる税制

●相続に係る民法上の規定

（a）法定相続分

①　配偶者は常に相続人となる

②　配偶者と子がいる場合（第1順位）

③　子がいなくて配偶者と親がいる場合（第2順位）

135

④ 子と親がいなくて配偶者と兄弟姉妹がいる場合（第3順位）
⑤ 被相続人の子が相続開始前に死亡したときは、孫が子の相続分を相続する（代襲相続）

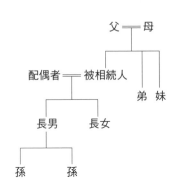

法定相続分
（第1順位）配偶者と子が法定相続人となる
配偶者　　1/2
長男　　　1/4（1/2×1/2）
長女　　　1/4（1/2×1/2）
（第2順位）配偶者と親が法定相続人となる
配偶者　　2/3
父　　　　1/6（1/3×1/2）
母　　　　1/6（1/3×1/2）
（第3順位）配偶者と兄弟姉妹が法定相続人となる
配偶者　　3/4
弟　　　　1/8（1/4×1/2）
妹　　　　1/8（1/4×1/2）

(b) 遺留分

相続財産のうち、相続人が権利（遺留分減殺請求権）を有する最低限の相続分で、遺留分は配偶者、直系卑属および直系尊属に認められていますが、兄弟姉妹には認められていません。

遺留分は、法定相続分の2分の1（父母は3分の1）です。

(c) 欠格と廃除

① 欠格　相続人となるべきものが、故意に被相続人を殺したり詐欺や脅迫により遺言書を書かせたりした場合には、当然に相続人としての資格を失います。

② 廃除　被相続人を虐待したり、重大な侮辱を行うなど相続人に著しい非行があった場合には、被相続人が家庭裁判所に申し立てて、相続権を失わせることができます。

(d) 相続放棄と限定承認

① 相続放棄

　　マイナスの相続財産（負債）がプラスの相続財産（資産）を上回っている場合等明らかに債務超過である場合は、相続人となったことを知った時から3カ月以内に家庭裁判所に申述書を提出して、「相

続放棄」をすることができます。

② 限定承認

　マイナスの相続財産（負債）がプラスの相続財産（資産）を上回っていると思われるケースで、それを最終的に確認する前に、受け継いだ資産の範囲内で負債を支払う「限定承認」を相続開始を知った日から3カ月以内に家庭裁判所に申述することができます。限定承認の申述は、相続人全員で行わなければなりません。

●相続財産の評価

　相続税は、財産を相続で取得した場合に相続人に対して国が課税する税金です。住宅（土地・建物）も被相続人の他の財産と同様に、相続税の対象となります。

(a) 相続税が課税される財産

　原則として、相続や遺贈により取得した全財産に相続税がかかります。民法上は本来の相続財産ではありませんが、次のような財産は、みなし相続財産として相続税が課税されます。

① 被相続人の死亡により受け取った死亡保険金

② 被相続人の死亡により支給された死亡退職金

③ 被相続人が保険料を払い込んだ生命保険契約に関する権利　など。

(b) 相続税が課税されない財産

　次のような財産には相続税は課税されません。

① 墓地、墓碑、仏壇など（商品、骨董品、投資目的で所有しているものを除く）

② 国、地方公共団体、特定の公益法人などに寄付した一定の財産

③ 宗教、慈善、学術その他公益を目的とする事業を行う人で、一定の要件に該当する人が取得した財産

④ 心身障碍者共済制度に基づく給付金の受給権

(c) 相続税の財産評価額

　住宅用家屋は原則として固定資産税評価額で、その敷地は、原則として路線価方式または倍率方式により評価されます。

なお、その家屋が貸家の場合には次によります。

家屋の評価額＝固定資産税評価額×（1－借家権割合）

敷地の評価額＝自用地価額×（1－借地権割合×借家権割合）［貸家建付地］

【小規模宅地等の相続税の課税価格の特例（小規模宅地の評価減)】

　被相続人または被相続人と生計を一にしていた親族が、居住していた家屋の敷地を相続した場合、一定の要件を満たすものについては、図表Ⅲ－50のとおり評価額が低くなります。

・特例の対象となる人

① 　被相続人の配偶者

② 　同居親族

③ 　相続開始3年以内に、自分または自分の配偶者の所有する持ち家に住んだことのない別居親族

④ 　生計を一にする親族

なお、

① 　持ち家に居住していない者に係る特例の対象者の範囲から次の者を除外する。

　・相続開始前3年以内に、その者の三親等内の親族またはその者と特別な関係にある法人が所有する国内の家屋に居住したことがある者

　・相続開始時に居住していた家屋を過去に所有していたことがある者

② 　貸付事業用宅地等の範囲から、相続開始前3年以内に貸付事業に使用していた宅地等を除外する。

③ 　特定事業用宅地等の範囲から、相続開始前3年以内に事業の用に供された宅地等を除外する。

④ 　介護医療院に入所したことにより、被相続人が住まなくなった家屋の敷地については、相続の開始の直前まで被相続人が居住していたものとみなして本特例を適用する。

・小規模宅地の評価減については、社会的環境の変化に伴いこのところ

数次にわたり大幅な見直しが実施されていますが、現状は下記のとおりとなっています。

図表Ⅲ−50　小規模宅地の評価減割合

	申告期限まで継続の有無	小規模宅地の種類	適用対象限度面積	減額割合
居住用	居住継続	特定居住用宅地等(注1)	330㎡	80%
	非継続	上記以外の宅地等	適用除外	
事業用	事業継続	特定事業用宅地等(注2)	400㎡	80%
	非継続	上記以外の宅地等	適用除外	
貸付用	事業継続	貸付事業用宅地等(注3)	200㎡	50%
	非継続	上記以外の宅地等	適用除外	

(注1) 特定居住用宅地等とは、被相続人等の居住用宅地等で、その取得者が配偶者や同居していた親族で、相続税の申告期限まで引き続きその宅地を所有し、その家屋に居住している場合、その他一定の要件を満たしている場合の居住用宅地をいう。

(注2) 特定事業用宅地等とは、被相続人等の事業（不動産の貸付等を除く）の用に供されていた宅地等で、その取得者が相続税の申告期限までその事業を承継する場合、その他一定の要件を満たしている場合の事業用宅地をいう。

(注3) 貸付事業用宅地等とは、被相続人等の貸付事業（不動産貸付業、駐車場業、自転車駐輪場業等）の用に供されていた宅地等で、その取得者が相続の申告期限までその事業を承継する場合、その他一定の要件を満たしている場合の事業用宅地をいう。

・小規模宅地の評価減適用にあたっての留意点

①　居住用宅地と事業用宅地を併用する場合の限度面積は、「居住用宅地の限度面積（330㎡）＋事業用宅地の限度面積（400㎡）＝730㎡」となる。

②　一棟の二世帯住宅が、完全に区分されており構造上独立している場合において、被相続人およびその親族が各独立部分に居住していた場合についても特例の対象となる。

③　老人ホームに入所したため被相続人の居住の用に供されなくなった家屋の敷地については、次の要件を満たしている場合に限り特例を適用する。

（ア）被相続人に介護が必要なため入所したものであること。

（イ）当該家屋が貸付等の用途に供されていないこと

④　共同相続があった場合には、取得者ごとに適用要件を判定する。

⑤　1棟の建物に居住用部分とそれ以外の部分がある場合、部分ごとに按分して軽減割合を計算する。

●相続税額の計算

次の手順で相続税額を計算します。

①　課税遺産総額を計算する。

遺産総額		
3年以内の贈与^(注1)・相続時精算課税制度^(注2) による贈与	本来の相続財産（預貯金・有価証券・不動産等）	みなし相続財産^(注3)（死亡保険金・死亡退職金等）

課税価格の合計額（相続税の対象となる財産）	債務・葬式費用等	非課税財産^(注4)

課税遺産総額	基礎控除^(注5)

課税遺産総額＝遺産総額－債務・葬式費用等－非課税財産－基礎控除

(注1) 相続開始日から前3年以内に被相続人から贈与された財産
(注2) 144ページ参照
(注3) 死亡保険金・死亡退職金について、法定相続人一人あたり500万円の非課税枠がある
(注4) 墓地・仏壇等
(注5) 基礎控除額＝3,000万円＋600万円×法定相続人の数

②　課税遺産総額を相続人が法定相続分に応じて取得したものと仮定して、各人ごとの取得金額を求め、図表Ⅲ－51の税額速算表により相続税額を計算する。

③　上記②で求めた各人ごとの相続税額を合計して、相続税の総額を計算する。

④　相続税の総額を各相続人が実際に取得した割合で按分して、各相続人ごとの相続税額を計算する。

⑤　各人の相続税額に対し、適用となる税額加算^(注1)・税額控除^(注2)

を行う。

（注1）被相続人の配偶者、父母または子以外の相続人については、④で計算した
金額に20％相当額を加算

（注2）相続開始前3年以内に受けた贈与にかかる贈与税額の控除、配偶者の法定
相続分控除（最高1億6,000万円）、未成年者控除、障害者控除等

図表Ⅲ－51　相続税の税額速算表

法定相続分に応ずる取得金額 （A）	税率 （B）	控除額 （C）	税額＝（A）×（B）－（C）
1,000万円以下	10％	－	（A）×10％
1,000万円超3,000万円以下	15％	50万円	（A）×15％－50万円
3,000万円超5,000万円以下	20％	200万円	（A）×20％－200万円
5,000万円超1億円以下	30％	700万円	（A）×30％－700万円
1億円超2億円以下	40％	1,700万円	（A）×40％－1,700万円
2億円超3億円以下	45％	2,700万円	（A）×45％－2,700万円
3億円超6億円以下	50％	4,200万円	（A）×50％－4,200万円
6億円超	55％	7,200万円	（A）×55％－7,200万円

●相続税の申告・納税期限

相続開始を知った日の翌日から10カ月以内に住所地の所轄税務署に申
告納付します。

●準確定申告

所得税の納税義務者が死亡した場合、相続人は相続の開始があったこ
とを知った日の翌日から4カ月以内に確定申告をして、所得税を納めな
くてはなりません。

●相続登記

不動産については、遺言書ないし遺産分割協議書により、被相続人か
ら相続人への所有権移転登記を行います。

ただ、死亡後も相続登記がされず放置されているため、物件の売買な
ど不動産をめぐる諸手続きに支障をきたすケースが増加しています。こ
のような物件の相続登記を促進させるため、平成30年度税制改正におい
て、次のような登録免許税の免税措置が創設されました。

① 相続により土地の所有権を取得した者が、相続登記をしないまま
死亡したため、その者の相続人がその死亡した者を登記名義人とす

るための所有権移転登記をする場合、登録免許税を免税とする（平成30年4月1日から令和3年3月31日までの間に行う登記手続に適用）。
② 相続登記がされず、所有者不明となっている土地を、行政目的のために国や地方自治体が収用するため「所有者不明土地の利用の円滑化等に関する特別措置法」が制定された。これに基づき、その施行の日から令和3年3月31日までの間に、所有権移転登記を行う場合の登録免許税を免税とする。

【コラム　相続法改正の概要】

　社会の高齢化で家族のあり方が大きく変わってきたことにより、約40年ぶりに次のとおり民法（相続法）の大改正が行われました。
1. 「配偶者居住権」等の創設（令和2年4月1日施行）
　　配偶者が相続開始時に被相続人所有の建物に居住していた場合、相続開始から少なくとも6カ月間、そのまま無償で住み続けられる「配偶者短期居住権」と、遺産分割の選択肢の一つとして無償で終身住み続けられる「配偶者居住権」が創設された。
2. 婚姻期間20年以上の夫婦間における居住用不動産の贈与等に関する優遇措置（令和元年7月1日施行）
　　婚姻期間20年以上の夫婦間において、居住用不動産の贈与が行われた場合、贈与された財産は原則として遺産分割の計算の対象外となった。
3. 預貯金の払戻し制度の創設（令和元年7月1日施行）
　　遺産分割前であっても、生活費や葬儀費用の支払いのため、被相続人の預貯金の一定範囲内で窓口において払戻しを受けることができるようになった。
4. 自筆証書遺言の方式緩和（平成31年1月13日施行）
　　自筆証書遺言の財産目録は、パソコンなど自筆以外の方法で作成することが認められた。
5. 法務局における自筆証書遺言の保管制度創設（令和2年7月10日施行）
　　自筆証書遺言を法務局に保管できる制度が創設された。
6. 特別寄与制度の創設（令和元年7月1日施行）
　　相続人以外の親族が無償で被相続人の療養看護等を行った場合、相続人に対して金銭（特別寄与料）の請求をすることができる制度が新設された。
7. 遺留分減殺請求の見直し（令和元年7月1日施行）
　　遺留分権利者から遺留分減殺請求がされた場合、現物ではなくそれに相当する金銭を請求する権利を取得することとなった。請求された受遺

14 住宅税制

者において直ちに金銭の調達が困難な場合は、裁判所に対し支払期限の猶予を求めることができることとなった。
8. 遺産分割前に処分された財産の扱い（令和元1年7月1日施行）
　　相続開始後、遺産分割前に処分された遺産も遺産分割の対象にできることとなった。

（6）住宅に関する贈与の税制

●贈与税

　贈与税は、財産の贈与を受けた場合に受贈者に対して国が課税する税金です。住宅（土地・建物）の贈与を受けた場合にも、同年中に贈与を受けた他の財産と合算して、贈与税の対象となります。

（a）財産評価額

　贈与税の課税上の財産評価額は、相続税評価額と同じです。

（b）税率と税額の計算

　贈与税は1年間の受贈額のうち基礎控除額（年間110万円）を超える部分に対して課されます。

> 贈与税額＝（1年間の受贈額－基礎控除額）×贈与税の税率

図表Ⅲ－52　贈与税の税額速算表

①20歳以上の者が直系尊属から贈与を受けた場合

課税価格（A）	税率（B）	控除額（C）	税額＝（A）×（B）－（C）
200万円以下	10%	－	（A）×10%
200万円超　　400万円以下	15%	10万円	（A）×15%－10万円
400万円超　　600万円以下	20%	30万円	（A）×20%－30万円
600万円超　1,000万円以下	30%	90万円	（A）×30%－90万円
1,000万円超 1,500万円以下	40%	190万円	（A）×40%－190万円
1,500万円超 3,000万円以下	45%	265万円	（A）×45%－265万円
3,000万円超 4,500万円以下	50%	415万円	（A）×50%－415万円
4,500万円超	55%	640万円	（A）×55%－640万円

②上記①以外の場合

課税価格 （A）	税率 （B）	控除額（C）	税額＝（A）×（B）−（C）
200万円以下	10%	−	（A）×10%
200万円超　　300万円以下	15%	10万円	（A）×15%−10万円
300万円超　　400万円以下	20%	25万円	（A）×20%−25万円
400万円超　　600万円以下	30%	65万円	（A）×30%−65万円
600万円超　1,000万円以下	40%	125万円	（A）×40%−125万円
1,000万円超 1,500万円以下	45%	175万円	（A）×45%−175万円
1,500万円超 3,000万円以下	50%	250万円	（A）×50%−250万円
3,000万円超	55%	400万円	（A）×55%−400万円

●相続時精算課税制度

　相続時精算課税制度とは、60歳以上の親または祖父母から20歳以上の子または孫が受ける贈与について、贈与時に2,500万円まで非課税となる制度です。これを超えた部分は、20%の贈与税をいったん支払い、その後の相続時に相続財産と合算して相続税として再計算し、すでに支払った贈与税をその相続税から控除します。

　この場合、相続財産に合算される贈与財産の金額は贈与時の価額です。

　なお、相続時精算課税制度を選択すると、110万円の贈与税の基礎控除は適用できず、相続時までこの制度の適用が継続します。

図表Ⅲ−53　相続時精算課税制度の概要

適用対象者	贈与者　贈与した年の1月1日現在で60歳以上の親または祖父母
	受贈者　贈与を受けた年の1月1日現在で20歳以上の直系卑属である推定相続人または20歳以上の孫(注)
適用対象財産	贈与財産の種類、金額、贈与回数に制限なし
非課税限度	累積で2,500万円
適用手続き	①この制度を選択しようとする受贈者（子または孫）は、贈与を受けた年の翌年3月15日までに税務署長に届け出ること ②①の届出をした後は相続時までこの制度の適用が継続する ③この制度は、受贈者である兄弟姉妹が各々、贈与者である父・母または祖父母ごとに選択できる
税額の計算	＜贈与時＞ 贈与財産の合計額（累計額）のうち、2,500万円を超える部分について、一律20%の贈与税が課される ＜相続時＞ 贈与財産と相続財産を合算して計算した相続税額からすでに支払った上記の贈与税額を控除する

(注) 令和4年4月1日以後に発生する贈与については受贈者の年齢要件を18歳以上とする。

【住宅取得等資金の贈与に係る相続時精算課税選択の特例】

住宅取得・増改築資金の贈与については、贈与者である親または祖父母の年齢制限がなく、60歳以下の親等も認められています。

図表Ⅲ－54　住宅取得等資金の贈与に係る相続時精算課税選択の特例

適用対象者	贈与者	親または祖父母（年齢制限なし）	
	受贈者	贈与を受けた年の1月1日現在で20歳以上の直系卑属である推定相続人または20歳以上の孫(注)	
適用対象財産	住宅取得・増改築または住宅の新築・新築住宅の購入と同時にまたは先行して土地を取得するための資金に限る。資金の贈与を受けた年の翌年の3月15日までに住宅を取得または増改築等し、入居しているかまたは入居することが確実であること		
対象となる住宅等の要件	新築	床面積50㎡以上　など	
	中古住宅	・床面積50㎡以上 ・既存住宅の場合は築後20年以内（耐火建築物は25年以内）または一定の耐震基準を満たしていること（耐震基準を満たしていないときは、取得後に耐震改修工事を行って入居する場合も可）	
	増改築等	・工事費が100万円以上 ・増改築後の床面積50㎡以上など	
非課税限度	累積で2,500万円		
適用手続き	①この制度を選択しようとする受贈者（子または孫）は、贈与を受けた年の翌年3月15日までに税務署長に届け出ること ②①の届出をした後は相続時までこの制度の適用が継続する ③この制度は、受贈者である兄弟姉妹が各々、贈与者である父・母または祖父母ごとに選択できる		
税額の計算	＜贈与時＞ 贈与財産の合計額（累計額）のうち、2,500万円を超える部分について、一律20％の贈与税が課される ＜相続時＞ 贈与財産と相続財産を合算して計算した相続税額からすでに支払った上記の贈与税額を控除する		

(注) 令和4年4月1日以後に発生する贈与については受贈者の年齢要件を18歳以上とする。

●直系尊属からの住宅取得等資金の贈与に係る非課税措置

直系尊属から贈与を受けた図表Ⅲ－57の要件を満たす住宅取得・増改築資金については、消費税率の10％への引上げの影響を緩和するために、図表Ⅲ－55に示すとおり非課税措置を拡充します。

145

14 住宅税制

図表Ⅲ－55　直系尊属からの住宅取得等資金の贈与に係る非課税措置

契約年	消費税率10%が適用される人		左記以外の人^(※1)	
	質の高い 住宅^(※2)	左記以外の 住宅（一般）	質の高い 住宅^(※2)	左記以外の 住宅（一般）
平成26年	—	—	1,000万円 (1,500万円)	500万円 (1,000万円)
平成27年	—	—	1,500万円 (1,500万円)	1,000万円 (1,000万円)
平成28年1月 ～31年3月	—	—	1,200万円 (1,500万円)	700万円 (1,000万円)
平成31年4月 ～令和2年3月	3,000万円 (3,000万円)	2,500万円 (2,500万円)	1,200万円 (1,500万円)	700万円 (1,000万円)
令和2年4月 ～3年3月	1,500万円 (1,500万円)	1,000万円 (1,000万円)	1,000万円 (1,500万円)	500万円 (1,000万円)
令和3年4月 ～3年12月	1,200万円 (1,500万円)	700万円 (1,000万円)	800万円 (1,500万円)	300万円 (1,000万円)

(注1)　(　　)内は東日本大震災の被災者の場合。

(注2)　住宅の床面積は、東日本大震災の被災者の場合、240㎡以下という上限はない。

(※1)　「左記以外の人」とは、消費税率8％の適用を受けて住宅を取得した人のほか、個人
間売買により中古住宅を取得した人をいう。

(※2)　「質の高い住宅」とは次のものをいう。

　①省エネルギー性の高い住宅（断熱等性能等級4または一次エネルギー消費量等級4）

　②耐震性の高い住宅（耐震等級〈構造躯体の倒壊等防止〉2以上または免震建築物）

　③バリアフリー性の高い住宅（高齢者等配慮対策等級3以上）

　のいずれかの性能を満たす住宅

(注3)　平成31年3月以前に「左記以外の人」欄の非課税限度額の適用を受けた人は、再度「消
費税率10%が適用される人」欄の非課税限度額の適用を受けることが可能。

　消費税率の10％への引上げに伴う非課税枠の金額推移を示すと図表Ⅲ
－56のようになります。

図表Ⅲ-56　消費税率引上げに対応した非課税枠の金額推移（質の高い住宅　平成31年4月以降は消費税率10％が適用される人の場合）

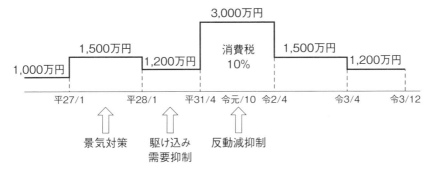

図表Ⅲ-57　直系尊属からの住宅取得等資金の贈与に係る非課税措置の要件

適用対象者	贈与者　直系尊属 受贈者・日本国内に住所を有していること ・贈与を受けた年の1月1日現在で20歳以上であること(注) ・贈与を受けた年の合計所得金額が2,000万円以下であること
対象となる住宅等の要件	・自己の居住の用に供する住宅用家屋の新築・取得・増改築等または住宅の新築・新築住宅の購入と同時にまたは先行して土地を取得するための金銭の贈与であること ・床面積が240㎡以下（東日本大震災被災者を除く）、50㎡以上であること ・床面積の50％以上が受贈者の居住の用に供されていること ・既存住宅の場合は築後20年以内（耐火建築物は25年以内）または一定の耐震基準を満たしていること（耐震基準を満たしていないときは、取得後に耐震改修工事を行って入居する場合も可） ・増改築の場合、工事費用の額が100万円以上の一定の増改築または耐震、省エネ、バリアフリー、給排水管の改修工事であること ・贈与を受けた年の翌年の3月15日までに住宅を取得または増改築等し入居しているか、または12月31日までに入居する見込みであること ・配偶者、親族など特別の関係にある人からの取得でないこと
他制度との関係	この非課税枠は相続時精算課税制度の2,500万円および基礎控除の110万円とは別枠。したがって、それらの非課税枠との併用も可能である

(注)　令和4年4月1日以後に発生する贈与については、受贈者の年齢要件を18歳以上とする。

●夫婦間贈与の特例（贈与税の配偶者控除）

　婚姻期間が20年以上である配偶者から、居住用不動産（その取得のための資金を含む）の贈与を受けた場合の贈与税については、基礎控除110万円のほか、最高2,000万円の控除が認められます。

　なお、相続開始前３年内に相続人が、その被相続人から財産の贈与を受けていた場合には、その贈与額を相続財産額に加算し、相続税の課税対象とすることとされていますが、この贈与税の配偶者控除の適用を受けたものについては相続税の再計算は行われません。

＜主な適用要件＞

①　居住用財産の贈与の場合には、贈与のあった翌年の３月15日までに居住の用に供し、かつ、その後も引き続き居住の用に供する見込みであること。金銭の贈与の場合には、翌年の３月15日までに居住用財産を取得し、かつ、居住の用に供さなければならない。

②　同一夫婦間においては、１回限りの利用しか認められない。

PART IV

住宅ローン審査のポイントはここだ!

1 借入申込人の属性審査

（1）個人信用情報照会による審査

　ローン申込みを受け付けると、まず個人信用情報の照会を行い、申込人が他の金融機関で延滞などをしていないか否かなどをチェックします。金融機関は、個人信用情報機関を利用することにより、過剰貸付けや多重債務を未然に防止することができます。

●個人信用情報機関の種類

　個人信用情報機関には、業界別にそれぞれ次のような機関が設けられています。

図表Ⅳ－1　個人信用情報機関

機　　　関	会　　　員
全国銀行個人信用情報センター※	銀行、信用金庫、信用組合、労働金庫連合会、農林中央金庫、政府系金融機関、クレジットカード会社・保証会社・保証協会などで銀行の推薦を受けたもの
㈱シー・アイ・シー※	信販会社、家電・自動車メーカー系クレジット会社、百貨店、量販店、銀行系カード会社、専門店会、リース会社、保証会社、モーゲージバンクなど
㈱日本信用情報機構※	消費者金融専業者、信販会社、保証会社、クレジットカード会社、リース会社、モーゲージバンクなど

※上記機関はお互いに提携し「情報交流ネットワーク」（CRIN）により延滞等登録事項に関し情報交流を行っている。

●情報登録

図表Ⅳ-2　個人信用情報の登録事項と登録期間（全国銀行個人信用情報センターの例）

登録情報	登録期間
取引情報 ローンやクレジットカード等の契約内容とその返済状況（入金の有無、延滞(注)、代位弁済、強制回収手続等の事実を含む）の履歴	契約期間中および契約終了日（完済されていない場合は完済日）から5年を超えない期間
照会記録情報 会員がセンターを利用した日、ローンやクレジットカード等の申込み・契約の内容等	当該利用日から、本人開示の対象は1年を超えない期間、会員への提供は6カ月を超えない期間
不渡情報 手形交換所の第1回不渡、取引停止処分	第1回不渡は当該発生日から6カ月を超えない期間、取引停止処分は当該処分日から5年を超えない期間
官報情報 官報に公告された破産、民事再生手続開始決定等 免責決定等の情報は登録されない	当該決定日から10年を超えない期間
本人申告情報 本人確認資料の紛失・盗難、同姓同名の別人の情報がセンターに登録されており自分と間違われるおそれがある旨等の本人からの申告内容	登録日から5年を超えない期間

＊各情報には、本人であることを特定するための情報（氏名、生年月日、性別、住所、電話番号、勤務先等とその履歴）があわせて登録される。

（注）延滞の登録は各金融機関とも延滞開始後3カ月程度で行っている。

（2）勤務先と勤続年数

　過去のデータからも、大企業と中小企業では延滞確率に差があるので、会社規模も審査対象となります。特に異動の激しい業種や職種は減点要因となります。勤続2～3年以上を要件とするところが多くなっています。

（3）収　入

　毎月の収入がローンの返済原資となるので、収入の把握は最も重要なチェックポイントです。なかでも重要なのは収入の安定性です。

住宅ローン審査において、金融機関が最も重視しているのは返済負担率[注]です。

　　(注) 返済負担率＝年間返済額／年数（税込み）

●給与所得者

　一般的に給与所得者は自営業者よりも安定性があるので、収入証明としては前年の源泉徴収票の提出で済みます。歩合給については、そのしくみと過去の実績など実態を見て判断します。また、契約社員、派遣社員などは多くの場合、安定性の点で問題があるので融資が困難となりますが、融資する場合は、その仕事の継続性等を過去の実績等から判断します。

●自営業者

　自営業者は収入の変動幅が大きいので、給与所得者に比べ厳しい審査を行います。収入証明としては、過去３年分の確定申告書や決算報告書、納税証明書（その１、その２）などの提出を求めます。変動が激しい場合は、その理由や今後の予想などを詳しくチェックするとともに、事業自体の安定性や将来性をチェックします。

　節税対策から所得金額を極端に低く申告しているケースが見受けられますが、そのために住宅ローンの借入れができない場合もあります。

●会社経営者

　会社経営者については、経営者個人の給与は高くても会社の業績に問題がある場合もあるので、特に中小・零細企業の場合は過去３年分の決算書の提出を求め、会社の経営状態をチェックします。

●その他の収入

　アパート収入や配当収入などその他の収入についても、基本は安定収入か否かということであり、アパート収入についてはキャッシュフローが重要なチェックポイントとなります。投資用マンションは、物件によって空室リスクの高いものもありますので、まったく算入しない金融機関もあります。また、配当収入についても、安定収入となるためには長期保有が前提となりますが、一般的に長期保有を保証する術もないので、収入に算入しない金融機関もあります。

●収入合算

申込人の収入のみでは融資基準に不足する場合は、収入合算が認められます。一般的に収入合算が認められる範囲は、次のとおりです。

(a) 民間住宅ローンの合算要件

① 借主と生計を一にしていること
② 満20歳以上で安定収入があること
③ 配偶者、親、子のうち1名
④ 収入合算者は連帯保証人となること

合算額は、全額合算を認めるところと2分の1だけ認めるところなど金融機関により異なります。本人の年収の2分の1を限度としているところもあります。

(b)【フラット35】および住宅金融支援機構の財形融資の合算要件

① 収入合算できる人

次のすべての要件を満たす人の収入を合算できる。

　・本人の直系親族、配偶者（婚約者または内縁関係も含む）のうち1名
　・申込時の年齢が70歳未満
　・申込人本人と同居
　・連帯債務者となる

② 収入合算できる金額

収入合算者の年収全額まで合算可能。

ただし、合算額が収入合算者の年収の50％を超えるときは、借入期間が短くなる場合がある。

③ 収入合算した場合の借入期間の上限

　　最長返済期間＝80歳－次のうち年齢が高い方の人の申込時の年齢
　　　　　　　　　　　　　　　　　　　（1年未満切上げ）

　・申込人本人
　・合算額が収入合算者の年収の50％を超える場合の収入合算者

親子リレー返済を利用する場合は、上記にかかわらず後継者の年齢を基に計算する。

（4）他の借入金の点検

① 申込人の申告が、個人信用情報機関への照会結果と一致しているか否かをチェックします。もし、一致していない場合は、本人の信頼度に問題があるということも考えられます。

② 個人信用情報機関に延滞・代位弁済等の事故登録がある場合は、融資は極めて困難となります。

③ カードローンは、多くの金融機関で借入残高の有無にかかわらず、融資極度額を借入金と見なしています。ミニマムペイメント（カードローン契約で義務付けられている毎月返済額の最低金額）等を基準に、各金融機関で定めた金額を毎月返済額とみなし、返済負担率を算定します。

（5）団体信用生命保険（団信）

団信が強制加入であるにもかかわらず加入できない場合は融資を引き受けることはできません。

利用者サイドとしては、団信に加入できない場合は、団信任意加入のフラット35や機構財形住宅融資等の利用を検討します。

万一の場合、遺族が返済できるか否かをよく検討して対応することが必要です。

（6）不法行為の未然防止

提出書類を偽造・変造し、本人になりすまして融資金を詐取するという犯罪が起きています。また、偽名や匿名により犯罪で得た収益を、不動産売買を通して合法的に得た資金を装うマネーロンダリングという不法行為も横行しています。これは、テロや闇金融などの新たな犯罪資金の温床となっています。

マネーロンダリングの防止策としては、2007年3月に「犯罪収益移転

防止法」が制定され、金融機関や宅建業者を含む47業種が「特定事業者」に指定されています。この法律では、特定事業者に次の措置が義務付けられています。

① 取引時確認および本人確認記録の作成・保存(注)
② 取引記録の作成・保存
③ 疑わしい取引の届出

(注) 確認事項としては、上記法令により「氏名、住居、生年月日、取引目的、職業」と規定されている。

これらの不法行為を未然に防止するためには、運転免許証、パスポート、個人番号カードなど写真付きの公的証明等で本人確認をする必要があります。契約書の本人自署は必須です。申込書の記載や提出書類に不自然な点はないか、勤務先等から見て物件の立地は妥当かなどをチェックします。

チェックリスト 1 借入申込人の属性審査

項　　目	チェック事項	Check	対　　策
個人信用情報機関	ブラック情報登録はないか		
	借入過多ではないか		
勤　務　先	勤務先信用度に問題はないか		
	責任ある職位についているか		
勤続（営業）年数	勤続（自営業者は営業）3年以上か		
年　　齢	借入時年齢が高すぎることはないか		
収　　入	十分に返済できるだけの安定的な収入があるか		
他の借入金	他の借入金の使途・借入額に問題はないか		
	他の借入金の延滞はないか		
団体信用生命保険	団体信用生命保険に加入できるか		
不法行為防止	提出書類に偽造・変造・不自然な点はないか		

2 住宅取得資金計画の妥当性審査

住宅取得資金計画が、申込人にふさわしいものか否かを検証します。

(1) 取得物件価格の妥当性

物件価格は、立地、建物のグレード、面積などから見て、適正な価格か否かをチェックします。

(2) 返済負担率（年間返済額／年収）

審査上の返済負担率は金融機関によって異なり、年収ランク別に25～35％と設定されているのが一般的です。適正な返済負担率は各家庭の状況によって異なりますので、金融機関が定める返済負担率以内に収まっていても、家計が破綻する場合があります。適正な返済負担率は一概にはいえませんが、一般的には20～25％以内に収まればほぼ安心といわれています。住宅ローンのアドバイスにおいては、この点を重視してローンコンサルティングを行うことが必要です。返済負担率を計算する場合の利率（審査金利）は、金融機関によって異なりますが、適用金利ではなく安全度を見込んで一般的に4％前後の金利で計算されています。

(3) 完済時年齢

完済時年齢は75～80歳としている金融機関が多いのが実態です。40歳で返済期間35年のローンを借り入れると完済時年齢が75歳になりますが、年金生活に入ってから75歳まで延々と返済を続けることは、一般的には極めて困難です。将来繰上返済をして期間短縮する方法があるとは

いうものの、繰上返済の原資が確保できるかどうか不確定です。そのような点も見据えて計画を組むことが必要です。

(4) ライフプラン的視野に立った審査

住宅取得後、子どもの教育費や老後資金の確保ができるかどうかをライフプラン的視点から検討します。住宅計画は、一生のライフプランの中で検討しなければなりません。そのためにはキャッシュフロー分析が欠かせません。キャッシュフロー分析については、PART V「3 住宅取得資金計画の立て方」（184ページ）を参照してください。

(5) その他

●売主、買主、仲介業者、建築業者等の信用度

そのいずれかでも信用に欠陥があると、その取引はトラブルになる可能性が高くなります。物件を購入する場合、売主がその物件を売ることになった経緯を確認することも大切です。売主の債務整理が目的の場合、物件の権利関係に問題はないか、抵当権が間違いなく抹消できるかなどをよく確認することが必要です。仲介業者は過去にトラブルを起こしていないか、建築業者の経営状態は万全かなどのチェックも重要です。建築途上で建築業者が倒産すると、すでに支払った中間金等の回収はなかなか難しくなります。

●売買契約書の二重契約

ときに売買契約書の作成にあたり、本来の契約書とローン借入用の契約書の2つの異なった契約書を作成し、実際の必要額以上の融資を引き出そうとする悪質な業者もいます。つねに持込み業者の信用度に気を配り、このような不法行為をチェックする体制が必要です。

住宅ローンの審査は、単に融資基準に適合しているか否かのみではなく、総合的に判断して融資の可否を審査します。したがって、個々の融

資基準に適合しているように見えても、総合的判断で融資承認が下りない場合もあります。

チェックリスト 2 住宅取得資金計画の妥当性審査

項　　目	チェック事項	Check	対　　策
価格の妥当性	価格は適正か		
返済負担率（審査金利による）	審査基準に適合しているか		
	20〜25%以内に収まっているか		
完済時年齢	審査基準に適合しているか		
	60歳までに完済できるか		
ライフプラン	子どもの教育費は確保できるか		
	老後資金は確保できるか		
	その他必要資金は確保できるか		
関係者の信用度	売主の信用度に問題はないか		
	買主の信用度に問題はないか		
	仲介業者の信用度に問題はないか		
	建築業者の信用度に問題はないか		

3 担保の妥当性審査

(1) 住宅ローンの担保評価方法

●新築物件購入・建物新築の場合

　分譲住宅やマンションなど新築物件購入や建物新築の場合は、実務上購入価格や建築請負価格を担保評価額とし全額を融資することも多いのですが、近隣取引事例と乖離している場合は、下記「中古物件購入の場合」と同じ評価方法により妥当性を検証します。

●中古物件購入の場合

　購入価格を担保評価額としている場合もありますが、案件により購入価格と取引事例比較法による価格を参考に、時点修正、不整形地・環境等の個別要因修正を加え評価しています。具体的には、近隣の取引事例と公示価格、路線価を用いた簡便評価で査定し、担保評価専門会社の評価などのデータも参考に査定します。

　一戸建ての建物については、当初建築価格に一定の減価率を乗じ算定しますが、築後10年以上の木造建築物は評価しないのが一般的です。

(2) 登記事項証明書のチェック

●表示登記

　借入申込書の地番、地目、面積などが売買契約書や建築確認申請書および確認済証（後述）と合っているか否かをチェックします。

●所有権

　購入の場合、売主の所有権取得の経緯をチェックしておくことが必要です。不動産登記には公信力がないので、登記上の所有者が真実の所有者とは限りません。争いで売主の所有権が無効とされた場合は、売買契約が無効となり、したがって抵当権設定登記も無効となります。

所有権が短期間に転々と移転している場合は、何らかの問題が隠されている可能性もあるので注意を要します。

共有の範囲としては、多くの場合、配偶者・親・子・兄弟姉妹などに限り、それ以外の者との共有は認めていません。共有者は担保提供者になります。

●権利関係

売主の抵当権が設定されている場合は、引渡しまでに抹消できることを確認しておくことが必要です。その他、買主の権利を制約するような登記がなされていないかをチェックします。差押えや代物弁済予約に基づく所有権移転請求権保全の仮登記などが付着している場合は、当然それらの権利は引渡しまでに抹消することが大前提ですが、このような物件は問題含みの物件なので細心の注意を要します。

(3) 担保物件の適格性チェック

●都市計画法上の規制

都市計画法では、一体の都市として総合的に整備、開発し保全する必要がある区域を「都市計画区域」として指定し、都市計画区域は、「市街化区域」と「市街化調整区域」に区分されます。

「市街化区域」は、既成市街地およびおおむね10年以内に優先的かつ計画的に市街化を計るべき区域で、「市街化調整区域」は市街化を抑制すべき区域として、一般的な住宅の建築は制限されています。

「市街化区域」は、住居系、商業系、工業系の3つに分かれ、更にこれが細分化され、図表Ⅳ-3の12種類の「用途地域」に分けられています。

都市計画法では、用途地域のほかにも様々な「地域」や「地区」を定め、それぞれの建築制限を建築基準法で定めています。また、地域環境を守るために、地域の住民が特定行政庁の認可に基づき、自主的に「建築協定」を制定しているケースも多く見受けられます。主な「地区」には次のようなものがあります。

① 特別用途地区……用途地域内で特別の目的をもって土地利用の増

3 担保の妥当性審査

図表Ⅳ-3　用途地域

	用途地域
住居系	第一種低層住居専用地域
	第二種低層住居専用地域
	第一種中高層住居専用地域
	第二種中高層住居専用地域
	第一種住居地域
	第二種住居地域
	準住居地域
商業系	近隣商業地域
	商業地域
工業系	準工業地域
	工業地域
	工業専用地域

進、環境の保護等を行う地区。文教地区、観光地区など

② 高度地区・高度利用地区……土地利用の増進のため、建築物の高さの最高限度または最低限度を定める高度地区

③ 特定街区……街区の整備または造成が行われている地区で、容積率・高さの最高限度、壁面の位置制限を定める代わりに一般的な容積率、建ぺい率の制限は適用しない

④ 風致地区……都市の自然環境を維持するための地区

⑤ 臨港地区……港湾を管理運営するための地区

⑥ 生産緑地地区……市街化区域内の一定規模以上の農地などについて、公害や災害の防止など良好な生活環境の確保と公共施設等の敷地の確保を図るための地区

⑦ 歴史的風土特別保存地区・第一種（第二種）歴史的風土保存地区……歴史的風土を保存していくうえで、大切な部分を構成している地区

161

図表Ⅳ-4　用途地域内の建築物の用途制限の概要

用途地域内の建築物の用途制限
- ▨ 建てられる用途（表中 ○）
- ▨ 建てられない用途
- ①、②、③、④、▲は面積・階数等の制限あり

用途	第一種低層住居専用地域	第二種低層住居専用地域	第一種中高層住居専用地域	第二種中高層住居専用地域	第一種住居地域	第二種住居地域	準住居地域	近隣商業地域	商業地域	準工業地域	工業地域	工業専用地域	備考
住宅、共同住宅、寄宿舎、下宿	○	○	○	○	○	○	○	○	○	○	○		
兼用住宅で、非住宅部分が50㎡以下かつ建築物の延べ面積の1／2以下のもの	○	○	○	○	○	○	○	○	○	○	○		非住宅部分の用途制限あり
店舗等の床面積が150㎡以下のもの		①	②	③	○	○	○	○	○	○	○	④	① 日用品販売店舗、喫茶店、理髪店および洋服店等のサービス業務用店舗で2階以下
店舗等の床面積が150㎡を超え500㎡以下のもの			②	③	○	○	○	○	○	○	○	④	② ①に加えて物品販売店舗、飲食店、銀行の支店等のサービス業用店舗で2階以下
店舗等の床面積が500㎡を超え1,500㎡以下のもの				③	○	○	○	○	○	○	○	④	③ 2階以下
店舗等の床面積が1,500㎡を超え3,000㎡以下のもの					○	○	○	○	○	○	○	④	④ 物品販売店舗および飲食店以外
店舗等の床面積が3,000㎡を超え10,000㎡以下のもの								○	○	○	○		
店舗等の床面積が10,000㎡を超えるもの								○	○	○			
事務所等の床面積が150㎡以下のもの					▲	○	○	○	○	○	○	○	▲ 2階以下
事務所等の床面積が150㎡を超え500㎡以下のもの					▲	○	○	○	○	○	○	○	
事務所等の床面積が500㎡を超え1,500㎡以下のもの					▲	○	○	○	○	○	○	○	
事務所等の床面積が1,500㎡を超え3,000㎡以下のもの					▲	○	○	○	○	○	○	○	
事務所等の床面積が3,000㎡を超えるもの					○	○	○	○	○	○	○	○	
ホテル、旅館					▲	○	○	○	○	○			▲ 3,000㎡以下
ボーリング場、スケート場、水泳場、ゴルフ練習場、バッティング練習場等					▲	○	○	○	○	○	○		▲ 3,000㎡以下
カラオケボックス等						▲	▲	○	○	▲	▲	▲	▲ 10,000㎡以下
マージャン屋、ぱちんこ屋、射的場、馬券・車券発売所等						▲	▲	○	○	▲	▲		▲ 10,000㎡以下
劇場、映画館、演芸場、観覧場							▲	○	○	▲			▲ 客席200㎡未満
キャバレー、ダンスホール等、個室付浴場等									○	▲			▲ 個室付浴場以外
幼稚園、小学校、中学校、高等学校	○	○	○	○	○	○	○	○	○	○			
大学、高等専門学校、専修学校等			○	○	○	○	○	○	○	○			
図書館等	○	○	○	○	○	○	○	○	○	○			
巡査派出所等の公益上必要な建築物	○	○	○	○	○	○	○	○	○	○	○	○	
神社、寺院、教会等	○	○	○	○	○	○	○	○	○	○	○	○	
病院			○	○	○	○	○	○	○	○			
公衆浴場、診療所、保育所等	○	○	○	○	○	○	○	○	○	○	○	○	
老人ホーム、身体障害者福祉ホーム等	○	○	○	○	○	○	○	○	○	○			
老人福祉センター、児童厚生施設等	▲	▲	○	○	○	○	○	○	○	○	○	○	▲ 600㎡以下
自動車教習所					▲	○	○	○	○	○	○	○	▲ 3,000㎡以下
単独自動車車庫（附属車庫を除く）			▲	▲	▲	▲	○	○	○	○	○	○	▲ 300㎡以下かつ2階以下
建築物附属自動車車庫	①	①	②	②	③	③	○	○	○	○	○	○	①、②、③については当該敷地内にある建築物（自動車車庫を除く）の延べ面積以下でかつ下記の条件を満たすもの　① 600㎡以下かつ1階以下　② 3,000㎡以下かつ2階以下　③ 2階以下
※一団地の敷地内について別に制限あり													
倉庫業を営む倉庫							○	○	○	○	○	○	
畜舎（15㎡を超えるもの）						▲	○	○	○	○	○	○	▲ 3,000㎡以下
パン屋、米屋、豆腐屋、菓子屋、洋服店、畳屋、建具屋、自転車店等で作業場の床面積が50㎡以下	▲	▲	▲	▲	○	○	○	○	○	○	○	○	▲ 2階以下かつ原動機の出力が0.75kw以下
危険性や環境を悪化させるおそれが非常に少ない工場					①	①	①	①	○	○	○	○	① 作業場の床面積が50㎡以下
危険性や環境を悪化させるおそれが少ない工場								②	②	○	○	○	② 作業場の床面積が150㎡以下
危険性や環境を悪化させるおそれがやや多い工場										○	○	○	
危険性が大きいかまたは著しく環境を悪化させるおそれがある工場											○	○	
自動車修理工場					①	①	①	②	②	③	○	○	① 作業場の床面積が50㎡以下　② 作業場の床面積が150㎡以下　③ 作業場の床面積が300㎡以下　他に原動機の出力制限あり
火薬、石油類、ガスなどの危険物の貯蔵・処理の量が非常に少ない施設					①	②	○	○	○	○	○	○	① 1,500㎡以下かつ2階以下　② 3,000㎡以下
量が少ない施設								○	○	○	○	○	
量がやや多い施設										○	○	○	
量が多い施設											○	○	

※この表は用途制限の概要を示すもので、すべての制限について掲載したものではありません。

●建築基準法上の規制

　建築基準法では、建物に関して「用途制限」、「建ぺい率」、「容積率」および「高さ制限」などの制限が規定されています。

　(a)　用途制限

　建築基準法では、図表IV-4のとおり用途地域ごとに具体的な建築制限が定められています。

　敷地が2つの異なる用途地域にまたがっている場合は、過半の部分が属している用途地域が敷地のすべてに適用されます。

　(b)　建ぺい率

　建ぺい率とは、敷地面積に対する建築面積の割合をいい、図表IV-5のように用途地域別にその上限が定められています。これを「指定建ぺい率」といい、都市計画で数値が定められます。敷地が2つの異なる建ぺい率の地域にまたがっている場合は、面積按分により敷地全体の建ぺい率が求められます。

図表IV-5　用途地域別の建ぺい率の上限（指定建ぺい率）　　　（単位：％）

用途地域	建ぺい率の上限
第一種・第二種低層住居専用地域 第一種・第二種中高層住居専用地域	30、40、50、60
第一種・第二種住居地域 準住居地域	50、60、80
近隣商業地域	60、80
商業地域	80
準工業地域	50、60、80
工業地域	50、60
工業専用地域	30、40、50、60
用途地域の指定のない区域	30、40、50、60、70

　(c)　容積率

　容積率とは、建物の延べ面積の敷地面積に対する割合です。容積率は、図表IV-6のように用途地域別にその上限が定められています。これを「指定容積率」といい、都市計画で数値が定められます。

図表Ⅳ－6　用途地域別の容積率の上限（指定容積率）　　　　（単位：％）

用途地域	容積率の上限
第一種・第二種低層住居専用地域	50、60、80、100、150、200
第一種・第二種中高層住居専用地域 第一種・第二種住居地域 準住居地域	100、150、200、300、400、500
近隣商業地域	100、150、200、300、400、500
商業地域	200、300、400、500、600、700、800、900、1,000、1,100、1,200、1,300
準工業地域	100、150、200、300、400、500
工業地域	100、150、200、300、400
工業専用地域	100、150、200、300、400
用途地域の指定のない区域	50、80、100、200、300、400

　容積率は、前面道路の幅員によっても制限されます。前面道路の幅員が12m未満の場合には、次のようになっています。

・第一種・第二種低層住居専用地域……前面道路幅員×4/10
・それ以外の住居系の用途地域……前面道路幅員×4/10（原則）か6/10（特定行政庁が指定した場合）
・商業系・工業系の用途地域……前面道路幅員×6/10（原則）か4/10または8/10（特定行政庁が指定した場合）

　なお、前面道路の幅員が6m以上12m未満で、敷地の位置から70m以内で幅員15m以上の道路と接する場合は容積率制限が緩和されます。敷地が2つの異なる容積率の地域にまたがっている場合は、面積按分により敷地全体の容積率が求められます。

(d) 高さ制限

　高さ制限には、日照を確保するために、斜線制限や日影制限などがあります。

① 斜線制限

　斜線制限には、図表Ⅳ－7のように道路斜線制限、隣地斜線制限、北側斜線制限の3種類があり、用途地域により制限が定められています。

3 担保の妥当性審査

図表Ⅳ−7　斜線制限等一覧表

用途地域等 ＼ 高さ制限	絶対高さ制限	道路斜線制限	隣地斜線制限	北側斜線制限
第一種低層住居専用地域	10mまたは12m(※1)	×1.25		×1.25+5m
第二種低層住居専用地域				
第一種中高層住居専用地域		×1.25(※2)	×1.25+10m	×1.25+10m
第二種中高層住居専用地域				
第一種住居専用地域				
第二種住居専用地域				
準住居地域				
近隣商業地域		×1.5	×2.5+31m	
商業地域				
準工業地域				
工業地域				
工業専用地域				
用途地域の指定のない区域				

（※1）絶対高さ制限のある2つの地域では建物の高さは10mまたは12mと都市計画で決められている

（※2）前面道路の幅員が12m以上である建築物について、前面道路の反対側の境界線からの水平距離が前面道路幅員の1.25倍以上の区域内においては、道路斜線制限の勾配を1.5とする

住居系の場合の斜線制限

【道路斜線制限】

　前面道路の反対側の境界線から一定の勾配の斜線を引き、その斜線を超えた高さの建物を建てることはできないとする制限。

【隣地斜線制限】

　隣地境界線上の一定の高さから、一定の勾配の斜線を引き、その斜線を超えた高さの建物を建てることはできないとする制限。

【北側斜線制限】

　北側が隣地の場合は隣地境界線の、北側が道路の場合は敷地と反対側の道路境界線上の一定の高さから一定の勾配の斜線を引き、その斜線を超えた高さの建物を建てることはできないとする制限。

PART Ⅳ　住宅ローン審査のポイントはここだ！

165

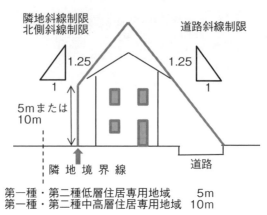

なお、2003年に施行された改正建築基準法において、斜線制限を緩和するものとして、「天空率」の概念が導入されました。これは、天空を見上げたときの建物と空の比率を示したもので、周囲の日照や風通しの改善、圧迫感の解放というメリットがあります。

② 日影制限

日影制限は、冬至日に中高層建物によって生じる日影を一定時間内に抑えるための制限です。地方公共団体が条例で指定する区域に適用されます。

● 接道状況

(a) 敷地と道路との関係

都市計画区域および準都市計画区域において建物を建築する場合、敷地は原則として幅員４ｍ以上の道路に２ｍ以上接していなければなりません。この場合の道路とは、建築基準法第42条に規定されている道路（図表Ⅳ－8参照）で、担保とする土地は、これらのいずれかの道路と接していなければなりません。

図表Ⅳ－8　建築基準法上の道路

① 道路法による道路
② 都市計画法、土地区画整理法等による道路

③　建築基準法が施行された際に現に存在していた道路（いわゆる既存
道路）
④　道路法、都市計画法、土地区画整理法等による事業計画のある道路
で、2年以内に事業が執行される予定のもの
⑤　私道で特定行政庁から位置指定を受けたもの（位置指定道路）
⑥　建築基準法が施行された際、現に建築物が建ち並んでいた幅員4m
未満の道路で、特定行政庁が指定したもの（いわゆる2項道路）

(b) 担保取得するときの留意点

①　敷地は道路に2m以上接しているか確認します。
②　2項道路の場合、道路中心線から両側にそれぞれ2m後退（セッ
トバック）した線が道路と敷地の境界と見なされ、建ぺい率や容積
率の計算にあたっては、後退した部分は敷地面積に算入されず、担
保評価上もこの部分は除外されます。なお、道路の反対側ががけ地、
川、線路敷地等の場合は、川等から4mの線が道路境界線とみなさ
れます。
③　私道の場合、特定行政庁の位置指定を受けているか否かを確認し
ます。位置指定を受けていない場合は、通行地役権の登記がなされ
ているか、通行に関する協定が締結されているか、地主の通行承諾
書はあるか、2項道路の指定はあるかなどを確認します。
　これらのいずれにも該当しない場合は、その道路の利用状況や現況か
ら見て、将来にわたって継続的に道路として使用することについて障害
となることがないか否かを勘案し判断します。私道の持分については抵
当権を設定します。
　図表Ⅳ-9のような場合は、敷地延長部分が2m以上道路に接してい
ればよいものとされています（W）。このような敷地は旗竿地または路
地状敷地ともいい、担保評価上は、敷地延長部分は敷地面積から除外
し、その部分の幅員（W）、長さ（L）に応じて土地評価額を適宜（10
～30％）減価します。ただし、都道府県条例により、建物の延床面積
や路地状敷地の長さ（L）に応じ、最低必要な接道部分の長さ（W）が

3 担保の妥当性審査

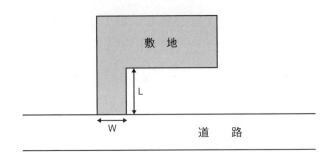

図表Ⅳ-9　敷地延長の例

２ｍを超える場合もあるので注意が必要です。

　接道状況はその敷地の担保としての適格性と担保価値を大きく左右するので、公図と実測図で十分チェックすることが必要です。

　前面道路が建築基準法上の道路か否かなど道路に関する情報は特定行政庁（建築主事を置く地方公共団体）に設置されている指定道路図および指定道路調書で確認できます。

　なお、建築時には建築基準法上適法に建てられた建築物が、法令の改正により不適格が生じた場合でも、「既存不適格建築物」として、改正後の法令の適用除外となりますが、増改築等の機会に一定の条件のもとに新法令に適合させることとしています。

● 建築確認

　建築主は、建築基準法により工事着工前に都道府県あて建築確認申請を提出し、建築計画が法令の規定に適合したものである旨の確認を受けなければなりません。金融機関は、ローン審査時に建築確認申請書および確認済証（写）により、建築する建物が建築確認を受けており、法令の規定に適合したものであることを確認します。

　工事完了後、完了検査が終了すると検査済証が交付されるので、金融機関は融資実行時に検査済証（写）により、建築確認どおりに施工されていることを確認します。

●借地上の建物

（a）地主の承諾書

借地権とは、借地借家法の適用を受ける建物の所有を目的とした地上権および賃借権をいいますが、いずれの場合も登記されているケースは少ないのが実態です。建物に抵当権を設定することにより、借地権にもその効果が及びますが、賃借権の移転は、賃貸人の承諾がなければ買受人は賃貸人に賃借権を対抗できないので、競売等で担保処分する場合等に備え、地主から「地主の承諾書」（図表Ⅵ−11「地主の承諾書」参照）を徴求しておきます。

借地上の建物に対する融資金額、融資期間など、融資条件は金融機関により対応が異なりますが、総じて厳しい対応となっています。

なお、子どもが親の土地の上に建物を建てる使用貸借では、借地権は発生しませんので、土地所有者（親）に担保提供してもらい、同時に連帯保証人または連帯債務者になってもらいます。

（b）借地権の担保評価

借地上の建物に抵当権を設定すると、その抵当権の効力は借地権の上にも及びます。借地権の担保評価額は、借地権割合を参考に算出しますが、担保処分するときに地主への名義書換承諾料の支払いが発生することを想定し、相応の減価を行います。

（c）定期借地権の扱い

最近は、マンションを中心に定期借地権付き住宅の建設が行われるようになりました。フラット35は定期借地権付き住宅も融資対象にしており、民間金融機関でも提携ローンを中心にこれを扱うところが増えてきました。担保設定方法としては、借地権設定契約書と保証金預り証を銀行が預かり、保証金の返還請求権に質権を設定します。

●その他

（a）仮換地

土地区画整理組合等の施行者が仮換地を分譲し、購入者が仮換地に建物を建てるケースがしばしば見受けられます。換地処分の公告があると公告の翌日から仮換地は換地となり、その権利関係はすべて換地に移行

しますので、仮換地を担保徴求する場合は、抵当権を従前の土地に設定すればよいことになります。土地区画整理に際しては、公共用地や保留地が生み出されるので、従前の土地より面積が減少することがありますが、環境の整備により土地の単価は上昇するので、多くの場合、担保評価額としてはアップすると見てよいでしょう。担保評価は従前の土地の面積ではなく、仮換地として指定された土地の面積で評価します。

(b) 保留地

土地区画整理事業の換地計画において、施行者は売却代金を事業資金に充てるため、換地処分を待たずに保留地を売却することがありますが、換地処分前の保留地の担保設定については、抵当権設定登記が行えないなど多くの問題がありますので、原則として保留地担保のローンは取り扱わない金融機関が多いのが実態です。なおフラット35は保留地も融資の対象としているほか、地元金融機関で、保留地ローンを取り扱っている場合もあります。

チェックリスト 3 担保の妥当性審査

項　目	チェック項目	Check	対　策
担保掛目	80％以下か		
	80％超100％以下か		
	100％超か		
登記事項証明書	表示登記は適正か		
	所有権登記に問題はないか		
	買主の権利を制約する登記はないか		
建築確認申請書および確認済証	建築確認済か		
売買（建築請負）契約書	登記事項証明書・建築確認申請書・確認済証との不突合はないか		
法律上の規制	市街化調整区域ではないか		
	その他建築制限がなされている地域ではないか		
	接道状況に問題はないか		
	借地上の建物ではないか		
	仮換地ではないか		
	保留地ではないか		

PART V

住宅ローン相談・お悩み解決のツボ！

1 住宅取得計画

(1) 物件情報の収集

　新聞広告や折込みチラシ、DM、情報誌、インターネットやポータルサイトなどで、物件情報を収集します。マンション業者などの「友の会」に入会すると、マンションの発売情報などを提供してもらえます。

　土地や中古物件を購入する場合は、不動産業者やレインズ（下記）を利用して情報を収集することができます。

　また、マザーズオークションやヤフーオークションなどインターネットのオークションは、中古の投資用物件や別荘で多く利用されています。

【不動産売買をサポートする情報システム】

●指定流通機構
　国土交通大臣が指定する不動産流通機構で、不動産の仲介を依頼された業者が、その情報を登録して、売買の相手方を探すシステムです。一般の顧客が直接データの検索をすることはできません。

●レインズ（Real Estate Information Network System：不動産流通標準情報システム）
　建設省（現国土交通省）と公益財団法人不動産流通近代化センターとが共同で設計・開発した情報処理システムで、指定流通機構と不動産業者側にそれぞれ設置されたパソコンまたはファクシミリを利用して、物件情報を登録し検索します。

---

(2) 物件の選び方

●立地
　立地は、いったん住宅を購入すると簡単に変えることができないので、重要なポイントです。

　環境、交通の便、教育施設、商業施設、嫌悪施設、周辺の建物の建築

計画や地域の開発計画などを調査します。

　住宅は環境の変化によって、居住性や資産価値も大きく左右されますので、現況のみで判断するのでなく、周辺の建物の建築計画や地域の再開発計画、鉄道の新線・延伸計画の情報も重要です。そのような情報を提供することができれば、お客様には大変喜ばれます。住宅ローン担当者は、常に地域の現況にとどまらず開発計画等の情報をつかんでおくことが必要です。地域の開発計画や道路計画は、自治体のホームページや、担当部局に設置されている資料等で情報を得ることができます。自治体の発行する広報誌や新聞の記事などにも注意を払っておくことが必要です。そのことは、金融機関の担保評価という観点のみならず、お客様に対するアドバイスという観点からも必要なことなのです。

●マンションか一戸建てか

　これは、お客様がどのようなライフスタイルを望んでいらっしゃるかによって決まるので、お客様の意向を最優先して考えなければなりませんが、もし、どちらにするか決めかねている場合は、それぞれのメリット、デメリットを中立の立場でよく説明することです。豊かな自然の中で子育てができる郊外の一戸建てがよいのか、交通至便な立地のマンションで機動的な生活を望むのか。一般的には、同じ値段であればマンションは一戸建てに比べ交通の便の良いところに立地しているので、予算も考えながら選んでいただくことになります。

●物件選びのチェックポイント

　業者ルートで申し込まれてきた提携ローン案件の場合は、業者から色々説明を受けているはずですが、セカンドオピニオンの立場でお客様の視点に立ってアドバイスすることができれば、大変感謝されるでしょう。

　(a) 戸建て住宅購入時のチェックポイント

土地・建物について主として次のような項目についてチェックします。

図表V-1　戸建て住宅のチェックポイント

項　目	チェックポイント
都市計画法上の制限	市街化調整区域など住宅建築に制限のある地域ではないか。用途地域の確認
建築基準法上の制限	違法建築ではないか。建ぺい率、容積率、私道負担等の確認。接道状況は適正か（原則として4m以上の道路に2m以上接していなければならない）。建築確認申請書・確認済証で確認
権利関係	所有権の確認。抵当権、賃借権等所有権以外の権利登記は引渡しまでに抹消できるか。登記事項証明書で確認
境界杭（鋲）の確認	隣地所有者の立会いの下、測量士、土地家屋調査士による確定測量図を作成
地盤	軟弱地盤ではないか安全性を調査
基礎・土台	排気口は十分あるか、クラックは入っていないかを点検
建物の瑕疵	壁、床、柱など躯体の傾き、沈み等はないか。雨漏り、シロアリ被害、木部・鉄部の腐食などはないか。インスペクション実施確認（177ページ参照）
内部造作の瑕疵	床のきしみ、壁・天井のしみ、窓やドアなどの開閉を確認
その他設備の瑕疵	空調、給排水、照明設備等に不具合はないか
耐震性	1981年制定の新耐震基準を満たしているか
間取り	家族構成に合った適切な間取りか、収納スペースなどは十分あるか

(b) マンション購入時のチェックポイント

　戸建て住宅と同様のチェックポイントのほか、特に次のような点をチェックします。

図表V-2　マンションのチェックポイント

項　目	チェックポイント
地盤	地盤は良い地域か、杭の長さなど確認
耐震性	1981年制定の新耐震基準を満たしているか。制震構造や免震構造になっているか
防音性、遮音性、断熱性	外壁・床（スラブ厚）・壁・天井・サッシなどを確認。スラブ厚・壁厚は18〜20cm以上は必要
給排水管	材質、遮音性を確認。中古の場合老朽化していないか確認
管理体制	管理組合の自主管理、管理会社への全面委託管理または一部委託管理のうちいずれの体制か。修繕履歴を確認。十分な修繕積立金があるか

（3）不動産業者・建設業者の選び方

●不動産業者・建設業者の免許（許可）

不動産業または建設業を営むためには、宅地建物取引業（以下「宅建業」）または建設業として都道府県知事（2つ以上の都道府県に事務所を置く場合は国土交通大臣）の免許（建設業は許可）を受ける必要があります。免許（許可）の有効期間は5年で、免許（許可）番号の（　）内の数字は新規取得時は1となっており、更新ごとに増えていきますので、その業者の信用度を判断する際の参考になります。

国土交通省や都道府県の宅建業担当課には、宅建業者の名簿が設置されており、経歴書、決算報告書、過去の法令違反取引などが記載されています。宅建業者名簿はだれでも閲覧することができます。建設業者についても都道府県の担当課に備え付けられています。

●不動産業者・建設業者の業界団体

不動産業界や建設業界にはいくつかの業界団体があり、これらの団体に加盟しているか否かによりその業者の信頼性を判断することができます。代表的なものとしては、次のような団体があります。

・一般社団法人不動産協会
・公益社団法人全日本不動産協会
・公益社団法人全国宅地建物取引業協会連合会
・一般社団法人日本建設業連合会
・一般社団法人全国建設業協会

●手付金等の保全措置

宅建業者には、次に該当する場合は、銀行等との保証委託契約や保険会社との保証保険契約などにより、物件の売買に係る手付金等の保全措置を講ずることが義務付けられています。これにより、万一業者が倒産した場合も、買主は支払った手付金を回収できます。

① 手付金の額が、工事完了前の売買にあっては、売買代金の5％または1,000万円を超えるとき

② 手付金の額が、工事完了後の売買にあっては、売買代金の10％ま

たは1,000万円を超えるとき

業者が間違いなくこの法定の保全措置を講じているか否かをチェックすることが必要です。

（4）不動産取引の進め方

●宅地建物取引士の設置義務

一般消費者を保護するために、宅建業者は宅地・建物取引の専門家である宅地建物取引士をその事業所に５人に１人以上の割合で置くことが義務付けられています。

●媒介契約の種類

媒介の形態には、次のような種類があります。

図表Ⅴ－３　媒介契約の種類

	一般媒介契約	専任媒介契約	専属専任媒介契約
内　容	・他の業者に重ねて依頼できる ・自己発見取引可	・他の業者に重ねて依頼できない ・自己発見取引可	・他の業者に重ねて依頼できない ・自己発見取引不可
有効期間	法令上の規定なし	３カ月[注]	３カ月[注]
指定流通機構登録	登録義務なし	契約締結後７日以内に登録の義務あり	契約締結後５日以内に登録の義務あり
依頼者への報告	報告義務なし	２週間に１回以上状況報告義務あり	１週間に１回以上状況報告義務あり

(注) 依頼者の申し出により更新することができます。

●媒介（仲介）手数料

媒介手数料は、宅地建物取引業法において報酬の上限が決められています。

図表Ⅴ－４　媒介手数料の上限（宅建業者が消費税の課税事業者の場合）

売　買　価　格	報酬の限度額
200万円以下の金額までの部分	100分の5.40
200万円を超え400万円以下の金額までの部分	100分の4.32
400万円を超える金額の部分	100分の3.24

売主・買主双方から依頼を受けた場合は、双方からそれぞれ報酬を受けることができます。

●重要事項説明

宅建業者は、契約締結前に宅地建物取引業法に定められた次の重要事項につき書面を交付して顧客に説明することが義務付けられています。

①　登記簿に記録された事項や公法上の規制ほか「取引物件」に関する項目

②　代金以外の金銭、契約解除、手付金保全措置ほか「取引条件」に関する項目

③　相手方の保護の必要性などを勘案して国土交通省令で定める事項

なお、宅地建物取引業法の一部が改正され、2018年4月1日以降、既存住宅の場合、重要事項説明書にインスペクション（建物状況調査）(注)を実施しているか否か、実施している場合はその結果についての説明が義務付けられました。

（注）インスペクション（建物状況調査）……建物の基礎や外壁に生じているひび割れ、雨漏り等の劣化による瑕疵の状況を判定する調査。調査方法としては、目視を中心とし、計測機器も使用した非破壊による検査を実施する。

●不動産売買契約

特に重要な次の契約条項を確認します。

(a) 物件の明細（所有者、所在地、面積等）、売買代金、手付金、中間金の支払条件等は、登記事項証明書ほかの関係書類と食い違いがないか

(b) 契約解除に関する下記条件は特に重要

①　手付解除

いったん、契約したあとで、契約を解除したい場合は、買主は手付金を放棄することにより一方的に契約を解除することができ、売主は手付金の倍額を買主に支払うことにより契約を解除することができる。ただし相手方が契約の履行に着手した場合は、手付金放棄等による解除はできない。契約の履行着手とは、買主がすでに中間金を支払った場合や売主が所有権移転登記の仮申請をした場合など。

② 融資利用の特約（ローン条項）

　住宅購入の契約を締結しても、ローンの不承認や融資額の減額で代金の支払いが不能となった場合などは、契約の解除ができるように定めた項目。

(c) 実測売買か公簿売買か

　実測売買は、実測面積によって代金を確定する方式。暫定的に公募面積により代金を確定し、後に実測との差額を精算する場合もある。公簿売買は、実測を行わず公簿面積により契約する方式。

(d) インスペクション業者のあっせんについて記載し、利用を促す

(e) 瑕疵担保責任の行使期間

　民法では、買主が瑕疵の存在を知ったときから１年以内であれば損害賠償の請求や契約の解除ができるとしている。ただ、売主が宅建業者の場合は、宅建業法により、瑕疵担保責任期間を引渡しの日から２年以上とする特約は許されるが、それよりも買主に不利な特約をしてはならないとしている。そのような特約をした場合は無効とされ、民法の規定が適用されるので、瑕疵担保期間は買主が瑕疵の存在を知ったときから１年以内となり、売主に不利な条件となってしまう。

(f) 危険負担

　売主・買主いずれの責任でもない原因により、物件が滅失、毀損した場合、民法上は危険負担を買主が負うことになっているが、実務上は、特約により売主が負担するのが一般的。

（5）住宅建設に関する重要事項

●建築確認申請書・確認済証

　建築確認申請書と建築確認済証で、法令に沿って建築されていることを確認します。建築確認申請は、特定行政庁（建築主事を置く地方公共団体）または指定確認検査機関に提出し、確認済証を受け取ります。

●検査済証

　建築工事が完了したら、特定行政庁または指定確認検査機関に完了検

査申請を行い、検査を受けた後、検査済証を受け取ります。

建築確認が下りた後、設計変更したにもかかわらず計画変更申請書を提出していないと検査済証が発行されず、住宅ローンの借入れに支障をきたします。

●建築請負契約書

工事請負契約約款、工事見積書、設計図書、工事仕様書等が添付されており、工事内容と工事代金の妥当性を確認します。

●新築住宅の瑕疵担保責任

民法上は、買主が引渡しを受けた後、隠れた瑕疵を発見したときは、1年以内であれば、損害賠償の請求や契約の解除ができることとしています。ただ、新築住宅の場合は住宅の品質確保の促進等に関する法律（品確法）により、住宅建設業者または宅建業者は、新築住宅の柱や屋根などの基本構造部分について、10年間の瑕疵担保責任を負うことが義務付けられ、それを担保するために住宅瑕疵担保責任保険法人の保険への加入か保証金の供託が義務付けられました。いずれの方法によっているかを確認しておきましょう。

●完成保証

発注先の住宅建設業者が、住宅保証機構㈱などが扱っている完成保証制度に登録していると、建設途上で建築業者が倒産した場合、他の業者に引き継いだために増加した工事費用や前払金の損害補償が支払われ、代替履行業者のあっせんも受けられるので安心です。

1 住宅取得計画

チェックリスト 1 住宅取得計画

項　　目	チェック事項	Check	対　　策
物件（共通）	地盤		
	立地条件		
	交通		
	権利関係		
	建築確認申請		
	面積		
	間取り		
	価格		
	売主・建設会社		
物件（一戸建て）	市街化区域・市街化調整区域		
	地目		
	用途地域		
	建ぺい率		
	接道状況		
	構造		
	基礎・土台		
	隣棟間隔		
	内部造作		
物件（マンション）	外壁		
	スラブ厚		
	床		
	天井		
	断熱		
	サッシ		
	給排水管		
	管理体制		
業　　者	業務実績		
	業績		
	過去の違反履歴		
	加盟業界団体		
	手付金の保全措置		

180

2 自己資金の貯め方

（1）住宅資金の準備はなるべく早めに

　住宅を取得するためには、住宅ローンの頭金のほか諸費用を自己資金で用意しなければなりません。頭金や諸費用の融資を行っている金融機関もありますが、将来の家計の負担をなるべく少なくする意味でも、頭金と諸費用は自己資金で賄う方がよいでしょう。住宅取得があまり遅くなると、ローンの返済期間が短くなり返済が大変なので、なるべく早く積立てを開始するようにします。

（2）自己資金は物件価格の３割を目処に

　通常、ローンの頭金として物件価格の２割程度が必要となります。現実には頭金なしで融資する金融機関もありますが、家計の負担軽減のためには、ローンの金額をなるべく抑えるのが基本です。このほか諸費用として、新築住宅の場合は物件価格の３～５％、中古住宅の場合は仲介手数料が必要なため６～10％を見込んでおかなければなりません。したがって、住宅取得にあたっては取得価格の３割程度の自己資金を準備することが必要です。諸費用としては、住宅ローン保証料や融資手数料、団体信用生命保険料、火災保険料、仲介手数料、登記費用、また不動産取得税、登録免許税、印紙税などの税金もかかります。さらには引越し費用、インテリア・家具購入費などがあります。

（3）自己資金はどのようにして準備すればよいか

●資金の積立て
　自己資金を積み立てるのに適している金融商品としては、住宅資金専

用の積立商品として財形住宅貯蓄があり、一定の要件を満たせば財形住宅融資が借りられます。そのほか、個人向け国債や定期積金・自動積立定額貯金などを利用するのもよいでしょう。近い将来において使途の決まっているお金なので、リスク商品は避け元本確実な商品を選ぶのがポイントです。

　なお、住宅金融公庫が扱っていた「つみたてくん」は積立てが終了し、すべての債券が期限を迎えたことにより、一部を除いて融資申込みを終了しています。

図表Ⅴ－5　自己資金の積立方法（例）

金 融 商 品	積 立 額	5年後残高
財形住宅貯蓄	毎月5万円	300万円
	ボーナスごとに40万円	400万円
定期積金・自動積立定額貯金	毎月5万円	300万円
合　　計		1,000万円

（5年後残高は元本のみ）

図表Ⅴ－6　財形住宅貯蓄の要件

対象者	55歳未満の勤労者
積立期間	5年以上
非課税限度額	財形年金貯蓄と合わせ元利合計(保険型〔郵便貯金を含む〕は払込保険料累計額)550万円まで
貯蓄目的等	住宅の取得、増改築(一人1契約に限る)

●直系尊属からの贈与

　どうしても自分の預貯金だけでは自己資金が不足し、両親から援助を受ける場合は、年間110万円までならば贈与税が非課税となり、また相続時精算課税制度を利用すれば、最高2,500万円まで贈与税が非課税となる税制上の優遇措置を受けることができます。相続時精算課税制度は、親からマイホーム取得資金の贈与を受けた場合、2,500万円までは贈与税がかからず、相続発生時に相続税として再計算され精算されます。2,500万円を超えた部分は贈与税が20％課税されます。なお、親や祖父

母など直系尊属からマイホーム取得資金の贈与を受けた場合、上記とは別枠で非課税とする税制上の特例があります。詳細は、PART Ⅲ「14住宅税制」（144～147ページ）を参照してください。

● 親からの借入れ

親から資金を借り入れる方法もあります。その場合、税務対策上贈与と見なされないためには、契約書を作成し、金利も支払うことが必要です。親と子の両方が普通預金口座を持つなど、契約書どおりに返済したことを証明できるようにしておくことです。

● 夫婦間贈与の特例（贈与税の配偶者控除）

婚姻期間が20年以上ある配偶者から、居住用不動産（その取得のための資金を含む）の贈与を受けた場合の贈与税については、基礎控除110万円のほか、最高2,000万円の控除が認められます。同一夫婦間においては、1回限りの利用しか認められません（詳細は、PART Ⅲ「14住宅税制」（148ページ）を参照）。

チェックリスト　2 自己資金の貯め方

項　目	チェック事項	Check	対　策
自己資金の金額	物件価格の3割を準備できるか		
自己資金の積立て	財形貯蓄残高はいくらあるか		
	その他の住宅資金積立てはいくらあるか		
直系尊属からの贈与	期待できる金額		
親からの借入れ	期待できる金額		
	借入条件（返済期間・返済方法・金利等）		
夫婦間の贈与	予定金額		

3 住宅取得資金計画の立て方

　PART Ⅲ「5 借入可能額の計算」において、融資条件から借入可能額を算定する方法を述べましたが、本来、借入可能額は、審査上いくらまでならば借りられるかという観点ではなく、お客様がその家計からいくらまでならば返済できるかという視点から算定しなければなりません。いくらまでなら返せるかという視点に立った返済可能額の算定は、次の3段階のプロセスで行います。

(1) 第1ステップ：家計負担余力のチェック

　毎月返済額と購入後の経常的住居費、今後の毎月積立予定額を合わせたものが、家賃月額と毎月積立額の合計額の範囲内に収まれば、当面での返済は可能といえます。すなわち、

　　毎月返済額＋購入後の経常的住居費（月額）＋今後の毎月積立予定額
　　　　　　　　≦これまでの家賃月額＋毎月積立額

の検証を行います。
　いま、これまでの家賃が月12万円、毎月積立額が月5万円であったとすると、毎月返済額と住宅取得後の経常的住居費を合わせたものが17万円以内ならば、現時点に関しては支払い可能であるといえます。購入後の経常的住居費が年40万円（月3万3,000円）であるとすると、月13万7,000円までの返済なら可能であるということになります。

(2) 第2ステップ：返済負担率[注]のチェック

　年間返済額の年収に占める割合を、返済負担率といいます。それぞれの家庭の状況によって異なりますので一概にはいえませんが、一般的には返済負担率を20〜25％以内に抑えるのが、無理のない借り方とされ

ています。

　上記（1）の例で月13万円の返済をするとした場合、もし、年収（税込み）が650万円ならば、返済負担率＝13万円×12カ月／650万円＝24.0％となり、一応安全圏内に入っています。

（注）返済負担率＝年間返済額／年収（税込み）

（3）第3ステップ：キャッシュフロー分析

　それでは、この例の場合、キャッシュフロー分析をしてみるとどうなるでしょうか。図表Ⅴ－7で月13万円（年156万円）の返済で購入できる物件の購入金額を試算してみます。

　利率2.0％（全期間固定金利）、返済期間30年のローンを借りるとした場合、借入可能額は3,517万円となります。次に預金を取り崩して700万円を自己資金に充てるとすると、資金合計額は4,217万円、諸費用を7％と見ると、購入可能物件価格は、4,217万円／1.07≒3,941万円となります。

図表Ⅴ－7　返済可能額からいくらの物件が買えるかの試算

前提条件：返済可能額	13万円		
利率	2.0％		
返済方法	元利均等返済		
返済期間	30年		
自己資金	700万円		
諸費用	7％		
年収（税込み）	650万円		

返済可能額		13万円／月（年156万円）
借入可能額	①	3,517万円^(注1)（利率2.0％　返済期間30年）
自己資金	②	700万円
資金合計額	③＝①＋②	4,217万円
購入可能物件価格	④＝③／1.07	3,941万円
返済負担率		24.0％（年収　650万円） 審査金利4.0％、借入額3,517万円とした場合の毎月返済額は167,901円^(注2)（年間返済額201万円）で、返済負担率は30.9％となるが、一般的な銀行審査基準はクリアする（75ページ参照）

（注1）13万円÷3,696円×100万円≒3,517万円（図表Ⅵ－1－1「返済額早見表」参照）

（注2）銀行審査において返済負担率を計算する場合の金利（審査金利）は、融資金利ではなく、安全度を見て銀行独自が決めた4.0％前後の金利を使用している。

　　　　4,774円×3,517万円÷100万円≒167,901円（審査金利4.0％の場合）

3 住宅取得資金計画の立て方

　なお、従来借入金額の購入価格に対する割合は、一般的に80％とされていましたが、最近では銀行でも一定の要件を満たしていれば100％融資を行っています。また、フラット35も100％まで融資可能となっています。

　以上を踏まえ、次の前提条件でキャッシュフロー分析を試みてみます。

図表Ⅴ－8　前提条件

プロフィール	夫　35歳　サラリーマン（年収650万円　可処分所得530万円） 妻　35歳　パート（年収80万円） 子ども　5歳・3歳 貯蓄　1,000万円（2018年末残高）
物件価格	3,941万円
諸費用	276万円
自己資金	700万円
住宅ローン	3,517万円　返済期間　30年　金利 2.0％（全期間固定金利）

　この場合のキャッシュフロー表を次に示します。

図表Ⅴ－9　キャッシュフロー表（対策前）

（単位：万円）

		変動率	2019年	2024年	2034年
年齢	夫		35歳	40歳	50歳
	妻		35歳	40歳	50歳
	長男		5歳	10歳	20歳
	長女		3歳	8歳	18歳
収入	夫	1.0%	530	557	615
	妻		80	80	80
	収入合計		610	637	695
支出	基本生活費	1.0%	300	315	348
	住居費	1.0%	740	42	46
	ローン返済		156	156	156
	その他		105	181	384
	支出合計		1,301	694	934
年間収支			−691	−57	−239
貯蓄残高		1.5%	324	44	−1,124

（年齢・貯蓄残高は年末現在です）

資金計画

（単位：万円）

所要資金		調　達	
購入価格	3,941	借入れ	3,517
諸費用	276	預金取崩し	700
合計	4,217	合計	4,217

返済負担率＝156万円／650万円
　　　　　＝24.0％

審査金利4.0％とした場合の
返済負担率
$$= \frac{201万円}{650万円} = 30.9\%$$

3 住宅取得資金計画の立て方

　この計画をこのまま進めると、40歳代で貯蓄は枯渇します。

　そこで、次の対策を講じた上、親から500万円の贈与を受け、購入価格を3,941万円から3,200万円に減額し、借入金を2,200万円まで減額します。

【対策】
① 下の子が小学校に入学する頃から妻のパート収入を年収100万円に増やす。

② 車の買換えを7年ごと200万円から10年ごと150万円に変更。

③ 日本学生支援機構の奨学金を利用する。
　　第1種奨学金　私立　自宅通学　月5万4,000円（年間64万8,000円）

④ 生命保険を50歳更新時に見直し
　　定期付終身保険　　死亡保障　3,000万円 → 2,000万円
　　　　　　　　　　　保険料29万円 → 20万円

図表Ⅴ－10　キャッシュフロー表（対策後）

（単位：万円）

		変動率	2019年	2024年	2034年
年齢	夫		35歳	40歳	50歳
	妻		35歳	40歳	50歳
	長男		5歳	10歳	20歳
	長女		3歳	8歳	18歳
収入	夫	1.0%	530	557	615
	妻		80	※100	※100
	奨学金※				※65
	親からの贈与※		※500		
	収入合計		1,110	657	780
支出	基本生活費	1.0%	300	315	348
	住居費	1.0%	740	42	46
	ローン返済※		※98	※98	※98
	その他※		105	181	※375
	支出合計		1,243	636	867
	年間収支		－133	21	－87
	貯蓄残高	1.5%	882	1,037	1,301

※印は対策を講じたもの

資金計画

（単位：万円）

所要資金		調　　達	
購入価格	3,200	借入れ	2,200
諸費用	200	預金取崩し	700
		親の贈与	500
合　計	3,400	合　計	3,400

返済負担率＝98万円／650万円　（注1）
　　　　　＝15.1%

審査金利4.0%とした場合の
返済負担率
＝ $\dfrac{126万円^{（注2）}}{650万円}$ ＝19.4%

（注1）金利2.0%、30年返済
　　　　3,696円×2,200万円／100万円
　　　　×12カ月＝975,744円≒98万円

（注2）4,774円×2,200万円／100万円
　　　　×12カ月＝1,260,336円≒126万円

187

これにより収支は大幅に改善され、家計は安定的に推移します。なお、50歳時点の貯蓄残高が1,300万円程度でよいか否かは、以後の教育費負担や老後のライフプランを見据えてさらなる検討を行うことが必要です。

以上から、第1ステップの家計負担余力、第2ステップの返済負担率をクリアしていても、第3ステップのキャッシュフロー分析でつまずくことがあることがわかります。いくらまでなら借りても大丈夫かは、最終的にはキャッシュフロー分析の結果を見なければわからないということです。

なお、キャッシュフロー表は、あくまでも将来の予測に基づいて作成されたものですから、今後の経済的・社会的環境および生活の状況の変化に応じて毎年見直していくことが大切です。

チェックリスト　　3 住宅取得資金計画の立て方

項　　目	チェック事項	Check	対　　策
家計負担余力	返済可能額		
	金利		
	返済期間		
	自己資金		
	諸費用		
	年収		
	住宅購入後手元にいくら残るか		
返済負担率	審査基準内か		
	20～25%以内か		
キャッシュフロー分析	100歳くらいまで貯蓄が枯渇することはないか		
計画の見直し	ライフイベントの見直し		
	資金計画の見直し		
	物件の見直し		

4 住宅ローン商品の選び方

(1) 金利タイプの選択

●金利の動向を見て金利タイプを決める

金利局面を見ながら、次のように金利タイプを決めます。

① 金利が上昇局面にある場合

金利が低金利局面から上昇局面に入ったときは固定金利型を選択。

② 金利が下降局面にある場合

金利が高金利局面から下降局面に入ったときは変動金利型を選択。

③ 金利リスクを分散したい場合

金利動向がつかめず金利の上昇・下降のリスクを抑えたい場合は、固定金利期間選択型を選択。変動金利ないし短期固定金利と長期固定金利を組み合わせたミックス型も効果的。

●返済負担の少ない金利タイプを選択

各金利タイプの総支払額は、当初金利、返済期間、固定金利期間、固定金利期間経過後の店頭表示金利と優遇幅によって異なるので、どの金利タイプが有利かは、案件ごとに個別に試算した結果を見て判断します。

固定金利期間選択型では、一般的に、固定金利期間経過後の店頭表示金利が当面低いままで推移すると予想される場合は短期固定で様子を見るという選択肢もありますが、返済期間が長く店頭金利が高くなると予想される場合は、長期固定金利ないし全期間固定が有利となります。

●優遇金利のパターンと選び方

最近は各行とも一定の要件を満たす顧客については、店頭表示金利から大幅な優遇を行っていますが、そのパターンとしては、①全期間一定幅の優遇を行うもの、②固定金利期間中は大きな優遇を行い期間経過後

は優遇幅を抑えるもの、の２種類があります。いずれが有利かは、返済期間や金利水準、優遇幅等により異なります。

●リスク許容度による金利タイプの選択

リスク許容度とは、金利が上昇した場合の家計が耐えられる度合いをいいますが、金利動向とリスク許容度の大小により次のとおり金利タイプの選択が異なります。

① 金利上昇局面と判断される場合
・リスク許容度の大きい人…長期固定金利期間選択型
・リスク許容度の小さい人…全期間固定金利型
② 金利下降局面または金利横ばいと判断される場合
・リスク許容度の大きい人…変動金利型
・リスク許容度の小さい人…短期固定金利期間選択型

（2）総負担額による選択

住宅ローン商品の選択にあたっては、一般的に金利水準のみにとらわれがちですが、住宅ローンの支払負担としては、金利のほか保証料、団体信用生命保険料（以下「団信料」）、事務手数料などがあります。ローン商品の負担額を比較する場合は、これらを合わせた総額で比較する必要があります。

比較する場合、保証料を無料とするローン商品か否か、団体信用生命保険（以下「団信」）は強制加入か任意加入か、事務手数料は定額型か定率型かなど、ローン商品により条件が異なりますので、これらの要素を勘案して比較することが必要です。

各ローン商品の総支払額を図表Ⅴ−11により試算して、ローン商品ごとの総支払額を比較し、商品選択の参考にします。

4 住宅ローン商品の選び方

図表Ⅴ-11　総支払額試算表

(返済期間　35年、元利均等返済)

借入額 (万円)	金利 (%)	総返済額 (万円)	保証料(万円)		団信料(万円)		事務手数料(万円)	
			要	不要	強制	任意加入の場合	定額	定率
1,000	1.0	1,186	21	0	0	66	3	21
	2.0	1,391	〜			69		
	3.0	1,616	82			72		
	4.0	1,860				76		
2,000	1.0	2,371	41	0	0	132	3	43
	2.0	2,783	〜			138		
	3.0	3,233	165			145		
	4.0	3,719				151		
3,000	1.0	3,557	62	0	0	197	3	65
	2.0	4,174	〜			208		
	3.0	4,849	247			217		
	4.0	5,579				227		

保証料　　　借入時一括支払額（大手銀行の例）
団信料　　　強制加入は金利込みのため別途支払いはない
　　　　　　任意加入は財形融資等特約料（全期間分累計額）
事務手数料　借入時支払い　定率は借入額に一定率を乗じる方式　手数料率2.16％の場合の金額

　例えば、フラット35をモーゲージバンクから2.0％で2,000万円借りる場合の総支払額は、次のとおりとなります。

　　総返済額2,783万円＋保証料0円＋団信料0万円＋事務手数料43万円
　　＝2,826万円

（3）その他の条件による選択

　金融機関は、それぞれ個別に融資条件を設定していますが、特に次のような点については、顧客の状況を見ながらアドバイスすることが必要です。

図表Ⅴ－12　融資条件と留意事項

融資条件	アドバイス上の留意点
返済方法	当面は家計に余裕があるが、将来的に家計の負担余力が少なくなると予想される場合は、元金均等返済という選択肢もある
返済期間	老後のライフプランに支障が生じないよう、毎月返済額の金額との兼合いで決めることが必要
完済時年齢	老後のライフプランという観点から60歳までに完済するようなプランが望ましい
団体信用生命保険	病歴があり加入できないため、フラット35や機構財形住宅融資を利用する場合も、万が一の場合、遺族が返済を引き継ぐ手立てを考えておく必要がある

　その他、顧客のニーズに応じて、図表Ⅴ－13のようなサービスの利用についてもアドバイスします。

図表Ⅴ－13　提供サービスとその内容

項　　目	お客様のニーズ
元金均等返済	現在は家計に余裕があるが、将来教育費がかかってくる時期が心配
元金据置き	住宅購入直後で、何かと物入りなため、当面家計の出費を抑えたい
ミックス型	金利の方向感がつかめないのでリスクを抑えたい。変動金利型の低金利と長期固定金利型の安心感の両方のメリットを享受したい
保証料・繰上返済手数料・事務手数料等免除	なるべく現金の出費を抑えたい。特に、定期的な繰上返済を考えている

4 住宅ローン商品の選び方

インターネット優遇	日中忙しいので銀行に行く暇がない。時間に縛られず手続きができ、さらに金利優遇、諸手数料無料扱い等魅力がある
付加価値	大人数家族のお客様。環境配慮型住宅などを考えている
疾病保障	三大疾病、九大疾病などになった場合、返済が継続できるかどうか心配
ローン返済支援保険	病気などで収入が減った場合、ローンの返済ができるかどうか心配
女性優遇	金利優遇、手数料免除、狭小物件への融資など、一般の住宅ローンとは違ったサービスを受けられるのが魅力

チェックリスト 4 住宅ローン商品の選び方

項目	チェック事項	Check	対策
金利タイプ	金利動向から見た選択		
	返済負担から見た選択		
	優遇金利のパターン選択		
	リスク許容度による選択		
総負担額	総返済額		
	保証料		
	団信料		
	事務手数料		
返済方法	元利均等返済か元金均等返済か		
返済期間	何年で返済する予定か		
完済時年齢	60歳までに返済できるか		
団体信用生命保険	任意加入の場合加入するか		
その他の条件	医療保障付、ローン返済支援保険、保証料無料、繰上返済手数料無料ほか		

PART V 住宅ローン相談・お悩み解決のツボ！

5 借換え

　借換えは、その目的によって、返済負担軽減のための借換えと、金利リスク回避のための借換えの2つに分けられます。

（1）返済負担軽減のための借換え

　この目的で借換えを行う場合、新たに借り入れる住宅ローンの保証料や登録免許税など諸費用を差し引いてもなおメリットがなければ借換えの意味がありません。従来から一般的に「現在残高1,000万円以上、残存期間10年以上、借換えによる金利低下1％以上」であれば借換えのメリットがあるといわれていますが、金利が低くなった現在では、必ずしもこの条件に当てはまらなくても、メリットがある場合がありますので、個々にシミュレーションを行った上で判断するのがよいでしょう。

　借換えでどのくらいのメリットが得られるのか計算してみましょう。

図表Ⅴ-14　現在の住宅ローンの借入条件

現在残高	2,000万円
残存期間	15年
返済方法	元利均等返済
利　率	3.0％
毎月返済額	138,120円（年間返済額　1,657,440円）

図表Ⅴ-15　借換えにかかる諸費用

保証料	239,640円
一括繰上返済手数料	32,400円
取扱手数料	32,400円
登録免許税（抵当権抹消・設定）	82,000円
司法書士手数料（概算）	50,000円
印紙代	20,000円
合　　計	456,440円

5 借換え

図表Ⅴ−16　借換え効果

	借換え前	借換え後	負担軽減額
金利	3.0％	2.0％	
毎月返済額	138,120円	128,700円	9,420円
年間返済額	1,657,440円	1,544,400円	113,040円
総返済額	24,861,600円	23,166,000円	1,695,600円
諸　費　用			456,440円
差引メリット			1,239,160円

　現在残高2,000万円、残存期間15年、金利3.0％のローンを2.0％の固定金利ローンに借り換えた場合、図表Ⅴ−16に示すとおり、諸費用46万円を差し引いてもなお約124万円のメリットがあることがわかります。

（2）金利リスク回避のための借換え

　現在残高3,000万円、残存期間32年、金利1.5％の３年固定金利期間選択型ローンを、３年目の固定金利期間終了時に当たる今年、2.0％の全期間固定金利型に借り換えた場合、毎月返済額はこれまでの98,430円から105,840円に増えます。もし、借換えを行わず以後の金利が平均3.0％まで上昇したとすると、今後の総返済額は46,702,080円となり、全期間固定金利型に借り換えた場合と比べ6,059,520円多くなり、借換えによる諸費用849,720円を差し引いてもまだ十分余りあります。借り換えることによって将来の金利リスクが回避できるのであれば、毎月返済額は増えてもこのような借換えを考慮することもひとつの選択肢となります。

図表Ⅴ−17　現在の住宅ローンの借入条件

現在残高	3,000万円
残存期間	32年（今年３年目）
返済方法	元利均等返済
利　率	1.5％の３年固定（４年目以降3.0％と仮定）
毎月返済額	98,430円（年間返済額　1,181,160円）

図表Ⅴ－18　借換えにかかる諸費用

保証料	592,920円
一括繰上返済手数料	32,400円
取扱手数料	32,400円
登録免許税（抵当権抹消・設定）	122,000円
司法書士手数料（概算）	50,000円
印紙代	20,000円
合　　計	849,720円

図表Ⅴ－19　借換え効果

	借換え前 （1.5%）	特約期間経過後 の総支払額① （3.0%）	全期間固定 に借換え② （2.0%）	負担減少額 ①－②
毎月返済額	98,430円	121,620円	105,840円	15,780円
年間返済額	1,181,160円	1,459,440円	1,270,080円	189,360円
総返済額	－	46,702,080円	40,642,560円	6,059,520円
諸　費　用				849,720円
差引メリット				5,209,800円

（3）借換えの注意点

借換えに際しては、次のような点に注意が必要です。

① 担保評価額は充分か

担保評価額が不足した場合、一部繰上返済や追加担保で対処しなければなりません。200～300％の掛目で貸してくれる借換えローンもありますが、担保価値（物件評価額）を大幅に上回るローンを借りるということは、将来的にリスクを抱えることになります。

② 返済能力は新たに借りるローンの基準に合っているか

リストラで減収となったり失業したりして、収入基準を充たさなくなり新たなローンが借りられない場合があります。

③ 変動金利への借換えはリスクがある

借換え先のローンは、固定金利か長期固定金利のローンが望ましいです。もし、変動金利のローンに借り換えた場合は、将来的に金

利リスクを抱えることになります。
④ 団体信用生命保険（団信）に加入できるか
　最近病気をしたために、団信に加入できない場合があります。一般的に銀行ローンの場合、団信加入が条件ですから、この場合は、銀行ローンへの借換えはできません。
⑤ 住宅ローン控除の問題
　返済期間が10年未満のローンに借り換えた場合、それまで受けていた住宅ローン控除が以後受けられなくなります。この場合は、借換えをせずに引き続き住宅ローン控除を受けるか、借り換えて金利軽減メリットを得るか、比較検証する必要があります。

チェックリスト　5 借換え

項　目	チェック事項	Check	対　策
返済負担軽減目的	金利軽減幅		
	残存期間		
	諸費用		
	利息軽減額		
	メリット金額		
金利リスク軽減目的	借換え後の金利タイプ		
	借換え後の返済額		
留意点	担保評価が不足することはないか		
	リストラ等で返済能力が低下していることはないか		
	団体信用生命保険加入の可否		
	今後も住宅ローン控除を利用できるか		

6 繰上返済

（1）繰上返済の種類

　繰上返済には、残債務の全額を繰上返済する「一括繰上返済」と、残債務のうちの一部だけ繰上返済する「一部繰上返済」があります。本項では、「一部繰上返済」について解説します。

　繰上返済の方式には、「期間短縮型」と「返済額軽減型」の2つの方式がありますが、特に「期間短縮型」は完済時期が繰り上がり、老後の生活が安定するという点と、返済額軽減型より大きな利息軽減が得られるという点の2つのメリットがあります。

図表Ⅴ-20　期間短縮型

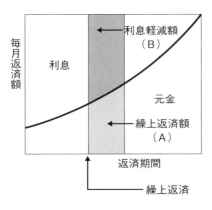

図表Ⅴ-21　返済額軽減型

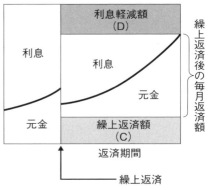

　繰上返済をすると、その繰上返済額に応じた利息分だけ支払負担が減ります。図表Ⅴ-20の期間短縮型では、繰上返済した（A）の部分に相当する期間が短縮され、それに対応した（B）の部分の利息支払いが不要となります。図表Ⅴ-21の返済額軽減型では、繰上返済した（C）の部分に対応した（D）の部分だけ利息支払いが軽減し、今後の毎月の支払元利金が減ります。

（2）繰上返済の効果

　繰上返済した場合、どのくらいのメリットがあるか計算してみましょう。

　図表Ⅴ－22の返済予定表において、2019年8月10日の約定返済と同時に100万円を期間短縮型で繰上返済すると、約定返済後の残高（27,742,967円）が約100万円減少する2020年11月10日（残高26,761,865円）まで15カ月返済が進んだことになります。その間に本来支払わなければならなかった利息の合計額682,173円が利息軽減額となります。

　利息軽減額は、次の算式で計算できます。

利息軽減額＝毎月返済額×短縮月数－繰上返済額

　　　　　＝110,885円×15カ月－（27,742,967円－26,761,865円）

　　　　　＝682,173円

図表Ⅴ－22　返済予定表

前提条件：当初借入額　　3,000万円
　　　　　借入日　　　　2016年8月10日
　　　　　返済期間　　　30年
　　　　　金利　　　　　2.0%
　　　　　返済方法　　　元利均等返済
　　　　　繰上返済額　　約100万円
　　　　　繰上返済時期　3年目

返済予定表

年月日	元　金	利　息	元利合計	残　高
2019.7.10	64,432円	46,453円	110,885円	27,807,507円
8.10	64,540	46,345	110,885	27,742,967
9.10	64,647	46,238	110,885	27,678,320
10.10	64,755	46,130	110,885	27,613,565

年月日	元　金	利　息	元利合計	残　高
2020.10.10	66,062円	44,823円	110,885円	26,828,037円
11.10	66,172	44,713	110,885	26,761,865
12.10	66,282	44,603	110,885	26,695,583
2021. 1.10	66,393	44,492	110,885	26,629,190
2.10	66,504	44,381	110,885	26,562,686
3.10	66,614	44,271	110,885	26,496,072

利息合計
682,173円

このローンを返済額軽減型で繰上返済した場合と比較してみましょう。

図表Ⅴ－23のとおり、期間短縮型の場合の短縮月数は15カ月、利息軽減額は682,173円であるのに対し、返済額軽減型の場合の利息軽減額は295,028円となり、期間短縮型の方が軽減メリットが圧倒的に大きいことがわかります。

図表Ⅴ－23　期間短縮型と返済額軽減型の比較

期間短縮型	短縮月数	15カ月
	利息軽減額	682,173円
返済額軽減型	繰上返済前毎月返済額	110,885円
	繰上返済後毎月返済額(注1)	106,891円
	利息軽減額(注2)	295,028円

（注1）3,997円×（27,742,967円－1,000,000円）／100万円＝106,891円

　　　　100万円あたり　　'19.8.10現在　　繰上返済額
　　　　の毎月返済額　　　の残高

（注2）3,997円×12カ月×27年－1,000,000円＝295,028円

　　　　　　　　　　　　　　　　繰上返済額

（3）繰上返済の留意点

繰上返済をするにあたっては、次の点に留意する必要があります。

① 繰上返済は早いうちにするほうがメリットは大きい。

② 繰上返済は、金利が高いほど、残存期間が長いほど、残存金額が多いほどその効果が大きい。複数のローンがある場合の繰上返済の優先順位は、これらのことを勘案して決めることとなる。

③ 繰上返済後も家計の状況により6カ月～1年間位は生活できる程度のお金（教育費も含む）を手元に残すこと。

④ 繰上返済のメリット計算は、今後金利が変動しないという前提である。

⑤ 繰上返済をしたために、当初借入れからの通算の返済期間が10年

未満となってしまった場合は、それまで受けていた住宅ローン控除が以後受けられなくなるので、その点も考慮して繰上返済の計画を進めることが必要である。

チェックリスト 6 繰上返済

項　　目	チェック事項	Check	対　　策
期間短縮型	繰上返済額		
	利息軽減額		
	短縮月数		
	負担軽減額		
返済額軽減型	繰上返済額		
	利息軽減額		
	毎月返済額減少額		
その他	手元資金はいくら残すか		
	今後も住宅ローン控除が受けられるか		

7 買換え

7 買換え

　生涯住むつもりで買った住宅も、いろいろな事情で、ときには買換えが必要になる場合があります。転勤や親との同居、環境の悪化など当初想定していなかった事情によりやむを得ず買い換える場合もありますし、子どもが結婚して家を出たため広い家が必要なくなった場合など、ライフスタイルの変化による場合もあります。最近は、郊外の一戸建てを売って都心のマンションに移る中高年層も出てきました。
　買換えは、その目的が達成されれば、それでメリットを得たことになりますが、一方で新規取得にはない負担がありますので、それを比較衡量してもなお総体としてメリットがあるのかどうか、よく検討することが必要です。

(1) 購入と売却のタイミングを合わせるのは難しい

　住宅を買い換える場合、売り・買いのタイミングがずれることが多く、その場合は当初予定していなかった出費を強いられることになります。
　買換えの検討の段階を、時間を追ってフォローしてみましょう。
① 　新たに購入する物件を探す。
② 　気に入った物件が見つかったら、今の家がいくらで売れるか、ローンを返済していくら残るか、購入物件の住宅ローンはいくら借りるかなど資金計画を立てる。
③ 　住宅ローンを借りる場合、わが家の家計でローン返済が可能かどうか検討し、銀行に借入れの可否を打診する。
④ 　資金計画が固まったら、物件購入について業者と折衝に入る。
⑤ 　購入物件が建売住宅やマンションなどの新規分譲物件の場合は、スケジュールが決められていることもあるので、売却もそれに合わせたスケジュールで進めることになる。中古物件を買う場合は、売

主の事情に合わせて売却のスケジュールを立てる。

⑥　現在の自宅の売却を業者に依頼する。

⑦　購入と売却の契約を締結する。

　買換えの動機にもよりますが、一般的には以上のような経過をたどって買換えのスケジュールが進められることになります。ここで問題になるのは、特に新規物件の場合は「買い」の契約日が固定されてしまうことが多いということです。売り買いの契約をほぼ同時期に行うことができ、引渡し時期も双方合わせることができれば問題ないのですが、むしろそうでない場合が多いのです。

（2）売り買いのタイミングがずれると予期しない出費が発生する

●買いの契約と引渡しが先行する場合

　なかなか現在の住居の買い手が見つからない場合は、売りよりも買いの契約と引渡しを先行せざるを得ない場合があり、その場合は、購入物件の支払いのために一時的につなぎ融資を利用することになります。いつまでも買い手が見つからない場合は、つなぎ融資の期間がズルズルと延びて利息負担が増えていきます。早めに買い手を見つけるために、やむを得ず売却価格を引き下げざるを得なくなることもあります。

●売りの契約と引渡しが先行する場合

　思ったより早く買い手が見つかり、買主も契約と引渡しを急いでいる場合です。もし、買主への引渡しが先行する場合は、一時仮住まいをせざるを得ません。購入物件の引渡し日が決まっていれば、買いが先行する場合のように際限なく負担が積み上がるというリスクはありませんが、家賃や引越し代など予定外の負担が発生することになります。

（3）不動産価格が動いている時期は要注意

　購入契約が先行してなかなか買い手が見つからない場合、つなぎ融資の利息が際限なく積み上がっていくリスクがありますが、その時期が不動産価格の下落する時期に重なると、ダブルパンチを被ることになります。売却価格は、資金計画上最低このくらいは欲しいということではなく、不動産価格の動向や需給バランスなどを見て、専門家とも相談しながら客観的に決めることが必要です。

　最初、売却価格を必要以上に高く設定して、小刻みに値引きしていく方法は、さらなる今後の値引きを期待させ、ますます買い手の出現を遅らせることになるので、よい方法とはいえません。

（4）買換えローン

　バブルの頃に購入したマイホームは、大幅に値下がりしていますから、家を売却してもローン残高が残ってしまうというのがごく普通のケースとなっています。それでも買換えのニーズは依然として多いので、各銀行は、担保割れは容認する代わりに、返済能力の審査に重点を置いた「買換えローン」の取扱いを行っています。しかし、このローンを借りるということは、当初予定していなかった返済負担が確実に増えることになりますので、慎重な検討が必要です。

図表Ⅴ－24　買換えローンの融資条件（大手銀行の例）

融資限度額	1億円
年齢制限	申込時20歳以上70歳以下、完済時満80歳
勤　　続	勤続3年以上（自営業は3年以上の事業実績）
年　　収	前年度税込年収500万円以上
買換え前のローン	住宅ローン借入れ後4年以上経過、直近1年間で延滞歴なし

(5) 中高年層の買換え

最近、郊外の一戸建てを売却して、都心のマンションを購入する中高年層が目につきます。このような事象は、次のような理由によるものと思われます。

① 子どもが巣立ち夫婦2人だけになったため、広い家は必要なくなった。
② 平均余命の伸長と高齢者の健康状態の改善により、高齢者自身の活動が活発になり、都心に出てより文化的な生活をしたいと望む高齢者が増えた。
③ 高度成長期に開発されたニュータウンは高齢化が進み、建物の老朽化が進んだ。

また、これらの計画は、老後のライフプランという観点から、将来悔いを残さないよう留意しながら事を進める必要があります。

チェックリスト　7 買換え

項　目	チェック事項	Check	対　策
買換えの目的	買換え目的を明確にする		
買換えの資金計画	売却予定価格は最近の価格動向に照らし妥当なものであるか		
	今後のローン返済は無理のないものであるか		
売買のタイミング	つなぎ融資は必要ないか		
	一時仮住まいは必要ないか		
税　制	居住用財産の買換え特例は利用できるか		

8 高齢者の住替え

　若い時には、子どもを育てるのに適した自然豊かな郊外の一戸建てを購入したが、リタイアして子どもが独立した後、家が広すぎて掃除も大変、町に出るにもバスや電車を乗り継がなくてはならず不便です。もっと、便利なところに引っ越して生活をエンジョイしたいという中高年の方が増えています。上手に住替えを進めるには、どのようにすればよいか考えてみましょう。

(1) 国の支援による移住・住みかえ支援制度がある

　国土交通省が所管する（一財）高齢者住宅財団の住替支援保証業務の事業実施主体として認可を受けた団体に、2006年に設立された一般社団法人移住・住みかえ支援機構（JTI）があります。
　同機構は、移住・住替えを希望している50歳以上のシニア層のマイホームを借り上げ、それを子育て世代を中心に転貸し運用している非営利法人です。

(2) 一般社団法人移住・住みかえ支援機構のマイホーム借上げ制度の概要

　① 利用者
　　日本に居住する50歳以上の人（国籍は問わず）または海外に居住する50歳以上の日本人および共同生活者（配偶者等1名）が対象となります。
　② 対象となる住宅
　　一戸建て、共同建て（タウンハウス等）、マンション等の集合住宅のいずれも対象となります。1981年6月の新耐震基準の適用以前

図表Ⅴ-25 マイホーム借上げ制度のしくみ

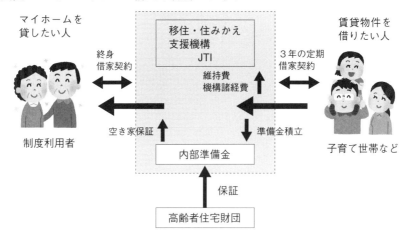

に着工された住宅については、耐震診断を受け必要に応じ耐震改修をすることが必要です。その他、水回りの不具合や雨漏りなどがないかを検査して、必要な場合は補修を行います。

③ 契約形態

（ア）終身型

対象となる住宅に問題がない限り、制度利用者と共同生活者の両方が亡くなるまで終身で借上げが実施されます。入居者とは3年の定期借家契約で転貸するので、転貸借契約満期の6カ月前までに解約通知をすれば、入居者に退出してもらい自宅に戻ることができます。

（イ）期間指定型

あらかじめ利用者が指定した期間、借上げを行います。原則として中途解約はできません。

④ 賃料

最初の転借人が入居した後、契約期間中は、空き家となった場合も最低保証賃料が支払われます。賃料は、一般流通物件相場より約10～20％ほど低く、毎月賃料から15％の諸経費が差し引かれます。賃料は、家を長持ちさせるためのメンテナンス費用にも充当できま

す。

⑤　カウンセリング

　制度利用にあたっては、ハウジングライフ（住生活）プランナーから、あらかじめ制度内容について詳しい説明が受けられるとともに、住替え全般についてのアドバイスを受けることができます。

⑥　転借人のメリット

（ア）良質な住宅を、相場より安い家賃で借りられる

（イ）敷金や礼金は不要

（ウ）壁紙など一定の改修が可能（オーナーの了承が必要）

⑦　JTIの事業は、協賛企業からの基金や転貸賃料と支払賃料との差額から生まれる収益により独立採算で運営しますが、万が一の場合に備えて、国の予算において（一財）高齢者住宅財団に債務保証基金が設定されており、JTIは基金の登録事業者になっています。

（3）住替え先を購入するためのローン制度もある

　移住先を新たに購入する場合と賃貸物件に入居する場合が考えられますが、移住先を新たに購入する場合に利用できる「機構住みかえ支援ローン」があります。これは、住宅金融支援機構がJTIと提携して、JTIが住宅を借り上げることを条件に住替え先の住宅を取得するために設けたローンです。利用条件はフラット35の融資条件に準じたものとなっていますが、担保としては、融資対象の住宅およびその敷地に住宅金融支援機構を抵当権者とする第一順位の抵当権を設定すると同時に、JTIに対して有する賃料請求債権に住宅金融支援機構を権利者とする譲渡担保を設定します。高齢になってから住宅ローンを借りるのは返済が大変かもしれませんが、借り上げてもらった家の賃料をローンの返済に充当すれば、負担は大幅に減少します。取扱金融機関には現在、日本住宅ローン㈱、日本モーゲージサービス㈱などのモーゲージバンクがありますが、融資条件等は金融機関により異なっています（2019年5月現在）。

8 高齢者の住替え

チェックリスト 8 高齢者の住替え

項　目	チェック項目	Check	対　策
JTIの利用	年齢は50歳以上か		
	住宅は新耐震基準を満たしているか		
	契約は終身型とするか期間指定型とするか		
	機構のローン制度を利用するか		

PART V 住宅ローン相談・お悩み解決のツボ！

9 リバースモーゲージ

(1) 公的制度

　高齢者が、所有する住宅を担保に融資を受け、死亡時に一括返済する制度で、生存中は利息のみ支払い、死亡時に元本を一括返済する形が一般的です。1981年に武蔵野市等の自治体が老後生活費支援の一環としてスタート、バブル期には信託銀行が導入しましたが、不動産価額の下落により制度維持が困難となり銀行は取扱いを中止しました。

　一方、ますます進行する高齢化を背景に、2002年に低所得高齢者向けの支援制度として、国の「長期生活支援資金貸付制度」がスタートし、都道府県社会福祉協議会を実施主体として運営されています。

　2016年に国土交通省が策定した今後10年の新たな「住生活基本計画」では、高齢者が自立して暮らすことができる住生活を実現するために、「バリアフリー化」、「サービス付き高齢者向け住宅等の供給促進」と並んで、「リバースモーゲージの普及」も目標に掲げられています。

(2) 民間制度

　上記の国の施策を反映して近時、民間においても、既に多くの銀行がリバースモーゲージに参入しており、ローン商品の多様化を図っています。特徴としては、資金使途を老後生活資金のみでなく、老人ホームの入居一時金やリフォーム資金、住宅の建替え資金、医療費、介護費用、銀行によってはレジャー資金までその範囲に含めています。ただ、多くの銀行では、融資額は担保評価額の50％以内に抑え、マンションは対象外、取扱いエリアも限定されています。担保不動産も評価額を4,000～6,000万円以上に限定する銀行もあり、比較的ゆとりのある高齢者に、より豊かな老後を過ごすための資金を提供する制度という色彩がありま

す。

　住宅金融支援機構の住宅融資保険を利用しているケースもあります。

（3）住宅金融支援機構

　耐震改修工事、耐震補強工事やバリアフリー工事、災害復興住宅融資における高齢者向け返済特例制度およびリバース60でリバースモーゲージが活用されています。

（4）リバースモーゲージを普及させるための課題

　国民全般に普及させるためには、次のような課題を解決する必要があります。

①　長生きのリスク

　　生存中に融資限度額に達してしまうと、生活費として支払いを受けていた年金がストップしてしまう。

②　金利上昇リスク

　　金利は原則として変動金利のため、金利上昇により、金利支払額が増える。

③　不動産価格下落リスク

　　不動産価格が下落すると融資限度額に到達する時期が早くなる。

　以上のような課題を解決するためには、保険の利用や公的保証制度の導入を検討する必要があります。

チェックリスト　　9 リバースモーゲージ

項　目	チェック項目	Check	対　　策
利用目的	生活費の補充、リフォーム、医療費等		
担保物件	戸建て、マンション		
担保評価額	銀行の基準		
	融資限度額		
金利	金利上昇リスク		

10 返済が苦しくなったとき

　一口に住宅ローンの返済が苦しいといっても、いろいろなパターンがあります。貯えはある程度あるが定期収入だけでは返済額に不足する場合、貯えもなく定期収入も不足している場合、その場合でも、いずれ将来は楽になる目処がある場合と将来とも目処が立たない場合など、いろいろなケースがあります。それぞれのパターンに合った対策を講ずることが必要です。

(1) 生活を見直し家計費の軽減を考える

　返済が苦しくなったら、まず家計の支出に無駄はないか、節約できるものはないかなど、家計支出の見直しを検討します。見直し項目としては、主に次のようなものが考えられます。

●基本生活費

　毎日のことだけにこまめに節約すれば相応の効果が得られます。食費や趣味に使うお金、小遣いなども節約の対象になりますが、基本生活費は一方では、肉体的・精神的に健全な生活が保持できるか否かにかかわってくるので、どうしても必要なもの、削ってもあまり支障のないものなど、こまめに仕分けることが必要です。衝動買いなどがないか、反省してみることも必要でしょう。家計簿をつけることは大前提ですが、家計簿をつけていると、どうしても通常生活費の何％かの使途不明金が出てきます。使途不明金はその内容を確かめて、極力少なくすることが必要です。

●生命保険

　生命保険の必要保障額は、その家庭の家族構成や収入、生活水準等により異なるので、一概にはいえませんが、もし過大な保険に入っている場合は、減額するか解約して適正な金額に見直します。必要保障額は子

どもの成長とともに減少していくので、継続的に見直しをしていくことが必要です。

●自動車保険

自動車の利用状況により、付保は必要な保障に限定し、運転者年齢条件、走行距離による保険料割引、インターネット割引の利用など、きめ細かく保障内容を検討します。

●自動車

買換えのサイクルを長くしたり、買換えにあたって車種を見直して燃費や税金などの負担を軽減できないか検討します。居住している地域にもよりますが、自動車を持たない生活はできないものかも検討します。カーシェアリングなどを検討してみてもよいでしょう。

(2) 増収対策を検討する

●妻が働いて収入を得る

最近は従業員の副業を認める会社も増えてきましたが、まだ副業を禁止している会社もあり、その場合はどうしても配偶者の助けが必要になります。

育児や介護、健康上の理由などのため働きに出ることができない場合もありますが、もし事情が許せば妻が収入を得るということは、家計上大きな効果があります。正社員として勤務できればそれが望ましいのですが、パートであっても1年100万円の収入を得ることができれば、10年働いて1,000万円になるので、家計上は大変なプラス要因となります。

●子どもが奨学金を借りる

厳密には増収ではありませんが、独立行政法人日本学生支援機構の奨学金制度では、例えば私立大学の自宅通学の学生の場合、最高月5万4,000円を借りることができます（2019年度）。そのほか学校や自治体でも奨学金制度を実施しているところがあります。

なお、日本学生支援機構では、住民税非課税世帯や生活困窮家庭の子女を対象とする給付型奨学金を実施しています。私立大学の自宅通学の

学生の場合、月3万円が給付されます（2019年度）。

奨学金を借りると親の家計は大変助かりますが、最近は卒業後も充分な収入が得られないため、返済困難に陥るケースが多発していることも認識しておく必要があります。

（3）ローンの条件変更を検討する

家計収支の見直しだけでは解決できない場合は、ローンの条件変更を検討します。

景気悪化により住宅ローンの返済に窮している個人や中小企業者を支援するために施行された「中小企業者等に対する金融の円滑化を図るための臨時措置に関する法律（以下「中小企業金融円滑化法」）は、2013年3月末に期限を迎えましたが、金融庁では中小企業金融円滑化法の期限到来後においても関係省庁と連携し、以下の3つを柱とした取組みを実行しています。

① 金融機関による円滑な資金供給を促進する施策
② 中小企業・小規模事業者に対する経営支援策
③ 個々の借り手への説明・周知等

金融庁は、中小企業金融円滑化法の期限到来後においても、金融機関が経営改善のコンサルティングと円滑な資金供給に努めることを要請しています。

この法律は、金融機関が、借り手からの申込みがあった場合、貸付条件の緩和に努力することを義務付ける内容となっており、各金融機関とも特別の体制を敷いて積極的に対応にあたっています。

●民間ローンの場合

ローンの条件変更といってもできることは限られており、また多くの場合、条件変更だけではなかなか解決できません。他の対策も組み合わせて対応を考えることが必要です。

各行とも主として次のような条件変更で対応しています。

（a）元金の返済猶予

(b) 返済期間延長

子どもの教育資金と負担が重なった場合などで、一定期間を乗り切れば以後の目処が立っている場合、返済期間を短めに設定していれば、いったん期間延長をして毎月の返済額を減らす方法もあります。返済期間を延長すると全体ではその分、利息負担が増大しますので、その後資金的に余裕ができた段階で、期間短縮型で繰上返済して、老後に影響が及ばないようにする対策も必要です。ただ、将来家計に余裕ができて繰上返済することができるのか否か、ライフプランを併せて考え慎重に対応することが必要です。なお、銀行は、期間延長や返済猶予に柔軟に対応していますが、将来の負担増大を考慮し、慎重に対応することが必要です。

(c) 繰上返済

返済額軽減型で繰上返済します。収入減で定期収入だけでは返済が苦しくなった場合には、この方法が考えられます。手元に繰上返済のための貯えがない場合は、窮余の一策として親からの贈与や借入れを検討することもやむを得ないでしょう。また、老後資金の積立てとローン返済が重なって苦しいという場合は、全期間の負担軽減額の大きい期間短縮型で繰上返済する方が大きな効果を得られます。

(d) 毎月返済とボーナス返済の比率を変える

ボーナスが減ったためにボーナス返済が苦しくなったということであれば、ボーナス返済額を減らしその分毎月返済額を増やします。月給の方が減って毎月返済が苦しいという場合は、ボーナス返済額のウェイトを増やせないか検討します。ただ、ボーナスは会社の業績によって変動しますので、あまりボーナス返済に頼ることは勧められません。

(e) 元金均等返済を元利均等返済に切り替える

少ないケースですが、元金均等返済で借りている場合、元利均等返済に切り替えれば毎月の負担は少なくなります。

(f) 自宅を賃貸に出して安いアパートに移る

リストラで会社を解雇された。大黒柱の夫が病に倒れ休職したために収入がなくなった。子どもが交通事故で入院し、莫大な治療費がかかった。このような場合、緊急避難的に今の自宅を賃貸し、自分達はしばら

くの間、多少狭くても家賃の安いアパートで我慢するという手もあります。アパートの家賃以上の賃貸収入があれば、家計に余裕ができローンの返済も今よりは楽になります。

担保物件を賃貸しその賃料でローン返済することは、住宅ローンの対象が自己居住用物件であるため、以前は認めていませんでしたが、正常化した暁には自己居住に復するという条件で最近では認めているケースもあります。自宅を賃貸に出す場合、将来家計が正常化したときには確実に戻れるよう賃貸契約は定期借家契約としておくのがよいでしょう。

●住宅金融支援機構（機構）の場合

フラット35や機構借入れの返済が困難になった人のために、返済方法を変更する救済措置が用意されています。

救済措置を適用すれば、今後の返済が継続できる見込みのある人が対象になります。返済方法変更メニューとして、次の3つのタイプがあります。

図表Ⅴ－26　住宅金融支援機構の返済救済措置

タイプ	返済困難の理由	返済方法変更の内容
A	経済事情や病気等で収入が減少し返済が大変になった	返済期間の延長などにより返済額を減額 手数料不要
B	しばらくの間返済額を減らして返済したい	一定期間返済額を減額 手数料不要
C	ボーナス返済の変更を希望	ボーナス返済月の変更、毎月・ボーナス月返済額の内訳変更、ボーナス返済の取止めなど 手数料不要

条件によって、A、B、Cの3タイプを相互に組み合わせて利用することも可能です。

Aタイプ　次の3つの項目すべてに該当する場合にこの救済措置が適用されます。

（要件）

① 不況による倒産などの勤務先の事情により返済が困難になっている

② 以下のいずれかに該当する

・年収が機構への年間総返済額の4倍以下

・月収が世帯人員×64,000円以下

・住宅ローン（機構に加え民間等の住宅ローンを含む）の返済負担率が、年収に応じて次の率を超え、収入減少割合が20％以上

年収	300万円未満	300万円以上 400万円未満	400万円以上 700万円未満	700万円以上
返済負担率	30%	35%	40%	45%

③ 返済方法の変更により、今後の返済が継続できる

（救済措置）

① 最長15年の返済期間延長ができる

② 現に失業中または収入が20％以上減少した人は、それに加え最長3年間元金据置きの期間を設定、元金据置期間中の金利を引き下げることができる場合がある

Bタイプ 子どもの教育費、入院による医療費など一定期間支出の増加が見込まれる場合、利用者と相談した期間内において返済額を減らすことができます。

Cタイプ 次のようなボーナス返済の変更ができます。

① ボーナス返済月の変更

② 毎月・ボーナス月返済額の内訳変更

③ ボーナス返済の取止め

　なお、以前は転勤、転職、病気などの理由により融資住宅から一時的に転居する場合は、事前に留守管理承認申請書を提出し承認を得ていましたが、現在は住所変更届のみで転居できるようになりました。これにより、所得の低下で返済が困難となった場合に、所得が回復するまでの間、融資住宅を賃貸し、賃貸収入により返済を継続することが可能となりました。

＜家賃返済特約付き【フラット35】＞

　将来返済が困難となったときに、機構が提携する住宅借上げ機関[注]

に住宅を賃貸し、その賃料を機構が直接受領して返済に充当する内容の特約を【フラット35】借入時に設定するものです。

「家賃返済特約付き【フラット35】」の取扱金融機関は、日本住宅ローン㈱、日本モーゲージサービス㈱、㈱優良住宅ローン、㈱ハウス・デポ・パートナーズの4社です（2019年5月1日現在）。

（注）現在、一般社団法人移住・住みかえ支援機構1社がこれに該当する（2019年5月1日現在）。

＜シルバー返済特例＞

返済が困難となった高齢者を対象とした特例制度が新設されました。

① シルバー返済特例制度の内容
・毎月の返済を利息のみとする。
・元金は本人死亡時に一括返済。
・物件の売却により債務が残った場合でも、残債務を相続人に請求しない（ノンリコースローン）。

② シルバー返済特例制度の要件
・制度利用時点で満70歳以上であること。
・融資住宅に居住しており、今後も居住を継続すること。
・返済開始後20年以上経過していること。
・現在返済金を延滞していないこと。
・土地・建物に機構の抵当権が設定されていること。
・216ページ Aタイプ の返済負担率等の年収要件を満たしていること。

●自然災害の被災者救済のための返済方法変更

自然災害の被災者で住宅ローンの返済に困窮している債務者に対し、民間金融機関ならびに住宅金融支援機構では、被災者救済のために特例的な取扱いを実施しています。

（a） 民間金融機関の場合

各金融機関独自の方針に従って対応しています。返済金が払えなくなったという申し出を受けた場合は、取りあえず引落しをストップし、当面の落ち着きを取り戻すまで、督促は控え様子を見るというのが一般

的な対応です。次の段階としては、今後の見通しを立てた上で、2009年12月に施行された「中小企業金融円滑化法」におけるような、返済期間の延長、一定期間の元金返済猶予などを検討し、場合によっては金利の引下げなども行うこととしています。

いずれにしても、事情が千差万別なため、個別の相談を受けて状況を把握した上で個々の対応を決定することになります。

＜被災ローン減免制度＞

東日本大震災における二重ローン問題を契機に、被災者に対する救済制度についての検討が重ねられた結果、2015年12月に全国銀行協会が中心になって、「自然災害による被災者の債務整理に関するガイドライン」が策定され、2016年から運用が開始されました。

これは、災害救助法の適用を受けた地震や津波等自然災害により、住宅ローンやリフォームローンを借りている個人、事業性ローンを借りている個人事業主などが既往債務を弁済できなくなった場合に、ローンの減免を行うなどの救済措置であり、法的倒産手続によらず、債権者と債務者の合意に基づき債務整理を行うものです。これにより、住宅ローンや事業性ローンを抱えている被災者が、新たにローンを借りて再建に向け再スタートすることが可能となりました。

東日本大震災発生当初は、制度適用の要件が厳しかったこと、制度の実施が周知されていなかったこと等により、わずかな利用にとどまっていましたが、その後の検討で要件の見直し等が実施され、利用しやすくなりました。そして、今後は「自然災害被災者債務整理ガイドライン運営機関」が運営にあたることになり、法的拘束力がないとはいうものの、東日本大震災に限らず、今後発生する災害に対応できることになります。

制度の内容は次のとおりです。

① 適用を希望する債務者は、最も多額の債務を負っている金融機関（主たる債権者）に手続きの着手を申し出る。

② 主たる債権者の同意を得たのち、すべての債権者に申し出を行う。

③ すべての債権者に申し出を行った時点から、債務者は資産処分、新たな借入、一部の債権者に対する弁済等はできなくなる。

④　弁護士、公認会計士、税理士、不動産鑑定士等の登録専門家の支援（無料）のもとに、弁済計画案（調停条項案）を作成し、すべての債権者に提出する。

⑤　弁済計画案について、すべての債権者の同意が得られたら、簡易裁判所に特定調停の申立てを行い、調停手続の終了により、弁済計画（調停条項）が確定する。

なお、当初、手元に残せる現預金は、一般的な破産手続と同様最大99万円とされていたため、極めてハードルが高く利用が進みませんでしたが、ガイドラインにおいては、手元に残せる現預金として、最大500万円と公的支援金が認められたため、利用しやすくなりました。また、破産法などの法的整理の場合は、信用情報機関へ登録されますが、このガイドラインによる私的整理を利用した場合は登録されません。

(b) 住宅金融支援機構の場合

機構融資ならびにフラット35を借り入れている一定の要件を満たした東日本大震災の被災者に対して、支援措置として次のように、「返済金の払込みの据置き」、「返済期間の延長」および「据置期間中の利率の引下げ」を行います。ただし、フラット35（保証型）については、金融機関により内容が異なります。

図表Ⅴ−27　住宅金融支援機構の支援措置

返済方法の変更／罹災割合※	返済金の払込みの据置き	返済期間延長	据置期間中の利率の引下げ
30％未満	1年	1年	0.5％引き下げた金利または1.5％のいずれか低い方
30％以上60％未満	最長3年	最長3年	1.0％引き下げた金利または1.0％のいずれか低い方
60％以上	最長5年	最長5年	1.5％引き下げた金利または0.5％のいずれか低い方

$$※\ 罹災割合 = \frac{災害発生の日前1年以内の収入額 - 災害発生の日以後1年間における収入予定額 + 融資住宅等の復旧に要する自己資金 + 災害による負傷または疾病の治療費}{災害発生の日前1年以内の収入額} \times 100$$

10 返済が苦しくなったとき

なお、東日本大震災以外の最近の大災害についても、それぞれ特例措置が講じられています。

（4）返済が苦しくなったお客様にアドバイスする場合の留意点

●元金の一時返済猶予や返済期間の延長は将来の家計を圧迫する

返済猶予や返済期間の延長は、当面は楽になりますが、結果的にはお客様の総負担額が増え、将来の家計を圧迫することになります。将来のライフプランを視野に入れて対応することが必要です。

●早めに相談に応じ実態を把握すること

返済状況に異変が見られる場合は、早めに相談に応じ実態を把握することが重要です。早い時期であればいろいろな対策を講じることも可能ですが、放置したまま時間が経過すると解決が難しくなり、最悪の場合は競売によりお客様が家を失うことにもなりかねません。

チェックリスト　10 返済が苦しくなったとき

項　目	チェック事項	Check	対　策
家計支出の見直し	基本生活費		
	生命保険		
	損害保険		
	自動車買換え		
	その他		
増収対策	妻の就労		
	子どもの奨学金利用		
ローンの条件変更	返済期間延長		
	繰上返済		
	ボーナス返済比率見直し		
	金利タイプの見直し		
	住宅金融支援機構の救済措置利用		

11 返済に行き詰まってしまった場合

　住宅ローンで延滞が発生すると、銀行は電話や書面等で督促しますが、おおよそ3カ月分くらいが滞ると、個人信用情報機関にその旨登録されます。いったん延滞が登録されると、以後銀行からの借入れが極めて困難になります。

(1) 任意売却の検討

　延滞が続き正常化の見込みが立たない場合、まず担保物件の任意売却による債務整理を検討します。担保物件を売却しても住宅ローンが返済しきれないときは、売却後別担保を差し入れて改めて不足分を借り入れるなどの方法が考えられますが、それができない場合は個人版民事再生手続（225～226ページ参照）を利用するか、自己破産を申し立てます。多重債務者の場合は、その債務の整理が先決です。

(2) 保証会社の代位弁済

　住宅ローンの返済が滞り、通常6カ月以上経過すると、保証会社が金融機関に保証債務履行の手続き、すなわち「代位弁済」を行いますので、その後は金融機関の手を離れ債務者との折衝は保証会社が行います。
　保証債務が履行され債権が保証会社に移ると、これまでのような元利均等返済や元金均等返済といったローン形式の返済はできなくなり、保証会社は一括弁済か、せいぜい数回の分割弁済を請求することになります。
　保証債務履行後、民事再生手続の申立てがあった場合とない場合で、

取扱いが異なります。

●民事再生手続の申立てがあった場合

　保証会社が保証債務を履行した後、6ヵ月以内に民事再生手続開始の申立てがされると、今後の返済計画を定めた住宅資金特別条項を定めることができます。そして、住宅ローン特別条項を盛り込んだ再生計画認可決定が確定した場合、保証債務ははじめから履行されなかったものとみなされ、もとの金融機関とのローン取引関係が復活して、再生計画に従って返済を続けていくことになります。民事再生手続開始の申立て後、債務者の申立てにより裁判所は競売手続の中止命令を出すことができます。

●民事再生手続の申立てがない場合

　早期返済が不可能な場合は、任意売却して売却代金で債権を回収することを検討します。一般的に競売の売却価格は市場価格の20～40％も安くなってしまうので、直ちに競売申立てをするのではなく、まず任意売却の可能性を検討します。

　任意売却には、次のようなメリットがあります。

① 　市場価格で売却できる。

② 　短い期間で機動的かつスピーディーに売却できる。

③ 　債務者にとって精神的なダメージが少ない。

　任意売却のデメリットは、次のとおりです。

① 　後順位抵当権者等利害関係人の協力が得られるかどうか不明。

② 　最終的に競売よりも有利な価額で売却できるか否か不明。

③ 　任意売却中に仮差押えが行われることもあり得る。

④ 　任意売却によってもローン債権が残ってしまった場合、以後分割弁済となる。

（3）任意売却が困難な場合は競売申立て

　もし、他の債権者との話合いがスムーズに進展せず、有利な形の任意売却ができない場合は、やむを得ず競売申立てを行います。

（4）競売申立てから物件引渡しまで

　債権者たる保証会社は、保証債務履行後債権の早期回収が困難と判断した場合、民事執行法に基づき抵当権の実行、すなわち「不動産競売」により債権回収を図ります。不動産競売の手続きは次のような流れで行われます。

●競売申立て

　債権者（抵当権者）は、物件の所在地を管轄する地方裁判所に競売の申立てを行います。

●競売開始決定

　裁判所は、その申立てが適法であれば競売手続を開始し（競売開始決定）、差押えの登記を法務局に嘱託すると同時に、競売開始決定した旨を債務者や所有者に送達します。同時に一般債権者に対しては、配当要求の期限を示し申し出を促すとともに、登記簿上確認できる抵当権者に対して債権の届出を催告します。

●現況調査命令・評価命令

　競売開始決定後、裁判所は執行官に対し現況調査命令を発すると同時に、評価人たる不動産鑑定士に評価命令を出します。

　裁判所は、現況調査報告書などの資料をもとに物件明細書を作成します。

●売却基準価額決定

　裁判所は、評価人の行った評価に基づき「売却基準価額」を決定すると同時に、売却日時・場所を公告します。

●入　札

　売却方法には、「入札」と「特別売却」の２種類があり、さらに入札は「期日入札」と「期間入札」の２通りに分かれますが、実務上現在は「期間入札」により実施されています。「期間入札」は、裁判所の定める一定の入札期間内に入札するもので、郵便による入札も可能です。期間入札で適法な買受けの申し出がなかった場合には「特別売却」が実施され、特別売却の期間中に最も早く買受けを申し出た人に買受けの権利が与えられます。

11 返済に行き詰まってしまった場合

●売却許可決定

　入札の結果、買受人が現れた場合、裁判所は買受人の資格チェックを行った上、売却許可決定を出します。

●買受代金納付

　売却許可決定後、買受人が買受代金を納付した時点で、目的不動産の所有権が抵当権設定者から買受人に移転しますので、裁判所は所有権移転登記の嘱託をします。

　なお、競売申立人（保証機関）は競売の開始決定がされた後でも、売却が実施されて売却代金が納付されるまでは、一定の要件のもとにいつでも申立てを取り下げることができます。したがって、競売の申立てがされた後でも、上記期限内であれば、債務者が債務を弁済することにより、保証機関が競売の取下げを了承すれば、債務者は家を失うことを免れます。

●配当手続

　裁判所は、売却代金の納付から1カ月以内の日に配当期日を決め、債権者、債務者および所有者に配当期日呼出状を送達します。また、それと同時に、債権計算書を1週間以内に提出するよう催告します。裁判所は、提出された債権計算書により配当表を作成します。

　債権者は、配当期日に裁判所に出頭し、配当表に基づき配当金の交付を受けます。

●引渡命令と不動産引渡執行の申立て

　不動産の所有権を取得した買受人は、占有者がいる場合不動産の引渡しを請求できますが、占有者がなかなか引渡しをしない場合、買受人は代金を納付した日から6カ月以内に、裁判所に対し引渡命令の申立てをすることができます。引渡命令が発令されて確定した場合、買受人は執行官に不動産引渡執行の申立てをします。

(5) 自己破産と民事再生手続

　債務が膨らんで家計が破綻した場合は、債権者との話合いで解決する

任意整理が考えられますが、それでも解決しない場合は、自己破産するか、個人版民事再生手続を申し立てる方法があります。自己破産は、免責が認められれば債務はなくなりますが、住居を失います。

　一方、個人版民事再生手続（個人再生手続）によれば、住居を失うことなく、再生を目指すことができます。個人再生手続は、次の3つの柱から成っています。

　①　小規模個人再生手続に関する特則

　②　給与所得者等再生手続に関する特則

　③　住宅資金貸付債権に関する特則

　いずれも再生計画により一定額以上の返済を続け、再起を図るものです。

　①、②は一部債務免除も可能ですが、③の「住宅資金貸付債権に関する特則」は支払いの繰延べをするもので、債務免除はありません。前述のように、保証会社の保証債務履行後6カ月以内に個人再生手続の申立てがあり、認可されると以後再生手続に従って返済を続けていくことになります。

11 返済に行き詰まってしまった場合

チェックリスト 11 返済に行き詰まってしまった場合

項　　目	チェック事項	Check	対　策
任意売却	売却見込み額		
	他の権利者との調整ができるか		
	住宅ローンがクリアできるか		
保証会社代位弁済	保証会社への弁済計画		
競　　売	競売開始決定		
	売却基準価額		
	入　札		
	売却許可決定		
	配当手続		
個人版民事再生手続	再生計画の認可		
自己破産	免責決定の見込み		
	公法上の資格制限（弁護士・公認会計士、税理士、弁理士、公証人、司法書士など）		
	私法上の資格制限（株式会社取締役・監査役、成年後見人、成年後見監督人など）		

PART V 住宅ローン相談・お悩み解決のツボ！

227

PART VI

知っておくと便利・資料集

1 返済額早見表

図表Ⅵ－1－1　返済額早見表

（元利均等返済方式　借入額100万円あたり毎月返済額）

（単位：円）

返済期間（年） 利率（%）	1	2	3	4	5	6	7	8	9	10	11	12
1.00	83,785	42,102	28,208	21,261	17,094	14,316	12,331	10,843	9,686	8,760	8,003	7,372
1.10	83,831	42,146	28,251	21,305	17,137	14,359	12,374	10,886	9,729	8,804	8,047	7,416
1.20	83,876	42,189	28,295	21,348	17,180	14,402	12,418	10,930	9,773	8,847	8,091	7,460
1.30	83,921	42,233	28,338	21,391	17,223	14,445	12,461	10,973	9,816	8,891	8,134	7,504
1.40	83,967	42,277	28,381	21,434	17,267	14,488	12,505	11,017	9,860	8,935	8,178	7,548
1.50	84,012	42,321	28,425	21,478	17,310	14,532	12,548	11,061	9,904	8,979	8,223	7,593
1.60	84,057	42,365	28,468	21,521	17,353	14,575	12,592	11,104	9,948	9,023	8,267	7,637
1.70	84,103	42,409	28,512	21,564	17,397	14,619	12,636	11,148	9,992	9,068	8,312	7,682
1.80	84,148	42,452	28,555	21,608	17,440	14,663	12,679	11,192	10,036	9,112	8,356	7,727
1.90	84,193	42,496	28,599	21,652	17,484	14,707	12,723	11,237	10,081	9,157	8,401	7,772
2.00	84,239	42,540	28,643	21,695	17,528	14,750	12,767	11,281	10,125	9,201	8,446	7,817
2.10	84,284	42,584	28,686	21,739	17,572	14,794	12,812	11,325	10,170	9,246	8,491	7,862
2.20	84,330	42,628	28,730	21,783	17,615	14,838	12,856	11,370	10,215	9,291	8,536	7,908
2.30	84,375	42,672	28,774	21,826	17,659	14,883	12,900	11,414	10,259	9,336	8,582	7,953
2.40	84,421	42,716	28,818	21,870	17,703	14,927	12,945	11,459	10,304	9,382	8,627	7,999
2.50	84,466	42,760	28,861	21,914	17,747	14,971	12,989	11,504	10,350	9,427	8,673	8,045
2.60	84,512	42,805	28,905	21,958	17,791	15,015	13,034	11,549	10,395	9,473	8,719	8,091
2.70	84,557	42,849	28,949	22,002	17,836	15,060	13,079	11,594	10,440	9,518	8,765	8,138
2.80	84,603	42,893	28,993	22,046	17,880	15,104	13,123	11,639	10,486	9,564	8,811	8,184
2.90	84,648	42,937	29,037	22,090	17,924	15,149	13,168	11,684	10,531	9,610	8,857	8,231
3.00	84,694	42,981	29,081	22,134	17,969	15,194	13,213	11,730	10,577	9,656	8,904	8,278
3.10	84,739	43,025	29,125	22,179	18,013	15,238	13,258	11,775	10,623	9,702	8,950	8,325
3.20	84,785	43,070	29,169	22,223	18,058	15,283	13,304	11,821	10,669	9,749	8,997	8,372
3.30	84,830	43,114	29,214	22,267	18,102	15,328	13,349	11,866	10,715	9,795	9,044	8,419
3.40	84,876	43,158	29,258	22,312	18,147	15,373	13,394	11,912	10,761	9,842	9,091	8,467
3.50	84,922	43,203	29,302	22,356	18,192	15,418	13,440	11,958	10,807	9,889	9,138	8,515
3.60	84,967	43,247	29,346	22,401	18,237	15,464	13,485	12,004	10,854	9,935	9,186	8,562
3.70	85,013	43,292	29,391	22,445	18,281	15,509	13,531	12,050	10,900	9,983	9,233	8,610
3.80	85,059	43,336	29,435	22,490	18,326	15,554	13,577	12,096	10,947	10,030	9,281	8,658
3.90	85,104	43,380	29,480	22,534	18,371	15,600	13,623	12,143	10,994	10,077	9,329	8,707
4.00	85,150	43,425	29,524	22,579	18,417	15,645	13,669	12,189	11,041	10,125	9,377	8,755
4.10	85,196	43,469	29,568	22,624	18,462	15,691	13,715	12,236	11,088	10,172	9,425	8,804
4.20	85,241	43,514	29,613	22,669	18,507	15,736	13,761	12,283	11,135	10,220	9,473	8,853
4.30	85,287	43,559	29,658	22,714	18,552	15,782	13,807	12,329	11,183	10,268	9,521	8,902
4.40	85,333	43,603	29,702	22,758	18,598	15,828	13,854	12,376	11,230	10,316	9,570	8,951
4.50	85,379	43,648	29,747	22,803	18,643	15,874	13,900	12,423	11,278	10,364	9,619	9,000
4.60	85,424	43,692	29,792	22,849	18,689	15,920	13,947	12,470	11,325	10,412	9,668	9,050
4.70	85,470	43,737	29,836	22,894	18,734	15,966	13,993	12,518	11,373	10,461	9,717	9,099
4.80	85,516	43,782	29,881	22,939	18,780	16,012	14,040	12,565	11,421	10,509	9,766	9,149
4.90	85,562	43,827	29,926	22,984	18,825	16,059	14,087	12,612	11,469	10,558	9,815	9,199
5.00	85,607	43,871	29,971	23,029	18,871	16,105	14,134	12,660	11,517	10,607	9,864	9,249

（注）実際の返済額は銀行独自の算式により計算するので、金額が若干異なる場合があります。

1 返済額早見表

（単位：円）

返済期間（年） 利率（%）	13	14	15	16	17	18	19	20	21	22	23	24
1.00	6,839	6,381	5,985	5,638	5,332	5,061	4,818	4,599	4,401	4,221	4,057	3,907
1.10	6,882	6,425	6,029	5,682	5,377	5,105	4,862	4,644	4,446	4,266	4,102	3,952
1.20	6,926	6,469	6,073	5,727	5,421	5,150	4,907	4,689	4,491	4,312	4,148	3,998
1.30	6,971	6,514	6,118	5,772	5,466	5,195	4,952	4,734	4,537	4,357	4,194	4,044
1.40	7,015	6,558	6,163	5,816	5,511	5,240	4,998	4,780	4,582	4,403	4,240	4,090
1.50	7,060	6,603	6,207	5,862	5,557	5,286	5,043	4,825	4,628	4,450	4,286	4,137
1.60	7,104	6,648	6,253	5,907	5,602	5,331	5,089	4,872	4,675	4,496	4,333	4,184
1.70	7,149	6,693	6,298	5,952	5,648	5,377	5,135	4,918	4,721	4,543	4,380	4,231
1.80	7,194	6,738	6,343	5,998	5,694	5,424	5,182	4,965	4,768	4,590	4,427	4,279
1.90	7,240	6,784	6,389	6,044	5,740	5,470	5,229	5,012	4,816	4,637	4,475	4,327
2.00	7,285	6,829	6,435	6,090	5,786	5,517	5,276	5,059	4,863	4,685	4,523	4,375
2.10	7,331	6,875	6,481	6,137	5,833	5,564	5,323	5,106	4,911	4,733	4,571	4,423
2.20	7,376	6,921	6,528	6,183	5,880	5,611	5,370	5,154	4,959	4,782	4,620	4,472
2.30	7,422	6,968	6,574	6,230	5,927	5,658	5,418	5,202	5,007	4,830	4,669	4,522
2.40	7,469	7,014	6,621	6,277	5,975	5,706	5,466	5,250	5,056	4,879	4,718	4,571
2.50	7,515	7,061	6,668	6,325	6,022	5,754	5,514	5,299	5,105	4,928	4,768	4,621
2.60	7,561	7,108	6,715	6,372	6,070	5,802	5,563	5,348	5,154	4,978	4,818	4,671
2.70	7,608	7,155	6,762	6,420	6,118	5,851	5,612	5,397	5,203	5,028	4,868	4,722
2.80	7,655	7,202	6,810	6,468	6,166	5,899	5,661	5,446	5,253	5,078	4,918	4,772
2.90	7,702	7,249	6,858	6,516	6,215	5,948	5,710	5,496	5,303	5,128	4,969	4,824
3.00	7,749	7,297	6,906	6,564	6,264	5,997	5,759	5,546	5,353	5,179	5,020	4,875
3.10	7,797	7,345	6,954	6,613	6,313	6,047	5,809	5,596	5,404	5,230	5,072	4,927
3.20	7,844	7,393	7,002	6,662	6,362	6,096	5,859	5,647	5,455	5,281	5,123	4,979
3.30	7,892	7,441	7,051	6,711	6,411	6,146	5,910	5,697	5,506	5,333	5,175	5,031
3.40	7,940	7,489	7,100	6,760	6,461	6,196	5,960	5,748	5,557	5,385	5,228	5,084
3.50	7,988	7,538	7,149	6,809	6,511	6,247	6,011	5,800	5,609	5,437	5,280	5,137
3.60	8,036	7,587	7,198	6,859	6,561	6,297	6,062	5,851	5,661	5,489	5,333	5,190
3.70	8,085	7,636	7,247	6,909	6,611	6,348	6,113	5,903	5,713	5,542	5,386	5,244
3.80	8,133	7,685	7,297	6,959	6,662	6,399	6,165	5,955	5,766	5,595	5,440	5,298
3.90	8,182	7,734	7,347	7,009	6,713	6,450	6,217	6,007	5,819	5,648	5,493	5,352
4.00	8,231	7,783	7,397	7,060	6,764	6,502	6,269	6,060	5,872	5,702	5,548	5,407
4.10	8,280	7,833	7,447	7,111	6,815	6,554	6,321	6,113	5,925	5,756	5,602	5,462
4.20	8,330	7,883	7,498	7,162	6,867	6,606	6,374	6,166	5,979	5,810	5,657	5,517
4.30	8,379	7,933	7,548	7,213	6,918	6,658	6,426	6,219	6,033	5,864	5,711	5,572
4.40	8,429	7,983	7,599	7,264	6,970	6,711	6,479	6,273	6,087	5,919	5,767	5,628
4.50	8,479	8,034	7,650	7,316	7,022	6,763	6,533	6,326	6,141	5,974	5,822	5,684
4.60	8,529	8,084	7,701	7,368	7,075	6,816	6,586	6,381	6,196	6,029	5,878	5,741
4.70	8,579	8,135	7,753	7,420	7,127	6,869	6,640	6,435	6,251	6,085	5,934	5,797
4.80	8,629	8,186	7,804	7,472	7,180	6,923	6,694	6,490	6,306	6,140	5,990	5,854
4.90	8,680	8,237	7,856	7,524	7,233	6,976	6,748	6,544	6,361	6,196	6,047	5,911
5.00	8,731	8,289	7,908	7,577	7,287	7,030	6,803	6,600	6,417	6,253	6,104	5,969

PART Ⅵ 知っておくと便利・資料集

231

1 返済額早見表

（元利均等返済方式　借入額100万円あたり毎月返済額）

（単位：円）

返済期間（年）／利率（%）	25	26	27	28	29	30	31	32	33	34	35
1.00	3,769	3,641	3,523	3,414	3,312	3,216	3,127	3,044	2,966	2,892	2,823
1.10	3,814	3,687	3,569	3,459	3,358	3,263	3,174	3,091	3,012	2,939	2,870
1.20	3,860	3,733	3,615	3,506	3,404	3,309	3,220	3,137	3,059	2,986	2,917
1.30	3,906	3,779	3,661	3,552	3,451	3,356	3,268	3,185	3,107	3,034	2,965
1.40	3,953	3,826	3,708	3,599	3,498	3,403	3,315	3,232	3,155	3,082	3,013
1.50	3,999	3,873	3,755	3,647	3,546	3,451	3,363	3,281	3,203	3,130	3,062
1.60	4,047	3,920	3,803	3,694	3,593	3,499	3,411	3,329	3,252	3,179	3,111
1.70	4,094	3,968	3,851	3,743	3,642	3,548	3,460	3,378	3,301	3,229	3,161
1.80	4,142	4,016	3,899	3,791	3,691	3,597	3,510	3,428	3,351	3,279	3,211
1.90	4,190	4,064	3,948	3,840	3,740	3,646	3,559	3,478	3,401	3,329	3,262
2.00	4,239	4,113	3,997	3,889	3,789	3,696	3,609	3,528	3,452	3,380	3,313
2.10	4,287	4,162	4,046	3,939	3,839	3,746	3,660	3,579	3,503	3,431	3,364
2.20	4,337	4,212	4,096	3,989	3,890	3,797	3,711	3,630	3,554	3,483	3,416
2.30	4,386	4,261	4,146	4,039	3,940	3,848	3,762	3,681	3,606	3,535	3,469
2.40	4,436	4,312	4,197	4,090	3,991	3,899	3,814	3,733	3,658	3,588	3,522
2.50	4,486	4,362	4,247	4,141	4,043	3,951	3,866	3,786	3,711	3,641	3,575
2.60	4,537	4,413	4,299	4,193	4,095	4,003	3,918	3,839	3,764	3,694	3,629
2.70	4,588	4,464	4,350	4,245	4,147	4,056	3,971	3,892	3,818	3,748	3,683
2.80	4,639	4,516	4,402	4,297	4,200	4,109	4,024	3,946	3,872	3,803	3,738
2.90	4,690	4,568	4,454	4,350	4,253	4,162	4,078	4,000	3,926	3,857	3,793
3.00	4,742	4,620	4,507	4,403	4,306	4,216	4,132	4,054	3,981	3,913	3,849
3.10	4,794	4,672	4,560	4,456	4,360	4,270	4,187	4,109	4,036	3,968	3,905
3.20	4,847	4,725	4,613	4,510	4,414	4,325	4,242	4,164	4,092	4,024	3,961
3.30	4,900	4,779	4,667	4,564	4,468	4,380	4,297	4,220	4,148	4,081	4,018
3.40	4,953	4,832	4,721	4,618	4,523	4,435	4,353	4,276	4,205	4,138	4,075
3.50	5,006	4,886	4,775	4,673	4,578	4,490	4,409	4,333	4,262	4,195	4,133
3.60	5,060	4,940	4,830	4,728	4,634	4,546	4,465	4,389	4,319	4,253	4,191
3.70	5,114	4,995	4,885	4,784	4,690	4,603	4,522	4,447	4,377	4,311	4,250
3.80	5,169	5,050	4,940	4,839	4,746	4,660	4,579	4,504	4,435	4,370	4,309
3.90	5,223	5,105	4,996	4,896	4,803	4,717	4,637	4,562	4,493	4,428	4,368
4.00	5,278	5,160	5,052	4,952	4,860	4,774	4,695	4,621	4,552	4,488	4,428
4.10	5,334	5,216	5,108	5,009	4,917	4,832	4,753	4,680	4,611	4,547	4,488
4.20	5,389	5,273	5,165	5,066	4,975	4,890	4,812	4,739	4,671	4,608	4,549
4.30	5,445	5,329	5,222	5,124	5,033	4,949	4,871	4,798	4,731	4,668	4,609
4.40	5,502	5,386	5,280	5,182	5,091	5,008	4,930	4,858	4,791	4,729	4,671
4.50	5,558	5,443	5,337	5,240	5,150	5,067	4,990	4,918	4,852	4,790	4,733
4.60	5,615	5,500	5,395	5,298	5,209	5,126	5,050	4,979	4,913	4,852	4,795
4.70	5,672	5,558	5,454	5,357	5,268	5,186	5,110	5,040	4,975	4,914	4,857
4.80	5,730	5,616	5,512	5,416	5,328	5,247	5,171	5,101	5,037	4,976	4,920
4.90	5,788	5,675	5,571	5,476	5,388	5,307	5,232	5,163	5,099	5,039	4,983
5.00	5,846	5,733	5,630	5,536	5,449	5,368	5,294	5,225	5,161	5,102	5,047

1　返済額早見表

図表Ⅵ－1－2　返済額早見表

（元金均等返済方式　借入額100万円あたり初回返済額）

（単位：円）

返済期間（年）／利率（%）	1	2	3	4	5	6	7	8	9	10	11	12
1.00	84,167	42,500	28,611	21,667	17,500	14,722	12,738	11,250	10,093	9,167	8,409	7,778
1.10	84,250	42,583	28,694	21,750	17,583	14,806	12,821	11,333	10,176	9,250	8,492	7,861
1.20	84,333	42,667	28,778	21,833	17,667	14,889	12,905	11,417	10,259	9,333	8,576	7,944
1.30	84,417	42,750	28,861	21,917	17,750	14,972	12,988	11,500	10,343	9,417	8,659	8,028
1.40	84,500	42,833	28,944	22,000	17,833	15,056	13,071	11,583	10,426	9,500	8,742	8,111
1.50	84,583	42,917	29,028	22,083	17,917	15,139	13,155	11,667	10,509	9,583	8,826	8,194
1.60	84,667	43,000	29,111	22,167	18,000	15,222	13,238	11,750	10,593	9,667	8,909	8,278
1.70	84,750	43,083	29,194	22,250	18,083	15,306	13,321	11,833	10,676	9,750	8,992	8,361
1.80	84,833	43,167	29,278	22,333	18,167	15,389	13,405	11,917	10,759	9,833	9,076	8,444
1.90	84,917	43,250	29,361	22,417	18,250	15,472	13,488	12,000	10,843	9,917	9,159	8,528
2.00	85,000	43,333	29,444	22,500	18,333	15,556	13,571	12,083	10,926	10,000	9,242	8,611
2.10	85,083	43,417	29,528	22,583	18,417	15,639	13,655	12,167	11,009	10,083	9,326	8,694
2.20	85,167	43,500	29,611	22,667	18,500	15,722	13,738	12,250	11,093	10,167	9,409	8,778
2.30	85,250	43,583	29,694	22,750	18,583	15,806	13,821	12,333	11,176	10,250	9,492	8,861
2.40	85,333	43,667	29,778	22,833	18,667	15,889	13,905	12,417	11,259	10,333	9,576	8,944
2.50	85,417	43,750	29,861	22,917	18,750	15,972	13,988	12,500	11,343	10,417	9,659	9,028
2.60	85,500	43,833	29,944	23,000	18,833	16,056	14,071	12,583	11,426	10,500	9,742	9,111
2.70	85,583	43,917	30,028	23,083	18,917	16,139	14,155	12,667	11,509	10,583	9,826	9,194
2.80	85,667	44,000	30,111	23,167	19,000	16,222	14,238	12,750	11,593	10,667	9,909	9,278
2.90	85,750	44,083	30,194	23,250	19,083	16,306	14,321	12,833	11,676	10,750	9,992	9,361
3.00	85,833	44,167	30,278	23,333	19,167	16,389	14,405	12,917	11,759	10,833	10,076	9,444
3.10	85,917	44,250	30,361	23,417	19,250	16,472	14,488	13,000	11,843	10,917	10,159	9,528
3.20	86,000	44,333	30,444	23,500	19,333	16,556	14,571	13,083	11,926	11,000	10,242	9,611
3.30	86,083	44,417	30,528	23,583	19,417	16,639	14,655	13,167	12,009	11,083	10,326	9,694
3.40	86,167	44,500	30,611	23,667	19,500	16,722	14,738	13,250	12,093	11,167	10,409	9,778
3.50	86,250	44,583	30,694	23,750	19,583	16,806	14,821	13,333	12,176	11,250	10,492	9,861
3.60	86,333	44,667	30,778	23,833	19,667	16,889	14,905	13,417	12,259	11,333	10,576	9,944
3.70	86,417	44,750	30,861	23,917	19,750	16,972	14,988	13,500	12,343	11,417	10,659	10,028
3.80	86,500	44,833	30,944	24,000	19,833	17,056	15,071	13,583	12,426	11,500	10,742	10,111
3.90	86,583	44,917	31,028	24,083	19,917	17,139	15,155	13,667	12,509	11,583	10,826	10,194
4.00	86,667	45,000	31,111	24,167	20,000	17,222	15,238	13,750	12,593	11,667	10,909	10,278
4.10	86,750	45,083	31,194	24,250	20,083	17,306	15,321	13,833	12,676	11,750	10,992	10,361
4.20	86,833	45,167	31,278	24,333	20,167	17,389	15,405	13,917	12,759	11,833	11,076	10,444
4.30	86,917	45,250	31,361	24,417	20,250	17,472	15,488	14,000	12,843	11,917	11,159	10,528
4.40	87,000	45,333	31,444	24,500	20,333	17,556	15,571	14,083	12,926	12,000	11,242	10,611
4.50	87,083	45,417	31,528	24,583	20,417	17,639	15,655	14,167	13,009	12,083	11,326	10,694
4.60	87,167	45,500	31,611	24,667	20,500	17,722	15,738	14,250	13,093	12,167	11,409	10,778
4.70	87,250	45,583	31,694	24,750	20,583	17,806	15,821	14,333	13,176	12,250	11,492	10,861
4.80	87,333	45,667	31,778	24,833	20,667	17,889	15,905	14,417	13,259	12,333	11,576	10,944
4.90	87,417	45,750	31,861	24,917	20,750	17,972	15,988	14,500	13,343	12,417	11,659	11,028
5.00	87,500	45,833	31,944	25,000	20,833	18,056	16,071	14,583	13,426	12,500	11,742	11,111

（注）実際の返済額は銀行独自の算式により計算するので、金額が若干異なる場合があります。

（元金均等返済方式　借入額100万円あたり初回返済額）

（単位：円）

返済期間（年） 利率（%）	13	14	15	16	17	18	19	20	21	22	23	24
1.00	7,244	6,786	6,389	6,042	5,735	5,463	5,219	5,000	4,802	4,621	4,457	4,306
1.10	7,327	6,869	6,472	6,125	5,819	5,546	5,303	5,083	4,885	4,705	4,540	4,389
1.20	7,410	6,952	6,556	6,208	5,902	5,630	5,386	5,167	4,968	4,788	4,623	4,472
1.30	7,494	7,036	6,639	6,292	5,985	5,713	5,469	5,250	5,052	4,871	4,707	4,556
1.40	7,577	7,119	6,722	6,375	6,069	5,796	5,553	5,333	5,135	4,955	4,790	4,639
1.50	7,660	7,202	6,806	6,458	6,152	5,880	5,636	5,417	5,218	5,038	4,873	4,722
1.60	7,744	7,286	6,889	6,542	6,235	5,963	5,719	5,500	5,302	5,121	4,957	4,806
1.70	7,827	7,369	6,972	6,625	6,319	6,046	5,803	5,583	5,385	5,205	5,040	4,889
1.80	7,910	7,452	7,056	6,708	6,402	6,130	5,886	5,667	5,468	5,288	5,123	4,972
1.90	7,994	7,536	7,139	6,792	6,485	6,213	5,969	5,750	5,552	5,371	5,207	5,056
2.00	8,077	7,619	7,222	6,875	6,569	6,296	6,053	5,833	5,635	5,455	5,290	5,139
2.10	8,160	7,702	7,306	6,958	6,652	6,380	6,136	5,917	5,718	5,538	5,373	5,222
2.20	8,244	7,786	7,389	7,042	6,735	6,463	6,219	6,000	5,802	5,621	5,457	5,306
2.30	8,327	7,869	7,472	7,125	6,819	6,546	6,303	6,083	5,885	5,705	5,540	5,389
2.40	8,410	7,952	7,556	7,208	6,902	6,630	6,386	6,167	5,968	5,788	5,623	5,472
2.50	8,494	8,036	7,639	7,292	6,985	6,713	6,469	6,250	6,052	5,871	5,707	5,556
2.60	8,577	8,119	7,722	7,375	7,069	6,796	6,553	6,333	6,135	5,955	5,790	5,639
2.70	8,660	8,202	7,806	7,458	7,152	6,880	6,636	6,417	6,218	6,038	5,873	5,722
2.80	8,744	8,286	7,889	7,542	7,235	6,963	6,719	6,500	6,302	6,121	5,957	5,806
2.90	8,827	8,369	7,972	7,625	7,319	7,046	6,803	6,583	6,385	6,205	6,040	5,889
3.00	8,910	8,452	8,056	7,708	7,402	7,130	6,886	6,667	6,468	6,288	6,123	5,972
3.10	8,994	8,536	8,139	7,792	7,485	7,213	6,969	6,750	6,552	6,371	6,207	6,056
3.20	9,077	8,619	8,222	7,875	7,569	7,296	7,053	6,833	6,635	6,455	6,290	6,139
3.30	9,160	8,702	8,306	7,958	7,652	7,380	7,136	6,917	6,718	6,538	6,373	6,222
3.40	9,244	8,786	8,389	8,042	7,735	7,463	7,219	7,000	6,802	6,621	6,457	6,306
3.50	9,327	8,869	8,472	8,125	7,819	7,546	7,303	7,083	6,885	6,705	6,540	6,389
3.60	9,410	8,952	8,556	8,208	7,902	7,630	7,386	7,167	6,968	6,788	6,623	6,472
3.70	9,494	9,036	8,639	8,292	7,985	7,713	7,469	7,250	7,052	6,871	6,707	6,556
3.80	9,577	9,119	8,722	8,375	8,069	7,796	7,553	7,333	7,135	6,955	6,790	6,639
3.90	9,660	9,202	8,806	8,458	8,152	7,880	7,636	7,417	7,218	7,038	6,873	6,722
4.00	9,744	9,286	8,889	8,542	8,235	7,963	7,719	7,500	7,302	7,121	6,957	6,806
4.10	9,827	9,369	8,972	8,625	8,319	8,046	7,803	7,583	7,385	7,205	7,040	6,889
4.20	9,910	9,452	9,056	8,708	8,402	8,130	7,886	7,667	7,468	7,288	7,123	6,972
4.30	9,994	9,536	9,139	8,792	8,485	8,213	7,969	7,750	7,552	7,371	7,207	7,056
4.40	10,077	9,619	9,222	8,875	8,569	8,296	8,053	7,833	7,635	7,455	7,290	7,139
4.50	10,160	9,702	9,306	8,958	8,652	8,380	8,136	7,917	7,718	7,538	7,373	7,222
4.60	10,244	9,786	9,389	9,042	8,735	8,463	8,219	8,000	7,802	7,621	7,457	7,306
4.70	10,327	9,869	9,472	9,125	8,819	8,546	8,303	8,083	7,885	7,705	7,540	7,389
4.80	10,410	9,952	9,556	9,208	8,902	8,630	8,386	8,167	7,968	7,788	7,623	7,472
4.90	10,494	10,036	9,639	9,292	8,985	8,713	8,469	8,250	8,052	7,871	7,707	7,556
5.00	10,577	10,119	9,722	9,375	9,069	8,796	8,553	8,333	8,135	7,955	7,790	7,639

1 返済額早見表

（単位：円）

返済期間（年） 利率（%）	25	26	27	28	29	30	31	32	33	34	35
1.00	4,167	4,038	3,920	3,810	3,707	3,611	3,522	3,438	3,359	3,284	3,214
1.10	4,250	4,122	4,003	3,893	3,790	3,694	3,605	3,521	3,442	3,368	3,298
1.20	4,333	4,205	4,086	3,976	3,874	3,778	3,688	3,604	3,525	3,451	3,381
1.30	4,417	4,288	4,170	4,060	3,957	3,861	3,772	3,688	3,609	3,534	3,464
1.40	4,500	4,372	4,253	4,143	4,040	3,944	3,855	3,771	3,692	3,618	3,548
1.50	4,583	4,455	4,336	4,226	4,124	4,028	3,938	3,854	3,775	3,701	3,631
1.60	4,667	4,538	4,420	4,310	4,207	4,111	4,022	3,938	3,859	3,784	3,714
1.70	4,750	4,622	4,503	4,393	4,290	4,194	4,105	4,021	3,942	3,868	3,798
1.80	4,833	4,705	4,586	4,476	4,374	4,278	4,188	4,104	4,025	3,951	3,881
1.90	4,917	4,788	4,670	4,560	4,457	4,361	4,272	4,188	4,109	4,034	3,964
2.00	5,000	4,872	4,753	4,643	4,540	4,444	4,355	4,271	4,192	4,118	4,048
2.10	5,083	4,955	4,836	4,726	4,624	4,528	4,438	4,354	4,275	4,201	4,131
2.20	5,167	5,038	4,920	4,810	4,707	4,611	4,522	4,438	4,359	4,284	4,214
2.30	5,250	5,122	5,003	4,893	4,790	4,694	4,605	4,521	4,442	4,368	4,298
2.40	5,333	5,205	5,086	4,976	4,874	4,778	4,688	4,604	4,525	4,451	4,381
2.50	5,417	5,288	5,170	5,060	4,957	4,861	4,772	4,688	4,609	4,534	4,464
2.60	5,500	5,372	5,253	5,143	5,040	4,944	4,855	4,771	4,692	4,618	4,548
2.70	5,583	5,455	5,336	5,226	5,124	5,028	4,938	4,854	4,775	4,701	4,631
2.80	5,667	5,538	5,420	5,310	5,207	5,111	5,022	4,938	4,859	4,784	4,714
2.90	5,750	5,622	5,503	5,393	5,290	5,194	5,105	5,021	4,942	4,868	4,798
3.00	5,833	5,705	5,586	5,476	5,374	5,278	5,188	5,104	5,025	4,951	4,881
3.10	5,917	5,788	5,670	5,560	5,457	5,361	5,272	5,188	5,109	5,034	4,964
3.20	6,000	5,872	5,753	5,643	5,540	5,444	5,355	5,271	5,192	5,118	5,048
3.30	6,083	5,955	5,836	5,726	5,624	5,528	5,438	5,354	5,275	5,201	5,131
3.40	6,167	6,038	5,920	5,810	5,707	5,611	5,522	5,438	5,359	5,284	5,214
3.50	6,250	6,122	6,003	5,893	5,790	5,694	5,605	5,521	5,442	5,368	5,298
3.60	6,333	6,205	6,086	5,976	5,874	5,778	5,688	5,604	5,525	5,451	5,381
3.70	6,417	6,288	6,170	6,060	5,957	5,861	5,772	5,688	5,609	5,534	5,464
3.80	6,500	6,372	6,253	6,143	6,040	5,944	5,855	5,771	5,692	5,618	5,548
3.90	6,583	6,455	6,336	6,226	6,124	6,028	5,938	5,854	5,775	5,701	5,631
4.00	6,667	6,538	6,420	6,310	6,207	6,111	6,022	5,938	5,859	5,784	5,714
4.10	6,750	6,622	6,503	6,393	6,290	6,194	6,105	6,021	5,942	5,868	5,798
4.20	6,833	6,705	6,586	6,476	6,374	6,278	6,188	6,104	6,025	5,951	5,881
4.30	6,917	6,788	6,670	6,560	6,457	6,361	6,272	6,187	6,109	6,034	5,964
4.40	7,000	6,872	6,753	6,643	6,540	6,444	6,355	6,271	6,192	6,118	6,048
4.50	7,083	6,955	6,836	6,726	6,624	6,528	6,438	6,354	6,275	6,201	6,131
4.60	7,167	7,038	6,920	6,810	6,707	6,611	6,522	6,437	6,359	6,284	6,214
4.70	7,250	7,122	7,003	6,893	6,790	6,694	6,605	6,521	6,442	6,368	6,298
4.80	7,333	7,205	7,086	6,976	6,874	6,778	6,688	6,604	6,525	6,451	6,381
4.90	7,417	7,288	7,170	7,060	6,957	6,861	6,772	6,687	6,609	6,534	6,464
5.00	7,500	7,372	7,253	7,143	7,040	6,944	6,855	6,771	6,692	6,618	6,548

PART VI　知っておくと便利・資料集

図表Ⅵ-2　住宅ローンの借入可能額早見表（元利均等返済方式）

(1) 返済負担率による試算

返済負担率＝年間返済額／年収

（年収100万円あたり）

返済負担率	利率	返済期間別借入可能額（万円）			
		20年	25年	30年	35年
20%	1.5	345	417	483	544
	2.0	329	393	451	503
	2.5	315	372	422	466
	3.0	301	351	395	433
	3.5	287	333	371	403
	4.0	275	316	349	376
25%	1.5	432	521	604	680
	2.0	412	491	564	629
	2.5	393	464	527	583
	3.0	376	439	494	541
	3.5	359	416	464	504
	4.0	344	395	436	470
30%	1.5	518	625	724	816
	2.0	494	590	676	755
	2.5	472	557	633	699
	3.0	451	527	593	650
	3.5	431	499	557	605
	4.0	413	474	524	565
35%	1.5	604	729	845	953
	2.0	577	688	789	880
	2.5	550	650	738	816
	3.0	526	615	692	758
	3.5	503	583	650	706
	4.0	481	553	611	659

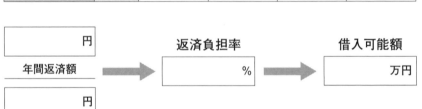

(2) 返済可能額による試算

返済可能額（月額）	利率	返済期間別借入可能額（万円） 20年	25年	30年	35年
8万円	1.5	1,658	2,000	2,318	2,612
	2.0	1,581	1,887	2,164	2,414
	2.5	1,509	1,783	2,024	2,237
	3.0	1,442	1,687	1,897	2,078
	3.5	1,379	1,598	1,781	1,935
	4.0	1,320	1,515	1,675	1,806
10万円	1.5	2,072	2,500	2,897	3,265
	2.0	1,976	2,359	2,705	3,018
	2.5	1,887	2,229	2,531	2,797
	3.0	1,803	2,108	2,371	2,598
	3.5	1,724	1,997	2,227	2,419
	4.0	1,650	1,894	2,094	2,258
12万円	1.5	2,487	3,000	3,477	3,919
	2.0	2,372	2,830	3,246	3,622
	2.5	2,264	2,674	3,037	3,356
	3.0	2,163	2,530	2,846	3,117
	3.5	2,068	2,397	2,672	2,903
	4.0	1,980	2,273	2,513	2,710
14万円	1.5	2,901	3,500	4,056	4,572
	2.0	2,767	3,302	3,787	4,225
	2.5	2,642	3,120	3,543	3,916
	3.0	2,524	2,952	3,320	3,637
	3.5	2,413	2,796	3,118	3,387
	4.0	2,310	2,652	2,932	3,161
16万円	1.5	3,316	4,001	4,636	5,225
	2.0	3,162	3,774	4,329	4,829
	2.5	3,019	3,566	4,049	4,475
	3.0	2,884	3,374	3,795	4,156
	3.5	2,758	3,196	3,563	3,871
	4.0	2,640	3,031	3,351	3,613

＊実際には借入金額を10万円単位とする金融機関が多い。

3 機構団信特約料の目安

図表Ⅵ－3－1　機構団信特約料の目安（元利均等返済）

借入金額　1,000万円　金利　年1.0%

（単位：円）

経過年数＼返済期間	35年	30年	20年	10年
1年	34,800	34,800	34,800	34,800
2年	34,200	34,000	33,100	30,600
3年	33,300	32,900	31,500	27,100
4年	32,500	31,900	29,900	23,700
5年	31,600	30,800	28,200	20,100
6年	30,700	29,800	26,500	16,600
7年	29,800	28,700	24,800	13,000
8年	28,900	27,600	23,100	9,400
9年	28,000	26,500	21,400	5,700
10年	27,100	25,400	19,600	2,000
11年	26,100	24,300	17,800	
12年	25,200	23,200	16,100	
13年	24,200	22,000	14,200	
14年	23,300	20,900	12,400	
15年	22,300	19,700	10,600	
16年	21,300	18,500	8,700	
17年	20,300	17,400	6,800	
18年	19,300	16,200	4,900	
19年	18,300	14,900	3,000	
20年	17,300	13,700	1,100	
21年	16,300	12,500		
22年	15,200	11,200		
23年	14,200	10,000		
24年	13,100	8,700		
25年	12,000	7,400		
26年	11,000	6,100		
27年	9,900	4,800		
28年	8,700	3,400		
29年	7,600	2,100		
30年	6,500	700		
31年	5,300			
32年	4,200			
33年	3,000			
34年	1,800			
35年	600			
総支払額	657,900	560,100	368,500	183,000

3　機構団信特約料の目安

図表Ⅵ－3－2　機構団信特約料の目安（元金均等返済）

借入金額　1,000万円　金利　年1.0%

(単位：円)

経過年数＼返済期間	35年	30年	20年	10年
1年	34,400	34,400	34,400	34,400
2年	33,600	33,400	32,500	30,000
3年	32,600	32,200	30,800	26,500
4年	31,600	31,000	29,000	23,000
5年	30,600	29,900	27,300	19,400
6年	29,600	28,700	25,500	15,900
7年	28,600	27,500	23,800	12,400
8年	27,600	26,400	22,000	8,900
9年	26,600	25,200	20,200	5,400
10年	25,600	24,000	18,500	1,900
11年	24,600	22,900	16,700	
12年	23,600	21,700	15,000	
13年	22,600	20,500	13,200	
14年	21,600	19,300	11,500	
15年	20,600	18,200	9,700	
16年	19,600	17,000	8,000	
17年	18,600	15,800	6,200	
18年	17,600	14,700	4,500	
19年	16,600	13,500	2,700	
20年	15,600	12,300	1,000	
21年	14,600	11,200		
22年	13,600	10,000		
23年	12,600	8,800		
24年	11,600	7,700		
25年	10,600	6,500		
26年	9,600	5,300		
27年	8,600	4,100		
28年	7,600	3,000		
29年	6,600	1,800		
30年	5,600	600		
31年	4,600			
32年	3,600			
33年	2,500			
34年	1,500			
35年	500			
総支払額	615,500	527,600	352,500	177,800

PART Ⅵ　知っておくと便利・資料集

239

図表Ⅵ－4－1　一部繰上返済メリット目安表　期間短縮型

（全期間固定金利・元利均等返済）

〈残存期間　10年〉

残高(万円)	金利(%)	100万円 軽減額(千円)	100万円 短縮期間 年/月	200万円 軽減額(千円)	200万円 短縮期間 年/月	300万円 軽減額(千円)	300万円 短縮期間 年/月	400万円 軽減額(千円)	400万円 短縮期間 年/月	500万円 軽減額(千円)	500万円 短縮期間 年/月
1,000	2.0	207	1/1	378	2/1	543	3/2	675	4/2	788	5/2
	3.0	311	1/1	611	2/3	838	3/3	1,053	4/4	1,220	5/4
	4.0	446	1/2	845	2/4	1,173	3/5	1,436	4/5	1,661	5/5
1,500	2.0	195	0/8	399	1/5	568	2/1	742	2/10	884	3/6
	3.0	328	0/9	633	1/6	916	2/3	1,148	2/11	1,387	3/8
	4.0	438	0/9	891	1/7	1,268	2/4	1,578	3/0	1,897	3/9
2,000	2.0	196	0/6	414	1/1	590	1/7	575	2/1	940	2/8
	3.0	295	0/6	622	1/1	931	1/8	1,222	2/3	1,456	2/9
	4.0	457	0/7	892	1/2	1,303	1/9	1,690	2/4	2,003	2/10
2,500	2.0	205	0/5	402	0/10	592	1/3	773	1/8	946	2/1
	3.0	308	0/5	663	0/11	946	1/4	1,217	1/9	1,527	2/3
	4.0	411	0/5	885	0/11	1,338	1/5	1,700	1/10	2,113	2/4
3,000	2.0	198	0/4	389	0/8	620	1/1	798	1/5	970	1/9
	3.0	297	0/4	656	0/9	933	1/1	1,267	1/6	1,524	1/10
	4.0	396	0/4	875	0/9	1,337	1/2	1,782	1/7	2,124	1/11

〈残存期間　15年〉

残高(万円)	金利(%)	100万円 軽減額(千円)	100万円 短縮期間 年/月	200万円 軽減額(千円)	200万円 短縮期間 年/月	300万円 軽減額(千円)	300万円 短縮期間 年/月	400万円 軽減額(千円)	400万円 短縮期間 年/月	500万円 軽減額(千円)	500万円 短縮期間 年/月
1,000	2.0	318	1/8	603	3/4	843	4/11	1,051	6/6	1,218	8/0
	3.0	524	1/10	972	3/7	1,331	5/2	1,643	6/9	1,907	8/4
	4.0	732	1/11	1,359	3/9	1,888	5/6	2,302	7/1	2,635	8/7
1,500	2.0	316	1/1	633	2/3	905	3/4	1,156	4/5	1,384	5/6
	3.0	510	1/2	1,019	2/5	1,458	3/7	1,834	4/8	2,177	5/9
	4.0	728	1/3	1,452	2/7	2,039	3/9	2,579	4/11	3,038	6/0
2,000	2.0	326	0/1	636	1/8	930	2/6	1,207	3/4	1,467	4/2
	3.0	538	0/11	1,048	1/10	1,488	2/8	1,944	3/7	2,333	4/5
	4.0	782	1/0	1,463	1/11	2,109	2/10	2,719	3/9	3,290	4/8
2,500	2.0	328	0/8	643	1/4	944	2/0	1,233	2/8	1,508	3/4
	3.0	492	0/8	1,025	1/5	1,534	2/2	1,966	2/10	2,430	3/7
	4.0	738	0/9	1,524	1/7	2,202	2/4	2,849	3/1	3,398	3/9
3,000	2.0	296	0/6	631	1/1	954	1/8	1,265	2/3	1,564	2/10
	3.0	518	0/7	1,020	1/2	1,572	1/10	2,038	2/5	2,486	3/0
	4.0	789	0/8	1,457	1/3	2,195	1/11	2,905	2/7	3,503	3/2

〈残存期間　20年〉

繰上返済額 残高(万円)	金利(%)	100万円 軽減額(千円)	短縮期間 年/月	200万円 軽減額(千円)	短縮期間 年/月	300万円 軽減額(千円)	短縮期間 年/月	400万円 軽減額(千円)	短縮期間 年/月	500万円 軽減額(千円)	短縮期間 年/月
1,000	2.0	445	2/4	844	4/8	1,170	6/10	1,443	8/11	1,665	10/11
	3.0	739	2/7	1,358	5/0	1,886	7/4	2,295	9/5	2,629	11/5
	4.0	1,080	2/10	1,964	5/5	2,669	7/9	3,237	9/11	3,681	11/11
1,500	2.0	460	1/7	889	3/2	1,265	4/8	1,593	6/1	1,910	7/7
	3.0	763	1/9	1,441	3/5	2,038	5/0	2,587	6/7	3,036	8/0
	4.0	1,115	1/11	2,108	3/9	2,945	5/5	3,678	7/0	4,313	8/6
2,000	2.0	456	1/2	890	2/4	1,300	3/6	1,687	4/8	2,025	5/9
	3.0	782	1/4	1,477	2/7	2,136	3/10	2,717	5/0	3,263	6/2
	4.0	1,108	1/5	2,161	2/10	3,098	4/2	3,927	5/5	4,706	6/8
2,500	2.0	451	0/11	922	1/11	1,336	2/10	1,732	3/9	2,109	4/8
	3.0	737	1/0	1,504	2/1	2,182	3/1	2,830	4/1	3,396	5/0
	4.0	1,146	1/2	2,245	2/4	3,222	3/5	4,085	4/5	4,909	5/5
3,000	2.0	444	0/9	921	1/7	1,335	2/4	1,778	3/2	2,162	3/11
	3.0	740	0/10	1,526	1/9	2,216	2/7	2,881	3/5	3,521	4/3
	4.0	1,182	1/0	2,229	1/11	3,241	2/10	4,217	3/9	5,070	4/7

〈残存期間　25年〉

繰上返済額 残高(万円)	金利(%)	100万円 軽減額(千円)	短縮期間 年/月	200万円 軽減額(千円)	短縮期間 年/月	300万円 軽減額(千円)	短縮期間 年/月	400万円 軽減額(千円)	短縮期間 年/月	500万円 軽減額(千円)	短縮期間 年/月
1,000	2.0	588	3/1	1,099	6/1	1,514	8/10	1,862	11/6	2,139	14/0
	3.0	1,000	3/6	1,811	6/8	2,470	9/7	2,994	12/3	3,409	14/9
	4.0	1,493	3/11	2,660	7/4	3,564	10/4	4,263	13/0	4,800	15/5
1,500	2.0	605	2/1	1,147	4/1	1,649	6/1	2,072	7/11	2,459	9/9
	3.0	1,018	2/4	1,932	4/7	2,716	6/8	3,409	8/8	3,989	10/6
	4.0	1,550	2/8	2,860	5/1	3,989	7/4	4,951	9/5	5,725	11/3
2,000	2.0	619	1/7	1,175	3/1	1,702	4/7	2,199	6/1	2,639	7/6
	3.0	1,026	1/9	2,000	3/6	2,834	5/1	3,622	6/8	4,322	8/2
	4.0	1,563	2/0	2,986	3/11	4,215	5/8	5,319	7/4	6,304	8/11
2,500	2.0	614	1/3	1,203	2/6	1,730	3/8	2,269	4/11	2,749	6/1
	3.0	1,043	1/5	2,044	2/10	2,946	4/2	3,755	5/5	4,527	6/8
	4.0	1,555	1/7	3,048	3/2	4,401	4/8	5,552	6/0	6,649	7/4
3,000	2.0	591	1/0	1,211	2/1	1,763	3/1	2,295	4/1	2,807	5/1
	3.0	1,035	1/2	2,035	2/4	3,000	3/6	3,864	4/7	4,695	5/8
	4.0	1,576	1/4	3,100	2/8	4,479	3/11	5,720	5/1	6,914	6/3

4　一部繰上返済メリット目安表

〈残存期間　30年〉

残高(万円)	金利(%)	100万円 軽減額(千円)	100万円 短縮期間 年/月	200万円 軽減額(千円)	200万円 短縮期間 年/月	300万円 軽減額(千円)	300万円 短縮期間 年/月	400万円 軽減額(千円)	400万円 短縮期間 年/月	500万円 軽減額(千円)	500万円 短縮期間 年/月
1,000	2.0	746	3/11	1,371	7/7	1,885	11/0	2,299	14/2	2,631	17/2
1,000	3.0	1,286	4/6	2,309	8/6	3,119	12/1	3,739	15/3	4,238	18/3
1,000	4.0	1,969	5/2	3,448	9/6	4,553	13/2	5,381	16/4	6,010	19/2
1,500	2.0	774	2/8	1,451	5/2	2,057	7/7	2,576	9/10	3,051	12/1
1,500	3.0	1,343	3/1	2,493	5/11	3,464	8/6	4,301	10/11	5,012	13/2
1,500	4.0	2,082	3/7	3,751	6/8	5,172	9/6	6,326	12/0	7,275	14/3
2,000	2.0	781	2/0	1,492	3/11	2,135	5/9	2,742	7/7	3,286	9/4
2,000	3.0	1,367	2/4	2,572	4/6	3,668	6/7	4,619	8/6	5,474	10/4
2,000	4.0	2,084	2/8	3,939	5/2	5,518	7/5	6,897	9/6	8,088	11/5
2,500	2.0	777	1/7	1,523	3/2	2,199	4/8	2,845	6/2	3,428	7/7
2,500	3.0	1,350	1/10	2,645	3/8	3,772	5/4	4,797	6/11	5,773	8/6
2,500	4.0	2,127	2/2	4,088	4/3	5,741	6/1	7,250	7/10	8,621	9/6
3,000	2.0	788	1/4	1,549	2/8	2,237	3/11	2,902	5/2	3,540	6/5
3,000	3.0	1,330	1/6	2,687	3/1	3,858	4/6	4,986	5/11	6,008	7/3
3,000	4.0	2,166	1/10	4,164	3/7	5,908	5/2	7,503	6/8	8,952	8/1

【表の見方】

　例えば、残存期間30年で残高3,000万円、金利3％のローンを100万円繰上返済すると、繰上返済による軽減額は133万円となり、返済期間は1年6カ月短縮されます。

4 一部繰上返済メリット目安表

図表Ⅵ－4－2　一部繰上返済メリット目安表 返済額軽減型

（全期間固定金利・元利均等返済）

繰上返済額100万円あたり

金 利	2.0%		3.0%		4.0%	
残存期間	毎月返済額の軽減額（円）	全期間軽減額（千円）	毎月返済額の軽減額（円）	全期間軽減額（千円）	毎月返済額の軽減額（円）	全期間軽減額（千円）
10年	9,201	104	9,656	159	10,125	215
15年	6,435	158	6,906	243	7,397	331
20年	5,059	214	5,546	331	6,060	454
25年	4,239	271	4,742	422	5,278	583
30年	3,696	331	4,216	518	4,774	719

【表の見方】

　例えば、金利3.0％、残存期間20年のローンを100万円繰上返済すると、毎月返済額は5,546円軽減します。

PART Ⅵ

知っておくと便利・資料集

図表Ⅵ-5 キャッシュフロー表

(単位：万円)

お名前	経過年数	変動率	0	1	2	3	4	5	6	7	8	9	10	11	12	13	14
	年	—	2019	2020	2021	2022	2023	2024	2025	2026	2027	2028	2029	2030	2031	2032	2033
年齢	（ご主人）																
	（奥様）																
	（ご長男）																
	（ご長女）																
収入	ご主人の収入																
	奥様の収入																
	ご主人の公的年金																
	奥様の公的年金																
	退職金																
	企業年金																
	個人年金																
	その他の収入																
	収入合計																
支出	基本生活費																
	住居費																
	教育費																
	保険料																
	ローン返済																
	その他の支出																
	一時的な支出																
	支出合計																
	年間収支																
	金融資産残高																
	住宅ローン残高																

(単位：万円)

経過年数	経過前	15	16	17	18	19	20	21	22	23	24	25	26	27	28	29	30
お名前 年		2034	2035	2036	2037	2038	2039	2040	2041	2042	2043	2044	2045	2046	2047	2048	2049
（ご主人）																	
（奥様）																	
年齢 （ご長男）																	
（ご長女）																	
収入 ご主人の収入																	
奥様の収入																	
ご主人の公的年金																	
奥様の公的年金																	
退職金																	
企業年金																	
個人年金																	
その他の収入																	
収入合計																	
支出 基本生活費																	
住居費																	
教育費																	
保険料																	
ローン返済																	
その他の支出																	
一時的な支出																	
支出合計																	
年間収支																	
金融資産残高																	
住宅ローン残高																	

6 登記事項証明書例

図表Ⅵ－6－1　登記事項証明書例　土地

（法務省ホームページより）

様式例・1

表　題　部　（土地の表示）		調製	余白		不動産番号	0000000000000

地図番号	余白		筆界特定	余白		

所　在	特別区南都町一丁目				余白	

① 地　番	②地　目	③ 地　　積　　㎡		原因及びその日付〔登記の日付〕
101番	宅地	300	00	不詳 〔平成20年10月14日〕

所　有　者	特別区南都町一丁目1番1号　甲　野　太　郎

権　利　部　（甲　区）　（所　有　権　に　関　す　る　事　項）			
順位番号	登　記　の　目　的	受付年月日・受付番号	権　利　者　そ　の　他　の　事　項
1	所有権保存	平成20年10月15日 第637号	所有者　特別区南都町一丁目1番1号 　甲　野　太　郎
2	所有権移転	平成20年10月27日 第718号	原因　平成20年10月26日売買 所有者　特別区南都町一丁目5番5号 　法　務　五　郎

権　利　部　（乙　区）　（所　有　権　以　外　の　権　利　に　関　す　る　事　項）			
順位番号	登　記　の　目　的	受付年月日・受付番号	権　利　者　そ　の　他　の　事　項
1	抵当権設定	平成20年11月12日 第807号	原因　平成20年11月4日金銭消費貸借同日 　　　設定 債権額　金4,000万円 利息　年2・60％（年365日日割計算） 損害金　年14・5％（年365日日割計算） 債務者　特別区南都町一丁目5番5号 　法　務　五　郎 抵当権者　特別区北都町三丁目3番3号 　株　式　会　社　南　北　銀　行 　（取扱店　南都支店） 共同担保　目録㈱第2340号

共　同　担　保　目　録					
記号及び番号	㈱第2340号			調製	平成20年11月12日
番　号	担保の目的である権利の表示	順位番号		予　　備	
1	特別区南都町一丁目　101番の土地	1		余白	
2	特別区南都町一丁目　101番地　家屋番号　1 01番の建物	1		余白	

　これは登記記録に記録されている事項の全部を証明した書面である。

平成21年3月27日
関東法務局特別出張所　　　　　　　　　　登記官　　　　　　　　法　務　八　郎

　＊　下線のあるものは抹消事項であることを示す。　　　整理番号　D23992　（1/1）　　　1/1

6　登記事項証明書例

図表Ⅵ－6－2　登記事項証明書例　建物

（法務省ホームページより）

様式例・2

表　題　部　（主である建物の表示）	調製	余　白		不動産番号	0000000000000

所在図番号	余　白		

所　　在	特別区南都町一丁目　101番地	余　白

家屋番号	101番	余　白

①　種　類	②　構　　造	③　床　面　積　㎡	原因及びその日付〔登記の日付〕
居宅	木造かわらぶき2階建	1階　　　80：00 2階　　　70：00	平成20年11月1日新築 〔平成20年11月12日〕

表　題　部　（附属建物の表示）				

符　号	①種　類	②　構　　造	③　床　面　積　㎡	原因及びその日付〔登記の日付〕
1	物置	木造かわらぶき平家建	30：00	〔平成20年11月12日〕

所　有　者	特別区南都町一丁目5番5号　法　務　五　郎

権　利　部　（甲区）　　（所有権に関する事項）			
順位番号	登　記　の　目　的	受付年月日・受付番号	権　利　者　そ　の　他　の　事　項
1	所有権保存	平成20年11月12日 第806号	所有者　特別区南都町一丁目5番5号 　　　　法　務　五　郎

権　利　部　（乙区）　　（所有権以外の権利に関する事項）			
順位番号	登　記　の　目　的	受付年月日・受付番号	権　利　者　そ　の　他　の　事　項
1	抵当権設定	平成20年11月12日 第807号	原因　平成20年11月4日金銭消費貸借同日設定 債権額　金4,000万円 利息　年2・60％（年365日日割計算） 損害金　年14・5％（年365日日割計算） 債務者　特別区南都町一丁目5番5号 　　　　法　務　五　郎 抵当権者　特別区北都町三丁目3番3号 　　　　株　式　会　社　南　北　銀　行 　　　　（取扱店　南都支店） 共同担保　目録（あ）第2340号

共　同　担　保　目　録			
記号及び番号	（あ）第2340号	調製	平成20年11月12日
番　号	担保の目的である権利の表示	順位番号	予　　備
1	特別区南都町一丁目　101番の土地	1	余　白
2	特別区南都町一丁目　101番地　家屋番号　101番の建物	1	余　白

＊　下線のあるものは抹消事項であることを示す。

整理番号　D23990　（2/2）　　1/2

247

様式例・2

見　本

これは登記記録に記録されている事項の全部を証明した書面である。

平成21年3月27日
関東法務局特別出張所　　　　　　　　登記官　　　　　　　法　務　八　郎

＊　下線のあるものは抹消事項であることを示す。　　　　整理番号　D23990　（　2／2　）　　2／2

6　登記事項証明書例

図表Ⅵ－6－3　登記事項証明書例　区分所有建物

（法務省ホームページより）

様式例・3

専有部分の家屋番号	3－1－101　3－1－102　3－1－201　3－1－202			

表　題　部	（一棟の建物の表示）	調製	余　白	所在図番号	余　白

所　　　在	特別区南都町一丁目　3番地1		余　白

建物の名称	ひばりが丘一号館	余　白

①　構　　　造	②　床　面　積　　㎡	原因及びその日付〔登記の日付〕
鉄筋コンクリート造陸屋根2階建	1階　　300：60 2階　　300：40	〔平成20年11月11日〕

表　題　部	（敷地権の目的である土地の表示）			

①土地の符号	②　所　在　及　び　地　番	③地　目	④　地　積　　㎡	登　記　の　日　付
1	特別区南都町一丁目3番1	宅地	350：76	平成20年11月11日

表　題　部	（専有部分の建物の表示）	不動産番号	0000000000000

家屋番号	特別区南都町一丁目　3番1の101	余　白

建物の名称	R10	余　白

①　種　類	②　構　　造	③　床　面　積　　㎡	原因及びその日付〔登記の日付〕
居宅	鉄筋コンクリート造1階建	1階部分　　150：42	平成20年11月7日新築 〔平成20年11月11日〕

表　題　部	（敷地権の表示）		

①土地の符号	②敷地権の種類	③　敷　地　権　の　割　合	原因及びその日付〔登記の日付〕
1	所有権	4分の1	平成20年11月7日敷地権 〔平成20年11月11日〕

所　有　者	特別区東都町一丁目2番3号　株　式　会　社　甲　不　動　産

権　利　部　（甲区）	（所　有　権　に　関　す　る　事　項）		
順位番号	登　記　の　目　的	受付年月日・受付番号	権　利　者　そ　の　他　の　事　項
1	所有権保存	平成20年11月12日 第771号	原因　平成20年11月11日売買 所有者　特別区南都町一丁目1番1号 　　　　甲　野　一　郎

権　利　部　（乙区）	（所　有　権　以　外　の　権　利　に　関　す　る　事　項）		
順位番号	登　記　の　目　的	受付年月日・受付番号	権　利　者　そ　の　他　の　事　項
1	抵当権設定	平成20年11月12日 第772号	原因　平成20年11月12日金銭消費貸借同 日設定 債権額　金4，000万円 利息　年2・60％（年365日日割計算） 損害金　年14・5％（年365日日割計算） 債務者　特別区南都町一丁目1番1号 　　　　甲　野　一　郎 抵当権者　特別区北都町三丁目3番3号

＊　下線のあるものは抹消事項であることを示す。　　　　整理番号　D23991　（1／1）　　1／2

249

6　登記事項証明書例

様式例・3

順位番号	登 記 の 目 的	受付年月日・受付番号	権 利 者 そ の 他 の 事 項
			株 式 会 社 南 北 銀 行 （取扱店　北都支店）

これは登記記録に記録されている事項の全部を証明した書面である。
平成21年3月27日
関東法務局特別出張所　　　　　登記官　　　　　法 務 八 郎

＊　下線のあるものは抹消事項であることを示す。　　整理番号　D23991　(　1／1　)　　2／2

7　住宅ローン借入申込書

図表Ⅵ－7　住宅ローン借入申込書

住宅ローン借入申込書

株式会社○○銀行　御中　［○○支店］

お申込日　　年　月　日

1. 申込人は、○○信用保証株式会社（以下「保証会社」という。）を保証人として、次のとおり借入を申し込みます。借入金額その他の借入条件は、貴行に提出する金銭消費貸借契約証書によって確定し、その条項に従います。

2. 名契約の内容、返済状況等の情報のほか、当該各機関の情報を貴行が加盟する個人信用情報機関および同機関に連携する個人信用情報機関に申込人の個人情報（当該各機関の加盟会員（当該会員によって登録された情報を含む。）が登録されている場合には、貴行が登録されている不実審査される）の個人情報を含む。貴行については、返済能力の調査の目的に限る。以下同じ。）のために利用することに同意します。ただし、銀行法施行規則第13条の6の6等により、返済能力に関する情報については返済能力の調査の目的以外に利用しないことに同意します。

3. 貴行がこの申込みに関して貴行の加盟する個人信用情報機関を利用した場合、申込人は、その利用した日および本申込みの内容を同機関に1年を超えない期間登録され、同機関会員によって貴行が自己の与信取引上の判断のために利用されることに同意します。

実印

お申込みの　1:非提携　2:提携　3:借換え　4:買替え
ローン種類　1:住宅　2:リフォーム

お申込人

性別	1:男　2:女
電話	自宅・携帯電話
生年月日	昭和・平成　年　月　日　満　歳
現住居	1:本人持家　2:家族持家　3:社宅・寮　4:賃貸　5:その他（　）　円　居住年数　年
収入	前年度年間収入（税込）　万円　収入形態　1:固定給　2:固定＋歩合給　3:年俸制　4:事業所得　5:その他（　）
配偶者	1:有　2:無　扶養家族　人　うち子供数　人
家族構成（扶養家族）続柄／年齢	満　歳
名称フリガナ	

お申込人の状況

勤務先　所在地

担当業務	1:一般職　2:管理職　3:代表者以外の役員　4:代表者　勤務先業種
従業員数	1:10名以上　2:10名以上　3:50名以上　4:100名以上　5:300名以上　6:1000名以上
資本金	1:1000万円未満　2:1000万円以上　3:3000万円超　4:5000万円超　5:1億円超　6:3億円超　7:10億円超　8:100億円超　9:1000億円超
職業	1:会社員　2:公務員　3:団体職員　4:自営・個人事業者　5:会社・団体役員　6:嘱託・派遣・契約社員　7:その他
勤続期間または勤続年数	定年（年齢）　年　歳
転職歴	1:有　2:無　前のお勤め先名称
現金（自己資金を含む）	万円
預金	万円
有価証券	万円
その他金融資産	万円

現在出向中の方は現在出向先の名称・出向先の名称

種類　下記から選択する番号を記入　1:住宅ローン　2:目的ローン（自動車・教育等）	当初借入金額（カードローンの場合は利用可能額）　万円	現在残高	残存期間（ローン・割賦の場合）	借入時期	年間返済額
	万円	万円	年　月	年　月	万円
	万円	万円	年　月	年　月	万円

7 住宅ローン借入申込書

■ の項目は銀行で記入しますので、空欄のまま提出下さい。

お申込みの内容

借入希望金額　百万　千　円　⬜⬜⬜⬜⬜

借入希望日　　年　月　日

借入期間　　年　カ月（うち据置期間　年　カ月）

最終期限　　年　月　日

金利区分　1：固定金利選択型　2：変動金利型　3：固定金利型

保証料の支払方法　1：保証料一括前払い　2：金利上乗せ

団体信用生命保険付保　1：有　2：無

返済方法　1：元利均等返済　2：元金均等返済

元金返済開始日　　年　月　日

①毎月払元金合計　　　万円　②年2回増額返済元金合計　　　万円
返済日　毎年　月、　月　日　※2回増額返済月

資金使途　1：住宅新築　2：住宅増改築　3：建売購入　4：土地購入および住宅新築　5：中古住宅購入　6：新築マンション購入　7：中古マンション購入　8：土地購入（住宅完成予定　年　月頃）　9：借換え　10：買替え　11：その他（消費財・住宅諸費用・教育・　　　）

本件分割借入希望　1：有　借入時期・金額

支払時期	金額
年　月	万円
年　月	万円
年　月	万円
年　月	万円

2：無

資金計画

お支払内訳

内訳	金額
土地	万円
建物	万円
土地付住宅・マンション購入	万円
付帯費用等	万円
借換え	万円
その他（　　）	万円
合計	万円

調達内訳

内訳	借入金額	借入期間	年間返済額	年間返済残高
本件借入	万円	年	万円	万円
フラット35	万円	年	万円	万円
勤務先	万円	年	万円	万円
その他（　　）	万円	年	万円	万円
本人以外の借入	万円	年	万円	
自己資金	万円			
合計	万円			万円

産（担保物件）

当行との取引　預金取引　1：有　2：無

担保物件以外の不動産　1：有　2：無

3：フリーローン	万円
4：カードローン	万円
5：その他	万円
債　合計	万円

（現在残高、年間返済額）

7 住宅ローン借入申込書

保証会社に対する連帯保証人予定者(1)

事由　1:担保提供者　2:収入合算者　3:その他（　　　）

項目	記入欄
連帯保証人予定者(自署)　お名前	実印
フリガナ	
ご住所	〒　　－
自宅・携帯電話番号	（　　　）
勤務先名称	
勤務先所在地	
電話	（　　　）
職業	1:会社員　2:公務員　3:団体職員　4:自営・個人事業者　5:会社・団体役員　6:嘱託・派遣・契約社員　7:その他（　　　）
勤務年数	年
前年度年収(税込)	万円
収入形態	1:固定給　2:固定+歩合給　3:歩合給　4:事業所得　5:その他
生年月日	昭和・平成　年　月　日（満　歳）
性別	1:男　2:女
申込人との関係	1:配偶者　2:父母　3:子供　4:兄弟姉妹　5:婚約者　6:義父母　7:その他（　　　）

保証会社に対する連帯保証人予定者(2)

事由　1:担保提供者　2:収入合算者　3:その他（　　　）

項目	記入欄
連帯保証人予定者(自署)　お名前	実印
フリガナ	
ご住所	〒　　－
自宅・携帯電話番号	（　　　）
勤務先名称	
勤務先所在地	
電話	（　　　）
職業	1:会社員　2:公務員　3:団体職員　4:自営・個人事業者　5:会社・団体役員　6:嘱託・派遣・契約社員　7:その他（　　　）
勤務年数	年
前年度年収(税込)	万円
収入形態	1:固定給　2:固定+歩合給　3:歩合給　4:事業所得　5:その他
生年月日	昭和・平成　年　月　日（満　歳）
性別	1:男　2:女
申込人との関係	1:配偶者　2:父母　3:子供　4:兄弟姉妹　5:婚約者　6:義父母　7:その他（　　　）

保証会社に対する担保明細

物件	所在地（登記簿上）	
	住居表示	
土地	地番	m²（う<ち私道部分）
	土地区分（該当の場合）	1:借地　2:仮換地　3:保留地（換地予定日　年　月）
	数　地積（マンションの場合）	m²　敷地権割合
	有の場合　地主名	有・無
	地主住所	
	所有者	本人持分
建物	延床面積（マンションの場合の専有面積）	m²
	構造種類	一戸建て・平屋建て（　階建て・　）階建て／マンション（　）階建て
	店舗併用　住宅部分床面積	m²
	新築・竣工・中古　竣工	年　月予定（保　年）
	所有者	本人(甲)持分

購入・分譲先	
家屋番号	
マンション名	
部屋番号	号室
購入先・分譲先：	

先順位設定順位				
土地内訳	第1順位設定額	（抵当権者　）	万円	
	第2順位設定額	（抵当権者　）	万円	
建物内訳	第1順位設定額	（抵当権者　）	万円	
	第2順位設定額	（抵当権者　）	万円	
本件設定額（本件除く）			万円	
本件設定順位				
合計			万円	

図表Ⅵ－8　住宅ローン保証委託申込書（兼契約書）

住宅ローン保証委託申込書（兼契約書）

○○信用保証株式会社　御中

1. 申込人は、下記のとおり株式会社○○銀行のローンを受けるにあたり○○信用保証株式会社（以下「当社」という）にその連帯保証を依頼します。ついては裏面記載の保証委託約款の各項に従い、また当条件は、株式会社○○銀行と締結する金銭消費貸借契約証書によって確定し、その条項に従います。

2. 申込人および当社に対する連帯保証人は、当社が加盟する個人信用情報機関と提携する各個人信用情報機関に申込人および当社に対する連帯保証人の個人情報（当該個人情報の内容によって登録される契約内容、返済状況等の情報のほか、当該各機関によって登録される与信判断・与信後の管理をいう。ただし、銀行法施行規則第13条の6の6等により、当社が自己の与信取引上の判断のために利用するものに限る。以下同じ。）のために利用することに同意します。

3. 当社がこの申込みに関して当社の加盟する個人信用情報機関を利用した場合、申込人および当社に対する連帯保証人は、その利用した日およびこの申込みの内容等が同機関に1年を超えない期間登録され、同機関の加盟会員によって、自己の与信取引上の判断のために利用されることに同意します。

印　紙
（第13号文書）
（定額）

実　印

お申込日　　年　月　日

| お申込みの
ローン種類 | 非提携 | 1：住宅　　2：リフォーム | 提携 | 1：住宅
2：リフォーム | 3：借換え
4：買換え |

8 住宅ローン保証委託申込書（兼契約書）

□の項目は銀行で記入しますので、空欄のまま提出下さい。

お申し込みの内容

借入希望金額	百万	千	０ ０ ０ ０	円

| 当行との預金取引 | 1：有 2：無 |
| 自宅以外の不動産 | 1：有 2：無 |

（現在残高、年間返済額）

横	3：フリーローン 4：カードローン 5：その他	万円
	合計	万円

金利区分	1：固定金利選択型 2：変動金利型 3：固定金利型
返済方法	1：元利均等返済 2：元金均等返済
元金返済	年 月 日
開始日	

借入希望日	年 月 日
借入期間	年 カ月（うち据置期間 年 カ月）
最終期限	年 月 日

保証料の支払方法
1：保証料一括前払い
2：金利上乗せ

| 団体信用 | 1：有 2：無 |
| 生命保険付保 | |

①毎月払元金合計 万円
②年2回増額返済元金合計 万円
①毎月払元金合計 + ②年2回増額返済元金合計 万円
（①②差） 毎年 月・ 月
年2回増額返済月

| 資金使途 | 1：住宅新築 2：住宅増改築 3：建売購入 4：土地購入および住宅新築 5：中古住宅購入 6：新築マンション購入 7：中古マンション購入 8：土地購入（住宅完成予定 年 月頃） 9：借換え 10：買替え 11：その他（消費財・住宅諸費用・教育・ ） |

資金計画

支払内訳	内訳	金額
不動産	土地	万円
	建物	万円
	土地付住宅・マンション購入	万円
	付帯費用等	万円
	借換え	万円
	その他（ ）	万円
合計		万円

調達内訳	内訳	借入金額	借入期間	本件分割借入希望 1：有 2：無		
				支払時期・金額	借入時期・金額	
本件借入	フラット35	万円	年	年 月 万円	年 月 万円	
		万円	年			
借入	勤務先	万円	年			
	その他（ ）	万円	年			
本人以外の借入		万円	年			
	自己資金	万円	/			
合計		万円				

| 年間返済額 | 万円 |

PART VI 知っておくと便利・資料集

8　住宅ローン保証委託申込書（兼契約書）

貴社に対する連帯保証人（1）

連帯保証人（自署）お名前	
フリガナ	
ご住所	〒　－　　自宅・携帯電話番号（　）　実印
生年月日	昭和・平成　年　月　日（満　歳）　性別 1:男 2:女 3:その他（　）
申込人との関係	1:配偶者 2:父母 3:子供 4:兄弟姉妹 5:婚約者 6:義父母 7:その他（　）
事由	1:担保提供者 2:収入合算者 3:その他（　）
勤務先名称	
勤務先所在地	
電話	（　）　－
職業	1:会社員 2:公務員 3:団体職員 4:自営・個人事業者 5:会社・団体役員 6:嘱託・派遣・契約社員 7:その他（　）
勤続年数	年
前年度年収（税込）	万円　収入形態 1:固定給 2:固定＋歩合給 3:年俸制 4:事業所得 5:その他制

貴社に対する連帯保証人（2）

連帯保証人（自署）お名前	
フリガナ	
ご住所	〒　－　　自宅・携帯電話番号（　）　実印
生年月日	昭和・平成　年　月　日（満　歳）　性別 1:男 2:女 3:その他（　）
申込人との関係	1:配偶者 2:父母 3:子供 4:兄弟姉妹 5:婚約者 6:義父母 7:その他（　）
事由	1:担保提供者 2:収入合算者 3:その他（　）
勤務先名称	
勤務先所在地	
電話	（　）　－
職業	1:会社員 2:公務員 3:団体職員 4:自営・個人事業者 5:会社・団体役員 6:嘱託・派遣・契約社員 7:その他（　）
勤続年数	年
前年度年収（税込）	万円　収入形態 1:固定給 2:固定＋歩合給 3:年俸制 4:事業所得 5:その他制

物件・貴社に対する担保明細

物件

- 所在地　登記簿上：　　住居表示：

土地

- 地目（続く私道部分）：　地積（続く私道部分）　m²　m²（私道部分）
- 土地区分（該当の場合）1:借地 2:仮換地 3:保留地
- 借地　有・無の場合　敷地権割合
- 敷地権（マンションの場合）有・無
- 地主名
- 住所
- 借地期間残存年数　年

建物

- 延床面積（マンションの場合は専有面積）　m²
- 種類　一戸建て　平屋建て・（　）階建て　マンション（　）階建て　住宅部分床面積　m²
- 店舗併用　住宅部分床面積　m²
- 新築・竣工・中古・竣工　年　月予定　年　月（築　年）

家屋番号

- 購入先・分譲先
- 請負先・分譲先：
- マンション名：
- 部屋番号：

先同順位設定額内訳（本件を除く）

	所有者	本件設定順位
土地		
第1順位設定額（抵当権者　）	万円（　）	
第2順位設定額（抵当権者　）	万円（　）	
建物	所有者　本人（甲）持分	本件設定順位
第1順位設定額（抵当権者　）	万円（　）	
第2順位設定額（抵当権者　）	万円（　）	
合計	万円	

8　住宅ローン保証委託申込書（兼契約書）

保証委託約款

第1条（委託の範囲）
1. 私が○○信用保証株式会社（以下貴社という）に保証委託する保証債務の範囲は、株式会社○○銀行（以下銀行という）の実施しているローン制度による私の負担する一切の債務とします。
2. 前項の保証内容は、私が貴社および銀行との間に締結している約定書（契約書、差入証を含む）の各条項によるものとします。

第2条（保証料等）
1. 私は、貴社所定の保証取扱手数料を、貴社所定の方法により貴社に支払います。
2. 私は、貴社所定の保証料を下記の方法にて支払います。
   (1) 表面記載の保証料の支払方法1. を選択した場合には、貴社所定の料率、方法により貴社に支払います。
   (2) 表面記載の保証料の支払方法2. を選択した場合には、保証料率を借入利率に含めて計算したうえ、これを銀行に対して支払います。
3. 私が銀行に対する被保証債務の期限前完済をした場合は貴社所定の手数料を支払います。なおこの場合には貴社所定の料率、方法により未経過保証料を計算し、期限前返済に要する手数料および振込手数料などを差し引いて返還してください。

第3条（保証人）
1. 保証人は私が貴社に対して負担する一切の債務について私と連帯して債務履行の責めを負い、貴社の都合による担保もしくは他の保証の変更、解除があっても異議はありません。
2. 私または保証人が保証債務を履行することにより代位によって貴社から取得した権利は、私および保証人の貴社または銀行に対する債務が完済されない間は、貴社の同意がなければこれを行使しません。また、貴社の請求があれば、保証人はその権利または順位を貴社に無償で譲渡することを承諾します。
3. 保証人は被保証債務の弁済をしても貴社に対して求償権を有しないものとします。

第4条（担保）
私および担保提供者は貴社に対する求償債権を担保するため、貴社が請求した場合には、貴社が指定する担保物権に抵当権または根抵当権を設定します。

第5条（代位弁済）
1. 銀行との間に私が締結した約定書の各条項により貴社が銀行から保証債務の履行を求められたときは、貴社が私および担保提供者ならびに保証人（以下私どもという）に対して事前の通知、催告なくして弁済しても異議はありません。
   その履行の方法等については貴社、銀行間の保証契約に基づいて実行しても異議はありません。
2. 私どもは貴社が弁済によって取得された権利を行使する場合には、この契約の各条項を適用されるほか、私どもが銀行との間に締結した約定書の各条項を適用されても異議はありません。

第6条（求償権）
私どもは貴社の私に対する次の各号に定める求償権について弁済の責めに任じます。
   (1) 前条による貴社の出捐額
   (2) 貴社が弁済のために要した費用の総額
   (3) 前記各号の金員に対し貴社が弁済した翌日から私が貴社に履行完了する日まで年14%の割合（年365日の日割計算）による遅延損害金
   (4) 貴社が私どもに対し前記各号を請求するために要した費用の総額

第7条（求償権の事前行使）
1. 私どもが次の各号の一つにでも該当したときは、第5条の代位弁済前といえども貴社が求償権を行使しても異議ありません。
   (1) 仮差押、差押もしくは競売の申請または破産もしくは民事再生手続開始の申立てがあったとき
   (2) 租税公課を滞納して督促を受けたとき、または保全差押を受けたとき
   (3) 支払いを停止したとき
   (4) 手形交換所の取引停止処分を受けたとき
   (5) 担保物件の価値が著しく減損し、増担保を立てることができないとき
   (6) 借入金債務の一部でも履行を遅滞したとき
   (7) 私または他の保証人の帰すべき事由により、その各々の住所が不明になったとき
   (8) 私または保証人が、暴力団員等もしくは第9条第1項各号のいずれかに該当し、もしくは同条第2項各号のいずれかに該当する行為をし、または同条第1項の規定にもとづく表明・確約に関して虚偽の申告をしたことが判明し、私との取引を継続することが不適切であるとき
   (9) その他債権保全のため必要と認められたとき
2. 貴社が前項により事前求償権を行使する場合には、民法第461条に基づく抗弁権は主張いたしません。借入金債務または求償債務について、担保がある場合にも同様とします。

第8条（弁済の充当順序）
この契約による債務および貴社との取引による他の債務がある場合にはその債務も含めて、弁済金が私どもの債務の全額を消滅させるに足りないときは、貴社が適当と認める順序、方法により充当することができ、その充当に対しては異議を述べません。

第9条（反社会的勢力の排除）
1. 私および保証人は、現在、暴力団、暴力団員、暴力団員でなくなった時から5年を経過しない者、暴力団準構成員、暴力団関係企業、総会屋等、社会運動等標ぼうゴロまたは特殊知能暴力集団等、その他これらに準ずる者（以下これらを「暴力団員等」という。）に該当しないこと、および次の各号のいずれにも該当しないことを表明し、かつ将来にわたっても該当しないことを確約いたします。
   (1) 暴力団員等が経営を支配していると認められる関係を有すること
   (2) 暴力団員等が経営に実質的に関与していると認められる関係を有すること
   (3) 自己、自社もしくは第三者の不正の利益を図る目的または第三者に損害を加える目的をもってするなど、不当に暴力団員等を利用していると認められる関係を有すること
   (4) 暴力団員等に対して資金等を提供し、または便宜を供与するなどの関与をしていると認められる関係を有すること
   (5) 役員または経営に実質的に関与している者が暴力団員等と社会的に非難されるべき関係を有すること
2. 私または保証人は、自らまたは第三者を利用して次の各号の一つにでも該当する行為を行わないことを確約いたします。
   (1) 暴力的な要求行為
   (2) 法的な責任を超えた不当な要求行為
   (3) 取引に関して、脅迫的な言動をし、または暴力を用いる行為

8　住宅ローン保証委託申込書（兼契約書）

　　(4) 風説を流布し、偽計を用いまたは威力を用いて貴社の信用を毀損し、または貴社の業務を妨害する行為
　　(5) その他前各号に準ずる行為
　3. 第7条第1項第8号の規定の適用により、私または保証人に損害が生じた場合にも、貴社および銀行になんらの請求をしません。また、貴社および銀行に損害が生じたときは、私または保証人がその責任を負います。

第10条（通知義務）
　1. 私どもがその住所、氏名、勤務先等に変更を生じ、その求償債権の行使に影響する事態が発生したときは、直ちに書面をもって通知し、貴社の指示に従います。
　2. 私どもの財産、経営の内容、業況等について貴社から請求があったときは、直ちに通知し、また調査に必要な便益を提供します。
　3. 前2項の通知を欠き、または遅滞したことにより生じた損害は、すべて私の負担とします。

第11条（調査協力）
　私どもは私が銀行に対する借入債務の履行または貴社に対する求償債務の履行を完了するまでは、貴社から求められた説明資料の提出に直ちに応ずるほか、貴社が求償権の保全または実行のため前記の担保物件に立ち入って調査確認することに協力します。

第12条（公正証書の作成）
　私どもは貴社の請求があるときは、直ちにこの契約による債務について強制執行の認諾がある公正証書を作成するために必要な手続きをとります。

第13条（費用の負担）
　私どもは貴社が被保証債権保全のために要した費用ならびに第5条によって取得された権利の保全および行使または担保の保全もしくは処分に要した費用を負担します。

第14条（管轄裁判所についての合意）
　私どもはこの契約について紛争が生じたときは、貴社本店または貴社営業所の所在地の裁判所を管轄裁判所とすることに合意します。

第15条（免責条項）
　私どもは貴社が証書等の印影を私どもの届け出た印鑑に相当の注意をもって照合し、相違ないと認めて取引されたときは、証書等の印章について偽造、変造、盗用等の事故があっても、これによって生じた損害は私どもの負担とし、証書等の記載文言に従って責任を負います。

第16条（個人信用情報機関への登録等）
　1. 私どもは、貴社が貴社の加盟する個人信用情報機関（個人の支払能力に関する情報の収集及び会員に対する当該情報の提供を業とする者）および同機関と提携する個人信用情報機関に照会し、私どもの個人情報（当該各機関の加盟会員によって登録される契約内容、返済状況等の情報のほか、当該各機関によって登録される不渡情報、官報情報等同機関が独自に収集・登録する情報を含む）が登録されている場合には、貴社がそれを与信取引上の判断（返済能力または転居先の調査をいう。ただし、銀行法施行規則第13条の6の6等により、返済能力に関する情報については返済能力の調査の目的に限る。以下同じ。）のために利用することに同意します。
　2. 私どもは、下記の個人情報（その履歴を含む）が貴社の加盟する個人信用情報機関に登録され、同機関および同機関と提携する個人信用情報機関の加盟会員によって自己の与信取引上の判断のために利用されることに同意します。

登 録 情 報	登 録 期 間
氏名、生年月日、性別、住所（本人への郵便付着の有無等を含む）、電話番号、勤務先等の本人情報	下記情報のいずれかが登録されている期間
借入金額、借入日、最終返済日等の本契約の内容およびその返済状況（遅滞、代位弁済、強制回収手続、解約、完済等の事実を含む）	本契約期間中および本契約終了日（完済していない場合は完済日）から5年を超えない期間
貴社が加盟する個人信用情報機関を利用した日および本契約またはその申込の内容等	当該利用日から1年を超えない期間
不渡情報	第1回目不渡は不渡発生日から6ヵ月を超えない期間、取引停止処分は取引停止処分日から5年を超えない期間
官報情報	破産手続開始決定等を受けた日から10年を超えない期間
登録情報に関する苦情を受け、調査中である旨	当該調査中の期間
本人確認資料の紛失・盗難等の本人申告情報	本人から申告のあった日から5年を超えない期間

　3. 私どもは，前項の個人情報が，その正確性・最新性維持，苦情処理，個人信用情報機関による加盟会員に対する規則遵守状況のモニタリング等の個人情報の保護と適正な利用の確保のために必要な範囲内において，個人信用情報機関およびその加盟会員によって相互に提供または利用されることに同意します。
　4. 前2項に規定する個人信用情報機関は次のとおりです。各機関の加盟資格，会員名等は各機関のホームページに掲載されております。なお，個人信用情報機関に登録されている情報の開示は，各機関で行います。

258

①○○信用保証株式会社が加盟する個人信用情報機関

情報機関	全国銀行個人信用情報センター
住所	〒100-8216 東京都千代田区丸の内1-3-1
電話	0120-540-558
ホームページアドレス	https://www.zenginkyo.or.jp/pcic/index.html

②全国銀行個人信用情報センターと提携する個人信用情報機関

情報機関	株式会社日本信用情報機構	株式会社シー・アイ・シー
住所	〒101-0042 東京都千代田区神田東松下町41番地1	〒160-8375 東京都新宿区西新宿1-23-7 新宿ファーストウエスト15階
電話	0570-055-955	0570-666-414
ホームページアドレス	https://www.jicc.co.jp	http://www.cic.co.jp

9 個人情報の取扱いについての同意書

図表Ⅵ-9　個人情報の取扱いについての同意書

個人情報の取扱いについての同意書

年　月　日

株式会社○○銀行　御中
○○信用保証株式会社　御中

1.　個人情報の利用目的

（1）銀行における個人情報の利用目的

　　　申込人および○○信用保証株式会社（以下「保証会社」という。）あて連帯保証人予定者（以下「私ども」という。）は、保証会社の保証に基づく株式会社○○銀行（以下「銀行」という。）のローンの申込み（以下「この申込み」という。）を行うにあたり、銀行が個人情報の保護に関する法律（平成15年5月30日法律第57号）に基づき、私どもの個人情報を、下記の業務ならびに利用目的の達成に必要な範囲で利用することに同意します。

ア.　業務内容

① 預金業務、為替業務、両替業務、融資業務、外国為替業務およびこれらに付随する業務
② 投信販売業務、保険販売業務、証券仲介業務、社債業務等およびそれに付随する業務
③ その他銀行等が営むことができる業務およびこれらに付随する業務（今後取扱いが認められる業務を含む）

イ.　利用目的

　　　銀行および銀行の関連会社や提携会社の金融商品およびサービスに関し、下記利用目的で利用すること。但し、特定の個人情報の利用目的が、法令等に基づき限定されている場合には、当該利用目的以外で利用しないこと。

① 金融商品およびサービスの申込み、相談の受付のため
② 金融商品およびサービスに関する各種提案のため（ダイレクトメールおよび電話、電子メール等によるものを含む）
③ 本人確認法に基づく本人の確認等や、金融商品およびサービスを利用する資格等の確認のため
④ 預金取引、融資取引等における期日管理等、継続的な取引における管理のため
⑤ 預金、融資等の申込みや継続的な利用等に際しての判断のため
⑥ 適合性の原則等に照らした判断等、金融商品およびサービスの提供にかかる妥当性の判断のため
⑦ 与信事業に際して個人情報を加盟する個人信用情報機関に提供する場合等、適切な業務の遂行に必要な範囲で第三者に提供するため
⑧ 他の事業者等から個人情報の処理の全部または一部について委託された場合等において、委託された当該業務を適切に遂行するため
⑨ 私どもとの契約や法律等に基づく権利の行使や義務の履行のため
⑩ 市場調査、ならびにデータ分析やアンケートの実施等による金融商品およびサービスの研究や開発のため
⑪ 提携会社等の商品やサービスの各種提案のため
⑫ 各種取引の解約や取引解約後の事後管理のため
⑬ その他、銀行の業務において私どもとの取引・契約を適切かつ円滑に履行するため

（2）保証会社における個人情報の利用目的

　　　私どもは、保証会社に保証委託を申し込むにあたり、保証会社が個人情報の保護に関する法律に基づき、私どもの個人情報をこの申込みの受付け、資格確認、保証の審査、保証の決定、保証取引の継続的な管理、加盟する個人信用情報機関への提供、法令等や契約上の権利の行使や義務の履行、市場調査研究開発、取引上必要な各種郵便物の送付、保証・審査基準の見通し、その他私どもとの取引を適切かつ円滑に履行するための利用目的の達成に必要な

260

9　個人情報の取扱いについての同意書

範囲で利用することに同意します。

2. **個人信用情報機関の利用および登録等について**

（1）**個人信用情報機関の利用等について**

ア．私どもは、銀行もしくは保証会社が加盟する個人信用情報機関および同機関と提携する個人信用情報機関に私どもの個人情報（当該各機関の加盟会員によって登録される契約内容、返済状況等の情報のほか、当該各機関の加盟会員によって登録される不渡情報、破産等の官報情報等を含む。）が登録されている場合には、銀行および保証会社がそれを与信取引上の判断（返済能力または転居先の調査をいう。但し、銀行法施行規則第13条の6の6等により、返済能力に関する情報については返済能力の調査目的に限る。以下同じ。）のために利用することに同意します。

イ．この申込みに関して、銀行もしくは保証会社の加盟する個人信用情報機関を利用した場合、私どもは、その利用した日およびこの申込みの内容等が下表に定める期間登録され、同機関の加盟会員によって自己の与信取引上の判断のために利用されることに同意します。

（2）**個人信用情報機関への登録等について**

ア．私どもは、下記の個人情報（その履歴を含む）が銀行もしくは保証会社が加盟する個人信用情報機関に登録され、同機関および同機関と提携する個人信用情報機関の加盟会員によって自己の与信取引上の判断のために利用されることに同意します。

登録情報	登録期間
氏名、生年月日、性別、住所（本人への郵便不着の有無等を含む）、電話番号、勤務先等の本人情報	下記の情報のいずれかが登録されている期間
借入金額、借入日、最終返済日等のこの申込みによる契約の内容およびその返済状況（延滞、代位弁済、強制回収手続、解約、完済等の事実を含む。）	この申込みによる契約の契約期間中および契約終了日（完済していない場合は完済日）から5年を超えない期間
銀行もしくは保証会社が加盟する個人信用情報機関を利用した日およびこの申込みによる契約またはこの申込みの内容等	当該利用日から1年を超えない期間
不渡情報	第1回不渡は不渡発生日から6カ月を超えない期間、取引停止処分は取引停止処分から5年を超えない期間
官報情報	破産手続開始決定等を受けた日から10年を超えない期間
登録情報に関する苦情を受け、調査中である旨	当該調査中の期間
本人確認資料の紛失・盗難等の本人申告情報	本人から申告のあった日から5年を超えない期間

（裏面へ続く）

PART Ⅵ 知っておくと便利・資料集

9　個人情報の取扱いについての同意書

　　ロ．私どもは、前項の個人情報が、その正確性・最新性維持、苦情処理、個人信用情報機関による加盟会員に対する規則遵守状況のモニタリング等の個人情報の保護と適正な利用の確保のために必要な範囲内において、個人信用情報機関およびその加盟会員によって相互に提供または利用されることに同意します。
(3) 前2項に規定する個人信用情報機関
　　前2項に規定する個人信用情報機関は下表のとおりです。

〈銀行もしくは保証会社が加盟する個人信用情報機関〉

情報機関	全国銀行個人信用情報センター
住所	〒100-8216　東京都千代田区丸の内1-3-1
電話	0120-540-558
ホームページアドレス	https://www.zenginkyo.or.jp/pcic/index.html

〈全国銀行個人信用情報センターと提携する個人信用情報機関〉

情報機関	株式会社日本信用情報機構
住所	〒101-0042　東京都千代田区神田東松下町41番地1
電話	0570-055-955
ホームページアドレス	https://www.jicc.co.jp

情報機関	株式会社シー・アイ・シー
住所	〒160-8375　東京都新宿区西新宿1-23-7　新宿ファーストウエスト15階
電話	0570-666-414
ホームページアドレス	http://www.cic.co.jp

3. 個人情報の第三者提供
(1) 銀行から保証会社への第三者提供について
　　私どもは、この申込みおよび今後の取引にかかる情報を含む私どもに関する下記情報が、保証会社におけるこの申込みの受付け、資格確認、保証の審査、保証の決定、保証取引の継続的な管理、加盟する個人信用情報機関への提供、法令等や契約上の権利の行使や義務の履行、市場調査等研究開発、取引上必要な各種郵便物の送付、保証・審査基準の見直し、その他私どもとの取引が適切かつ円滑に履行されるために必要な範囲で、銀行から保証会社に提供されることを同意します。
　　① 氏名、住所、連絡先、家族に関する情報、勤務先に関する情報、資産・負債に関する情報、借入要領に関する情報等、この申込書ならびに付属書面等この申込みにあたり提出する書面に記載される全ての情報
　　② 銀行における借入残高、借入期間、金利、弁済額、決済日等この取引に関する情報
　　③ 銀行における預金残高情報、その他借入金の残高情報・返済状況等、私どもの銀行における過去の情報も含めた取引情報
　　④ 延滞情報を含むこの取引の弁済に関する情報
　　⑤ 銀行が保証会社に対して代位弁済を請求するにあたり必要な情報
(2) 保証会社から銀行への第三者提供について
　　私どもは、この申込みおよび今後の取引にかかる情報を含む私どもに関する下記情報が、

262

銀行における保証審査結果の確認、保証取引の状況の確認、代位弁済の完了の確認のほか、今後の取引および他の与信取引等継続的な取引に関する判断およびそれらの管理、加盟する個人信用情報機関への提供、法令等や契約上の権利の行使や義務の履行、市場調査等研究開発、取引上必要な各種郵便物の送付、金融商品やサービスの各種提案、その他私どもとの取引が適切かつ円滑に履行されるために、保証会社より銀行に提供されることに同意します。

① 氏名、住所、連絡先、家族に関する情報、勤務先に関する情報、資産・負債に関する情報、借入要領に関する情報等、この申込書ならびに付属書面等この申込みにあたり提出する書面に記載される全ての情報

② 保証会社による保証審査の結果に関する情報

③ 保証番号や保証料金額等、保証会社における取引に関する情報

④ 保証会社における保証残高情報、他の取引に関する情報等、銀行における取引管理に必要な情報

⑤ 銀行の代位弁済請求に対する代位弁済完了の関する情報等、代位弁済手続に必要な情報

⑥ 代位弁済後の返済状況等に関する情報

(3) 債権譲渡について

　私どもは、この申込みにかかる債権が譲渡（証券化目的を含む）される場合には、私どもの個人情報が当該譲渡のために必要な範囲内で譲渡先または証券化のために設立された特定目的会社、信託銀行、証券会社、監査法人、格付会社等に提供され、債権管理・回収、証券化準備作業等の目的のために利用されることに同意します。

(4) 債権回収会社に債権の回収を委託する場合

　私どもは、銀行または保証会社が、債権管理回収業に関する特別措置法（平成10年10月16日法律第126号）第3条により法務大臣の許可を受けた債権回収会社に、この申込みにかかる債権の回収を委託する場合には、私どもの個人情報を同社との間でこの申込みに関する取引上の判断および同社における債権管理・回収のために必要な範囲内で相互に提供・利用することに同意します。

(5) 申込人の勤務先企業との提携ローンの場合

　私どもは、この申込みによる契約が私どもの勤務先企業との提携ローンの場合、この申込みおよび今後の取引にかかる情報を含む私どもに関する下記情報を銀行または保証会社が私どもの勤務先企業との間で、この申込みに関する取引上の判断および私どもの勤務先企業における福利厚生のために必要な範囲内で相互に利用・提供することに同意します。

① 氏名、住所、連絡先、家族に関する情報、勤務先に関する情報、資産・負債に関する情報、借入要領に関する情報等、この申込書および付属書面等この申込みにあたり提出する書面に記載される全ての情報

② 銀行による借入審査の結果もしくは保証会社による保証審査の結果に関する情報

③ 銀行における借入残高、借入期間、金利、弁済額、弁済日等この取引に関する情報

(6) 提携不動産会社との提携ローンの場合

　私どもは、この申込みによる契約が提携不動産会社との提携ローンの場合、この申込みおよび今後の取引にかかる情報を含む私どもに関する下記情報を銀行または保証会社が提携不動産会社に、この申込みに関する与信取引上の判断、当該不動産会社における不動産売買に関する諸手続、および当該提携ローン制度の維持管理等のために必要な範囲内で提供することに同意します。

① 銀行による借入審査の結果もしくは保証会社による保証審査の結果に関する情報

② 保証番号や保証料金額等、保証会社における取引に関する情報

③ 銀行における借入残高、借入期間、金利、弁済額、弁済日等この取引に関する情報

4. 個人情報の利用・提供の停止

(1) 銀行は前記1（1）イ．②、⑪に規定している利用目的のうち次に規定するものについては、私どもから個人情報の利用・提供の停止の申し出があったときは、遅滞なくそれ以降の当該目的

での利用・提供を停止する措置を取ります。

① 銀行の宣伝物・印刷物の送付等の営業案内（ダイレクトメールおよび電話、電子メール等によるものを含む）

但し、返済予定表等への取引書類余白への印刷等によるものは停止できません。

② 提携会社等の商品やサービスにかかる宣伝物・印刷物の銀行発送物への同封等による送付

(2) 前項の利用・提供の停止の手続については、銀行のホームページに掲載します。

5. 不同意の場合の取扱い

銀行は、私どもがこの申込みに必要な記載事項を記載しない場合または本同意条項の全部または一部に同意しない場合は、この申込みによる契約を断ることがあります。但し、前記4（1）①、②に規定する利用目的での個人情報の利用・提供に同意しない場合でも、これを理由に銀行がこの申込みを断ることはありません。

以上

私どもは「個人情報の取扱いについての同意書」を確認のうえ、これに同意します

●申込人

お名前（自署）

⌒実印⌒

●連帯保証人予定者

お名前（自署）

⌒実印⌒

●連帯保証人予定者

お名前（自署）

⌒実印⌒

10 団体信用生命保険申込書兼告知書

図表Ⅵ－10　団体信用生命保険申込書兼告知書

団体信用生命保険　申込書　兼　告知書

貴社の定款および団体信用生命保険普通保険約款に基づき，団体信用生命保険への加入を申し込みます。
下記の告知記載事項は被保険者自身が記入し，事実に相違ないことを誓約いたします。なお，この記載事項が事実に相違した場合は契約を解除されても異議ありません。

保険契約者	株式会社　○○銀行	
貸出支店	（店番号　　）	（　　　　支店）

（太線の枠内は被保険者自身が告知日現在の状況をありのままもれなく記入してください。また訂正箇所には必ず被保険者の印鑑を押印ください。）

告　知　日（申込日）	4. 令和	年	月	日

借入予定日	保険（借入）期間
令和　　年　月　日	年　ケ月

保険（借入）金額		
百万	千 0	円 000

フリガナ		
被保険者名	姓　　　　　　名	印

生年月日	③昭和 ④平成	年　　月　　日満　　才	性別	① 男 ② 女

現　住　所	〒　－ 　　　　　　　　　TEL　（　　　）

告知事項	1	最近3カ月以内に医師の診察・検査・治療・投薬・支持（要経過観察含みます）・指導を受けたことがありますか。	なし	あり	「あり」のときは詳しく全て記入してください。また，複数の病気がある場合も全て記入してください。

[病気やけがの名前・障害内容]
（　　　　　　　　　　　）

2　過去3年以内に下記の病院で，手術を受けたことまたは2週間以上にわたり医師の治療・投薬を受けたことがありますか。

なし　あり

- ○狭心症，心筋こうそく，心臓弁膜症，先天性心臓病，心筋症，高血圧症
- ○脳卒中（脳出血・脳こうそく・くも膜下出血），脳動脈硬化症
- ○精神病，ノイローゼ，てんかん，自律神経失調症，アルコール中毒
- ○ぜんそく，慢性気管支炎，肺結核
- ○胃かいよう，十二指腸かいよう，かいよう性大腸炎，すい臓炎
- ○肝炎，肝硬変，肝機能障害
- ○腎炎，ネフローゼ，腎不全
- ○緑内障，網膜の病気，角膜の病気
- ○ガン，肉腫，白血病，しゅよう，ポリープ
- ○糖尿病，リウマチ，こうげん病，貧血症，紫斑病
- ○子宮筋腫，子宮内膜症，卵巣のう腫，乳腺症

[治療・投薬を受けた年月または期間]
　　　　年　　月～　　　年　　月
〔入院の有無〕 [入院期間]
・あり ・なし　　年　月～　年　月（約　　日間）
〔手術の有無〕 [手術の名前または部位]
・あり ・なし （　　　　　　　　）
[症状経過]
・完治 ・全快　終診年月　　年　　月
・治療中　[現在の症状・治療内容・障害内容等]
　（　　　　　　　　　　　）

[高血圧症の場合，最近2～3回の服薬中の血圧を記入してください。]
① 　月　日　最高　　mmHg　最低　　mmHg
② 　月　日　最高　　mmHg　最低　　mmHg
③ 　月　日　最高　　mmHg　最低　　mmHg
[糖尿病の場合，記入してください。]
HbAIC（　　）空腹時血糖値　　mg/dl
投与薬剤名（　　　　　　　　　　）
合併症（・なし・・あり）（診断名　　　）
[眼の疾患の場合，現在の視力を記入してください。]
右眼）裸眼：　　　　矯正：
左眼）裸眼：　　　　矯正：

	3	手・足の欠損または機能に障害がありますか。または，背骨（脊柱）・視力・聴力・言語・そしゃく機能に障害がありますか。	なし	あり	

該当するものを○でかこんでください。　　　　　　　　　　　　ご記入もれがないかもう一度確認してください。

PART Ⅵ 知っておくと便利・資料集

265

図表Ⅵ-11　地主の承諾書

地主の承諾書

年　　月　　日

信用保証株式会社　御中

地主　住所
　　　氏名　　　　　　　　　　　⑲実印

私の所有する土地の賃借人　　　　　　　　　が、下記借地上に住宅を建設し、
その建物を　　　　　　信用保証株式会社に担保として差し入れるにあたり、
次のとおり承諾・確約します。

1. 私は、私が所有する下記土地を　　　　　　　に賃貸していることを確認し、
   賃借人が本件借地上の建物を貴社の担保に差し入れることを承諾しました。
2. 私は、土地の所有権が他に移転する場合には、あらかじめ貴社に通知します。
3. 賃借人の地代不払い、無断転貸など借地権の消滅もしくは変更をきたすよう
   な恐れのある事実が発生した場合、またはそのような事実が発生する恐れの
   ある場合は、私は貴社に通知すると同時に借地権の保全に努めます。
4. 私は、賃貸借契約の解除もしくは内容の重大な変更を行おうとする場合は、
   あらかじめ貴社の承諾を受けます。
5. 私は、競売その他の抵当権の処分または公売によって、賃借人の住宅の所有
   権が他へ移転するときは、住宅取得者に借地権を譲渡することを承諾します。

　　　土　　地
　　　　地番
　　　　面積　　　　　　　　平方メートル（　　　　坪）
　　　　地目　　宅地　　山林　　その他（　　　　）
　　　建　　物
　　　　構造
　　　　所有者
　　　借地権の内容
　　　　賃借人　住所
　　　　　　　　氏名
　　　賃貸借契約期間　　自　　　　年　　　月　　　日
　　　　　　　　　　　　至　　　　年　　　月　　　日
　　　土地賃貸料　　1ヶ月あたり　　　　　円（3.3 ㎡当たり　　　円）

以　　上

12　住宅ローン契約書（金銭消費貸借契約証書）

図表Ⅵ－12　住宅ローン契約書（金銭消費貸借契約証書）

印　紙
第1号文書

住宅ローン契約書
（金銭消費貸借契約証書）

年　　　月　　　日

株式会社○○銀行
（取扱店　　　支店）

住　　　所	
（フリガナ） 借　　主	印
	（昭・平　　年　　月　　日生）
住　　　所	
（フリガナ） 連帯保証人 （保証会社に対する連帯保証人は記入不要）	印
	（昭・平　　年　　月　　日生）

　借主は，株式会社○○銀行（以下「銀行」といいます。）から○○信用保証株式会社（以下「保証会社」といいます。）保証にもとづき，後記規定を承認のうえ，下記［借入要項］のとおり金銭を借り受け，本契約書の写しの交付を受けました。

［借　入　要　項］

借　入　金　額	┃┃┃┃┃┃┃┃円	内訳	毎月返済部分	円
			年2回増額返済部分	円
	ただし，　　年　　月　　日に　　　　　　　　円也を借り受けました。 なお，残額については銀行との協議によることとします。			

金　利　区　分	（いずれかを選択のうえ実印を押捺） 固定金利選択型		固定金利型	変動金利型	団体信用 生命保険	（いずれかを選択のうえ実印を押捺） 付保します	付保しません
	固定金利	変動金利					

借　入　利　率	当初借入利率は，年　　　　　％とし，以降は後記「借入利率の変更」の定めによるものとします。
	借入利率には　　1．保証提携先の保証料年　　　　　％を含みます。
	2．保証提携先の保証料は含みません。

最　終　回　返　済　日	年　　　月　　　日	返　済　回　数	回
借　入　金　使　途			

借入金の受領方法	（いずれか該当する番号に○を付し，2．の場合は振込先を記入） 1．銀行に設けた借主名義の預金口座への入金の方法によります。 2．借主に代わって直接下記口座への振込みの方法によります。				
	銀　行　名	支　店　名	預金口座名義	預金種目	口　座　番　号

267

12 住宅ローン契約書（金銭消費貸借契約証書）

<table>
<tr>
<td rowspan="20">元
利
金
の
返
済
方
法</td>
<td colspan="6">1. 元金返済据置期間中</td>
</tr>
<tr>
<td colspan="3"></td>
<td colspan="2">毎 月 返 済 の 部 分</td>
<td>年2回増額返済の部分</td>
</tr>
<tr>
<td colspan="3">元　　金　　返　　済</td>
<td colspan="2">据置</td>
<td>据置</td>
</tr>
<tr>
<td colspan="3">第 1 回 目 利 息 支 払 日</td>
<td colspan="2">　　　年　　月　　　日</td>
<td>　　年　　月　　　日</td>
</tr>
<tr>
<td colspan="3">第 2 回 目 以 降 利 息 支 払 日</td>
<td colspan="2">毎月　　　　　　日</td>
<td>毎年　　月と　　月の　日</td>
</tr>
<tr>
<td colspan="6">2. 元金返済据置期間終了後（元金返済据置期間がない場合）
　　毎回の元利金返済額は銀行所定の元利均等払いの方法によります。</td>
</tr>
<tr>
<td colspan="6">(1) 元利金返済方法</td>
</tr>
<tr>
<td colspan="3"></td>
<td colspan="2">毎 月 返 済 の 部 分</td>
<td>年2回増額返済の部分</td>
</tr>
<tr>
<td colspan="3">第 1 回 目 元 利 金 返 済 額</td>
<td colspan="2">　　　　　　　　　円</td>
<td>　　　　　　　　円</td>
</tr>
<tr>
<td colspan="3">毎 回 の 元 利 金 返 済 額</td>
<td colspan="2">　　　　　　　　　円</td>
<td>　　　　　　　　円</td>
</tr>
<tr>
<td colspan="3">第 1 回 目 返 済 日</td>
<td colspan="2">　　　年　　月　　　日</td>
<td>　　年　　月　　　日</td>
</tr>
<tr>
<td colspan="3">第 2 回 目 以 降 返 済 日</td>
<td colspan="2">毎月　　　　　　日</td>
<td>毎年　　月と　　月の　日</td>
</tr>
<tr>
<td colspan="6">年2回増額返済日には、増額返済部分の元利金返済額を毎月返済部分の元利金返済額に加えて返済するものとします。</td>
</tr>
<tr>
<td colspan="6">(2) 利息の支払方法（第1項第2項共通事項）
　① 利息は各返済日（元金返済据置期間中は各利息支払日。以下同じ。）に後払いするものとします。
　② 毎月返済の部分の利息は、（毎月返済の部分の元金残高 × 年利率 ×1/12）で計算します。
　③ 年2回増額返済の部分の利息は、（年2回増額返済の部分の元金残高 × 年利率 ×1/12× 経過月数）で計算します。
　④ 毎月返済の部分および年2回増額返済の部分いずれも、借入日から毎月返済の部分の第1回目返済日までの期間中に1ヶ月未満の端数日数がある場合、その端数日数については1年を365日とし、日割りで計算します。
　⑤ 年2回増額返済日には、増額返済部分の利息返済額を毎月返済部分の利息返済額に加えて返済するものとします。</td>
</tr>
<tr>
<td colspan="6">3. 元利金の返済は、借主名義の下記の預金口座からの自動支払の方法によります。ただし、規定第2条によって繰り上げ返済をする場合および規定第4条によってこの契約による債務全額を返済しなければならない場合は除きます。</td>
</tr>
<tr>
<td colspan="6">
<table>
<tr><td rowspan="2">返 済 用 預 金 口 座</td><td>店　　名</td><td>預金種目</td><td>口 座 番 号</td></tr>
<tr><td>支店</td><td>普　通　預　金</td><td></td></tr>
</table>
</td>
</tr>
<tr>
<td colspan="2">休　日　指　定</td>
<td colspan="4">元利金返済日または利息支払日は、当日が銀行の休日の場合は翌営業日とします。</td>
</tr>
</table>

<table>
<tr>
<td rowspan="2">借

入

利

率

の

変

更</td>
<td>
1. （金利区分の選択）
借主は、この契約による債務全額を返済するまで、前記で選択した「金利区分（固定金利選択型、固定金利型、変動金利型）」は変更できないものとします。
2. （固定金利選択型・変動金利、変動金利型）
前記の金利区分で「固定金利選択型・固定金利から変動金利へ移行した場合を含む。）」「変動金利型」の場合の借入利率および返済額についての取扱いは、次の各号によるものとします。
(1) （借入利率の変更とその基準）
　① 前記の「借入利率」は、「基準金利」の変更に伴なって引上げまたは引下げられるものとし、借主は「基準金利」が銀行の短期プライムレートであることを確認します。
　② 借主は借入利率が年　　　　％であることおよびそのときの基準金利が年　　　　％であることを確認します。なお、固定金利選択型・固定金利から変動金利へ移行した場合は、その時の基準金利に基づく借入利率が決定されるものとします。
　③ 金融情勢の変化その他相当の事由により基準金利が廃止された場合には、銀行は基準金利を一般に行われる程度のものに変更することができるものとし、変更後、初回における前回との比較は銀行が相当と認める方法によるものとします。以降、新しく基準金利の対象となったものの取扱いが廃止された場合も同様とします。
　④ 「固定金利選択型・変動金利」適用期間中に限り、借主は、銀行所定の書面により借入利率固定の特約の設定を希望する旨の申し出をすることにより、特約を設定することができるものとし、特約設定月の約定日から適用することとします。この場合、借主は銀行所定の手数料を支払うものとします。
　そのときの借入利率は、特約設定月の約定日現在の店頭表示金利を基準とし、後記 3.（固定金利選択型・固定金利）に準じて決定することとします。ただし、この借入が分割借入にもとづく場合は、最終回借入が終了されるまでは特約の設定はできないものとします。
(2) （借入利率の見直し基準日と変更日）
　① 基準金利の引上げ幅または引下げ幅の算出基準日は、毎年4月1日（当日が銀行の休日の場合は翌営業日）および10月1日（当日が銀行の休日の場合は翌営業日）（以下「基準日」といいます。）とし、その日の基準金利と前回基準日の基準金利とを比較して、利率差が生じた場合、その差と同幅で借入利率を引上げまたは引下げます。ただし、この借入後最初の借入利率見直しの場合には、この借入日現在（この借入が分割借入にもとづく場合は、各分割借入日現在）の基準金利との利率差により算出します。なお、固定金利選択型の固定金利期間終了後最初の借入利率見直しについてもこれと同様とします。
　② 前①により借入利率を変更する場合、変更後の借入利率の適用開始日は次のとおりとします。
　　ア．基準日が4月1日の場合には、変更後の借入利率の適用開始日は基準日の属する年の6月の約定返済日とし、7月の約定返済分から新利率で返済が始まるものとします。年2回増額返済の部分についても毎月返済の部分の6月の約定返済日から新利率が適用され、分かち計算のうえ、返済が始まるものとします。
　　イ．基準日が10月1日の場合には、変更後の借入利率の適用開始日は基準日の属する年の12月の約定返済日とし、翌年の1月の約定返済分から新利率で返済が始まるものとします。年2回増額返済の部分についても毎月返済の部分の12月の約定返済日から新利率が適用され、分かち計算のうえ、返済が始まるものとします。
</td>
</tr>
</table>

12 住宅ローン契約書（金銭消費貸借契約証書）

借入利率の変更	(3) （借入利率変更の通知） 　借入利率が変更された場合、銀行は借主に対して原則として変更後最初に到来する約定返済日前までに変更後の借入利率、毎回の元利金返済額に占める元金および約定利息の内訳等を書面により通知するものとします。 (4) （最終回返済額） 　最終回返済日にこの契約による債務の一部が残る場合は、最終回返済日に一括して支払うものとします。 3. （固定金利選択型・固定金利） 　前記の金利区分で「固定金利選択型・固定金利」を選択した場合、借入利率の適用期間および適用期間終了後の適用利率等については、この契約に付随して別に締結する特約書等において定めるものとします。 4. （固定金利型） 　前記の金利区分で「固定金利型」を選択した場合、借入利率は変更しないものとします。
損害金	元利金返済が遅れたときは、遅延している元金に対し年14％（1年を365日とし、日割りで計算する。）の損害金を支払うものとします。
繰り上げ返済および条件変更手数料	借主が規定第2条の繰り上げ返済をする場合、およびその他の返済条件の変更をする場合は、銀行所定の手数料を支払うものとし、手数料の支払については、下記諸費用の自動引落し条項を適用させるものとします。
諸費用の自動引落し	この契約に関して、借主が負担すべきローン保証取扱手数料、ローン保証料、火災保険料、確定日付料、印紙代、繰り上げ返済手数料、返済条件変更手数料などのいっさいの費用、および規定第13条に定める費用については、普通預金通帳および同払戻請求書または小切手によらず返済用預金口座から払戻しのうえ支払いされても異議はありません。

［規　　定］

第1条（元利金返済額等の自動支払）

1. 借主は、元利金の返済のため、各返済日（返済日が銀行の休日の場合には、その日の翌営業日。以下同じ。）までに毎回の元利金返済額（年2回増額返済併用の場合には、増額返済日に増額返済額を毎月の返済額に加えた額。以下同じ。）相当額を返済用預金口座に預け入れておくものとします。

2. 銀行は、各返済日に普通預金通帳および同払戻請求書または小切手によらず返済用預金口座から払戻しのうえ返済にあてます。

　　ただし、返済用預金口座の残高が毎回の元利金返済額に満たない場合には、銀行はその一部の返済にあてる取扱いはせず、返済が遅延することになります。

3. 毎回の元利金返済額相当額の預け入れが各返済日より遅れた場合には、銀行は元利金返済額と損害金の合計額をもって前項と同様の取扱いができるものとします。

第2条（繰り上げ返済）

1. 借主が、この契約による債務について、所定の返済期限前にその債務の一部または全部を繰り上げて返済できる日は、借入要項記載の毎月の返済日とし、この場合には繰り上げ返済日の2週間前までに銀行へ通知するものとします。

2. 借主が繰り上げ返済をする場合には、銀行店頭に示された所定の手数料を支払うものとします。

3. 一部繰り上げ返済をする場合には、前2項によるほか、その後の元利金返済については、返済元金に応じて銀行所定の方法により「最終回返済日の繰り上げ」または「毎回の元利金返済額の減額」のいずれかの方法によるものとします。

第3条（担保）

1. （保証会社の保証による場合）

　　この契約による債務の保証会社が支払を停止したとき、手形交換所の取引停止処分を受けたとき、その他信用状態に著しい変化があったときなど、債権保全を必要とする相当の事由が生じた場合には、銀行からの請求により、借主は遅滞なくこの債権を保全しうる担保を差し入れまたは保証人をたてるものとします。

2. （第1項以外の場合）

　(1) 担保価値の減少、借主または保証人の信用不安等の債権保全を必要とする相当の事由が生じた場合には、銀行からの請求により、借主は遅滞なくこの債権を保全しうる担保、保証人をたて、またはこれを追加、変更するものとします。

　(2) 借主は、担保について現状を変更し、または第三者のために権利を設定、もしくは譲渡するときは、あらかじめ銀行の承認を得るものとします。銀行は、その変更等がなされても担保価値の減少等債権保全に支障を生ずるおそれがない場合には、これを承認するものとします。

　(3) この契約による債務の期限の到来または期限の利益の喪失後、その債務の契約がない場合には、担保は、必ずしも法定の手続によらず、一般に妥当と認められる方法、時期、価格等により担保において取立または処分のうえ、その取得金から諸費用を差し引いた残金を法定の順序にかかわらず、この契約による債務の返済にあてることができるものとし、なお残債務がある場合には借主は直ちに返済するものとします。また、この契約による債務の返済にあてた後、取得金に余剰の生じた場合には、銀行はこれを取立または処分前の当該担保の所有者に返還するものとします。

　(4) 差し入れした担保について、事変、災害、輸送途中のやむをえない事変等銀行の責めに帰すことのできない事情によって損害が生じた場合には、銀行は責任を負わないものとします。

第4条（期限前の全額返済義務）

1. 借主について次の各号の事由が一つでも生じた場合には、借主はこの契約による債務全額について当然に期限の利益を失い、借入要項記載の返済方法によらず、直ちにこの契約による債務全額を返済するものとします。

　(1) 借主が返済を遅延し、銀行から書面により督促しても、次の返済日までに元利金（損害金を含む。）を返済しなかったとき。

　(2) 借主が住所変更の届出を怠るなど借主の責めに帰すべき事由によって銀行に借主の所在が不明となったとき。

　(3) この契約による債務の保証会社から保証の取消し、解除をする旨の申し出があったとき。

2. 次の各場合には、借主は、銀行からの請求によって、この契約による債務全額について期限の利益を失い、借入要項記載の返済方法によらず、直ちにこの契約による債務全額を返済するものとします。

　(1) 借主が銀行取引上の他の債務について期限の利益を失ったとき。

　(2) 借主が第3条または第11条の規定に違反したとき。

　(3) 借主が支払を停止したとき。

　(4) 借主が手形交換所の取引停止処分を受けたとき。

　(5) 担保の目的物について差押または競売手続の開始があったとき。

　(6) 前各号の場合のほか、借主の信用状態に著しい変化が生じるなど元利金（損害金を含む。）の返済ができなくなる相当の事由が生じたとき。

第5条（分割借入の停止）

1. 借主について前条各号の事由の一つでも生じた場合には、借主はこの契約による分割借入未実行額について借入を受けることができないものとします。

2. 借主について相続が開始されたときは、前項に準じて取り扱うものとします。

第6条（反社会的勢力の排除）

1. 借主または保証人は、現在、暴力団、暴力団員、暴力団員でなくなった時から5年を経過しない者、暴力団準構成員、暴力団関係企業、総会屋等、社会運動等標ぼうゴロまたは特殊知能暴力集団等、その他これらに準ずる者（以下これらを「暴力団員等」という。）に該当しないこと、および、次の各号のいずれにも該当しないことを表明し、かつ将来にわたっても該当しないことを確約します。

　(1) 暴力団員等が経営を支配していると認められる関係を有すること。

　(2) 暴力団員等が経営に実質的に関与していると認められる関係を有すること。

　(3) 自己、自社もしくは第三者の不正の利益を図る目的または第三者に損害を加える目的をもってするなど、不当に暴力団員等を利用していると認められる関係を有すること。

　(4) 暴力団員等に対して資金等を提供し、または便宜を供与するなどの関与をしていると認められる関係を有すること。

　(5) 役員または経営に実質的に関与している者が暴力団員等と社会的に非難されるべき関係を有すること。

2. 借主または保証人は、自らまたは第三者を利用して次の各号の一にも該当する行為を行わないことを確約します。

　(1) 暴力的な要求行為。

　(2) 法的な責任を超えた不当な要求行為。

　(3) 取引に関して、脅迫的な言動をし、または暴力を用いる行為。

　(4) 風説を流布し、偽計を用いまたは威力を用いて銀行の信用を毀損し、または銀行の業務を妨害する行為。

　(5) その他前各号に準ずる行為。

3. 借主は、暴力団員等もしくは第1項各号のいずれかに該当し、もしくは前項各号のいずれかに該当する行為をし、または第1項の規定にもとづく表明・確約に関して虚偽の申告をしたことが判明

PART VI

知っておくと便利・資料集

269

12 住宅ローン契約書（金銭消費貸借契約証書）

し、借主との取引を継続することが不適切である場合には、借主は銀行からの請求により、この契約による債務全額について期限の利益を失い、借入要項記載の返済方法によらず、直ちにこの契約による債務全額を返済するものとします。

4. 第3項の規定の適用により、借主または保証人に損害が生じた場合にも、銀行になんらの請求をしないものとします。また、銀行に損害が生じたときは、借主または保証人がその責任を負うものとします。

第7条（銀行からの差引計算）

1. 銀行は、この契約による債務のうち各返済期日が到来したもの、または第4条によって返済しなければならないこの契約による債務全額と、借主の銀行に対する預金その他の債権とを、その債権の期限のいかんにかかわらず相殺し、または借主の預金その他の債権について所定の手続を省略し、払戻し、解約または処分のうえ、その取得金をもって債務の返済にあてることができるものとします。この場合、書面による通知をするものとします。

2. 前項によって差引計算をする場合には、債権債務の利息および損害金の計算期間は差引計算実行の日までとし、預金その他の債権の利率については、借主と銀行との規定の定めによります。ただし、期限未到来の預金その他の債権の利息は、期限前解約利率によらず約定利率により1年を365日とし、日割りで計算します。

第8条（借主からの相殺）

1. 借主は、この契約による債務と期限の到来している借主の銀行に対する預金その他の債権を、この契約による債務の期限が未到来であっても、相殺することができます。

2. 前項によって相殺をする場合には、相殺計算を実行する日は借入要項に定める毎月の返済日とし、相殺できる金額、相殺に伴う手数料および相殺計算実行後の元利金返済等については第2条に準じるものとします。この場合、相殺計算を実行する日の2週間前までに銀行へ書面により相殺の通知をするものとし、かつ、預金その他の債権の証書、通帳は届出印を押印して直ちに銀行に提出するものとします。

3. 第1項によって相殺をする場合には、債権債務の利息および損害金の計算期間は相殺計算実行の日までとし、預金その他の債権の利率については、預金その他の債権の規定の定めによります。

第9条（債務の返済等にあてる順序）

1. 第7条により銀行から差引計算をする場合に、この契約による債務のほかに取引上の他の債務があるときは借主は債権保全上等の事由により、どの債務との差引計算にあてるかを指定することができ、借主は、その指定に対して異議を述べないものとします。

2. 借主が相殺または相殺をする場合に、この契約による債務のほかに銀行取引上の他の債務があるときは、借主はどの債務の返済または相殺にあてるかを指定することができます。なお、借主がどの債務の返済にあてるかを指定しなかったときは、銀行が指定することができ、借主はその指定に対して異議を述べないものとします。

3. 前項の債務のうち一つでも債務の遅延が生じている場合などにおいて、前項の借主の指定により債権保全上支障が生じるおそれがあるときは、銀行は遅滞なく異議を述べ、担保・保証の状況等を考慮してどの債務の返済または相殺にあてるかを指定することができます。

4. 第2項のなお書または第3項によって銀行が指定する借主の債務について、その期限が到来したものとします。

第10条（団体信用生命保険）

借入要項において団体信用生命保険を「付保します」とした場合、借主は銀行が銀行の指定する生命保険会社（以下「生命保険会社」といいます。）との間に締結した団体信用生命保険契約にもとづいて、銀行を保険契約者兼保険金受取人とし借主を被保険者とする保険契約に加入するものとし、次の各号により取り扱うことを承認するものとします。

(1) 保険開始日は、生命保険会社における被保険者としての加入承認を条件として、この契約締結日とします。なお、保険開始日に団体信用生命保険申込書兼告知書の記載内容に変動があった場合、借主は遅滞なく銀行に通知するものとします。

(2) 借主が被保険者となれないこと、告知義務違反その他の理由により本条による団体信用生命保険契約の利益を受けられなくなった場合にも、借主はそれについて銀行に何ら異議を述べないものとします。

(3) 借主または保証人は、借主に本条による保険契約に定める保険事故が発生したときは、遅滞なく銀行に通知のうえ、銀行の指定する方法に従うものとします。

(4) 銀行が本条による保険契約にもとづいて保険金を受領したときは、借主の銀行に対する債務の返済期限のいかんにかかわらず当該受領金額をもって、この契約により生じないっさいの債務の返済にあてるものとします。なお、残債務があれば一括して返済するものとします。

(5) 借主が前項、告知義務違反その他の理由により生命保険会社から保険金の返還請求を受けたときは、保険金の受領はなかったものとし、借主または保証人はこの債務について直ちに返済するものとします。

第11条（代り証書等の差し入れ）

事変、災害等銀行の責めに帰すことのできない事情によって証書その他の書類が紛失、滅失または損傷した場合には、借主は、銀行の請求によって代り証書等を差し入れるものとします。

第12条（印鑑照合）

銀行が、この取引にかかる諸書類その他の書類に使用された印影を、この契約書に押印の届出印鑑または返済用預金口座の届出印鑑と相当の注意をもって照合し、相違ないと認めて取り扱ったときは、それらの書類につき、偽造、変造その他の事故があっても、そのために生じた損害については、銀行は責任を負わないものとします。

第13条（費用の負担）

次の各号に掲げる費用は、借主が負担するものとします。

(1) （根）抵当権の設定、変更、抹消または変更の登記に関する費用。
(2) 担保物件の調査または取立もしくは処分に関する費用。
(3) 借主または保証人に対する権利の行使または保全に関する費用。

第14条（届出事項）

1. 氏名、住所、印鑑、電話番号その他届出に届け出た事項に変更があったときは、借主は直ちに書面で届け出るものとします。

2. 借主が前項の届出を怠ったため、銀行が借主から最後に届出のあった氏名、住所にあてて通知または送付書類を発送した場合には、延着、または到達しなかったときでも通常到達すべき時に到達したものとします。

第15条（成年後見人等の届出）

1. 家庭裁判所の審判により、補助・保佐・後見が開始された場合には、直ちに成年後見人等の氏名その他必要な事項を書面によって届け出るものとします。

2. 家庭裁判所の審判により、任意後見監督人の選任がされた場合には、直ちに任意後見人の氏名その他必要な事項を書面によって届け出るものとします。

3. すでに補助・保佐・後見開始の審判を受けている場合、または任意後見人の選任がされている場合にも、前2項と同様に届け出るものとします。

4. 前3項の届出事項に取消または変更等が生じた場合にも同様に届け出るものとします。

5. 前4項の届出の前に生じた損害については、銀行は責任を負わないものとします。

第16条（報告または調査）

1. 借主は、銀行が債権保全上必要と認めて請求をした場合には、担保の状況ならびに借主および保証人の信用状態について直ちに報告し、また調査に必要な便益を提供するものとします。

2. 借主の財産、経営、業況について、また保証人の信用状態について重大な変化を生じたとき、または生じるおそれのあるときは、銀行に報告するものとします。

第17条（債権譲渡）

借主は、銀行が将来この契約による貸付債権を第三者に譲渡（以下本条においては信託を含む。）すること又は銀行が譲渡した債権を再び譲り受けることをあらかじめ承認するものとします。

第18条（合意管轄）

この契約にもとづく諸取引に関して訴訟の必要が生じた場合には、銀行の本店またはこの取引の属する支店の所在地を管轄する裁判所を管轄裁判所とすることに合意します。

第19条（個人信用情報センターへの登録）

1. 借主は、この契約にもとづく借入金額、借入日、最終回返済日等の借入内容にかかる客観的事実について、借入契約期間中およびこの契約による債務を最長返済した日から5年間、銀行協会の運営する個人信用情報センターに登録され、同センターの加盟会員ならびに同センターと提携する個人信用情報機関の加盟会員が自己の取引上の判断のために利用することに同意します。

2. 借主は、次の各号の事実が発生したときは、その事実について、各号に定める期間、前項と同様に登録され、利用されることに同意します。
(1) この契約による債務の返済を遅延したときおよびその延滞分を返済したときは、遅延した日から5年間。
(2) この契約による債務について保証提携先など第三者から銀行が支払を受け、または代位弁済、もしくは担保権実行などの強制回収手続により銀行が回収したときは、その事実発生日から5年間。

第20条（保証）

1. 保証人は、借主がこの契約によって負担するいっさいの債務について、借主と連帯して保証債務を負い、その履行については、この契約に従うものとします。

2. 保証人は、借主の銀行に対する預金その他の債権をもって相殺は行なわないものとします。

3. 保証人は、銀行が相当と認めるときは担保または他の保証を変更、解除しても、免責を主張しないものとします。

4. 保証人が借主の銀行による債務を履行した場合、代位によって銀行から取得した権利は、借主と銀行との間に、この契約による残債務または保証人が銀行に負担している他の契約による残債務がある場合は、銀行の同意がなければこれを行使しないものとします。

5. 保証人が借主と銀行との取引についてほかに保証をしている場合には、その保証はこの契約によっても消滅せず、またほかに限度額の定めのある保証をしている場合には、その保証限度額にこの保証による額を加えるものとします。また保証人が借主と銀行との取引について、将来ほかに保証した場合にも同様とします。

以 上

13　固定金利の選択に関する特約書

図表Ⅵ-13　固定金利の選択に関する特約書

印　紙
劇印 200円

固定金利の選択に関する特約書
〔住宅ローン（元利均等返済）用〕

年　　月　　日

株式会社　○○銀行（取引店　　　　　）

借　　主
（連帯債務者）　　おところ

　　　　　　　　　おなまえ ＿＿＿＿＿＿＿＿＿＿＿＿＿＿＿＿

連帯債務者　　おところ

　　　　　　　おなまえ ＿＿＿＿＿＿＿＿＿＿＿＿＿＿＿＿

連帯保証人
(保証会社に対する
連帯保証人は記載不要)　　おところ

　　　　　　　おなまえ ＿＿＿＿＿＿＿＿＿＿＿＿＿＿＿＿

連帯保証人
(保証会社に対する
連帯保証人は記載不要)　　おところ

　　　　　　　おなまえ ＿＿＿＿＿＿＿＿＿＿＿＿＿＿＿＿

　　借主（連帯債務の場合は連帯債務者全員をいいます。以下同じ。）は株式会社○○銀行（以下「銀行」といいます。）との間で締結した　　年　　月　　日 付　金銭消費貸借約定書およびその付帯書類（以下「原契約書」といいます。）に基づく借入れに関し，後記のとおり特に約定します。ただし，本特約書が定める条項を除く他は，原契約書の各条項の定めに従うものとします。本特約締結にあたっては，銀行所定の手続きに基づく未払利息，銀行所定の手数料，消費税相当額および本特約書にかかる印紙代を銀行所定の手続きにより支払うものとし，銀行は普通預金・総合口座通帳，同払戻請求書または小切手によらず，原契約書記載の返済用預金口座から払い戻しのうえ，支払に充当するものとします。

PART Ⅵ

知っておくと便利・資料集

271

13 固定金利の選択に関する特約書

記

第1条 原契約書に定める借入要項にかかわらず，借入利率に関する規定については以下の通りとします。

　Ⅰ　固定金利期間と変動金利期間

　(1)　| 　年　月　日 | から | 　年　月　日 | （銀行休業日の場合は翌営業日）までの期間を固定金利期間とします。

　(2)　固定金利期間の最終日になってもなお借入期限が到来しない場合には，第2条の(2)の定めにより再度固定金利を選択する場合を除き，固定金利期間の最終日の翌日から借入期限までの期間（以下「残存期間」といいます。）は変動金利期間とします。

　Ⅱ　借入利率

　　固定金利期間における借入利率は | 　年　　％ | とします。

　Ⅲ　利息の計算方法

　　本特約締結日から本特約締結日以降最初に到来する返済日までの期間中に1カ月未満の端数日数がある場合，その端数日数については1年を365日として，日割りで計算するものとします。このため本特約締結日以降最初に到来する返済日の返済額は毎回返済額とは異なる場合があります。

第2条 (1)　固定金利期間が終了した場合は，借入利率を見直すものとします。

　　原契約書記載の当初借入利率と，その基準となる銀行所定の基準利率との差（以下「利率差」といいます）を固定金利期間終了日直前の4月1日または10月1日のいずれか近い方の時点における基準利率に加えた利率を見直し後の借入利率とします。なお，当初の利率差に変更がある場合には，変更後の利率差により借入利率を見直すものとします。見直し後の借入利率は，固定金利期間終了日の翌日より適用し，以後は原契約書の定めに従い変更されるものとします。

　(2)　ただし，固定金利期間終了日の2営業日前までに，銀行所定の固定金利および固定金利期間について新たに銀行と契約を締結することにより，固定金利期間終了日以降，固定金利を選択することができるものとします。

　　ただし，当該残存期間が銀行所定の固定金利期間よりも短い場合，および元利金の返済が遅延している場合は固定金利の選択はできないものとします。見直し後の借入利率は，固定金利期間終了日の翌日より適用するものとします。

第3条 (1)　固定金利期間が終了し，変動金利期間が開始する場合には，第2条(1)による見直し後の借入利率・残存元金・残存期間等により返済額を算出するものとします。なお，この場合，原契約書の定めにかかわらク返済額の変動幅に上限はないものとします。

　(2)　変動金利期間開始日から通算して5回目の10月1日を基準日とする借入利率の見直しを行うまでは，元金据置期間中を除き，借入利率の変更があってもその間は毎回の返済額は変更しないこととし，元金返済額と利息額の占める割合のみ変更を行うものとします。

　(3)　利率の変更に基づく元利金返済額の変更は，変動金利期間開始日から通算して5回目の10月1日の直後の新借入利率適用日以降最初に到来する返済から行うものとし，以降5回目の10月1日を基準日とする借入利率の見直しを行うごとに同様に変更するものとします。

　(4)　5回目の10月1日を基準日とする借入利率の見直し時には，新利率・残存元金・残存期間等により返済額を算出するものとします。ただし，返済額が増額となる場合には「前回返済額×1.25」を限度とするものとします。その後の期間についても同様とし5年ごとの見直しをします。

第4条 借入利率，返済額が変更された場合には，銀行は借主に対して変更後最初に到来する返済日前に変更後の利率，新返済額等を書面にて通知するものとし，借主はこれに従って返済するものとします。なお，この場合，原契約書の定めにかかわらず返済額の変更幅に上限はないものとします。

第5条 借主は固定金利期間中に，原契約書の定めにより，毎月返済部分の元金または半年ごと増額返済部分の元金の一部もしくは半年ごと増額返済部分の元金の金額について繰り上げ返済を行う場合には，銀行所定の固定金利期間中の一部繰り上げ返済手数料を支払うものとします。また固定金利期間中に，原契約書の定めにより，毎月返済部分の元金および半年ごと増額返済部分の元金の全額について繰り上げ返済を行う場合には，銀行所定の固定金利期間中の全額繰り上げ返済手数料を支払うものとします。

第6条 固定金利期間中は住宅ローン（変動金利型）への変更はできないものとします。

以　　上

14 不動産抵当権設定契約証書（求償権用）

図表Ⅵ-14 不動産抵当権設定契約証書（求償権用）

不動産抵当権設定契約証書
（求償権用）

年　　月　　日

東京都○○区○○町○丁目○○番○○号

○○信用保証株式会社　御中

債　務　者　住所
（保証委託者）　　　　　　　　　　　（実印）
兼抵当権設定者　氏名＿＿＿＿＿＿＿＿＿

抵当権設定者　住所　　　　　　　　　（実印）

　　　　　　　氏名＿＿＿＿＿＿＿＿＿

抵当権設定者　住所　　　　　　　　　（実印）

　　　　　　　氏名＿＿＿＿＿＿＿＿＿

第　1　条（抵当権の設定）

抵当権設定者は、債務者が株式会社○○銀行（以下「銀行」という）から融資を受けるについて、　　年　　月　　日付で貴社との間で締結した保証委託契約に基づく貴社の求償権を担保するため同保証委託契約（約款）の各条項のほかこの契約の下記条項を承認のうえ、その所有する後記物件のうえに、次の要項により順位後記の抵当権を設定しました。

1. 債　権　額　　金　　　　　　　　　　円也
2. 遅延損害金　　年14％（年365日の日割計算）の割合

第　2　条（登記義務）

抵当権設定者は、遅滞なく抵当権設定の登記手続を完了し、その不動産登記全部事項証明書その他関係書類を貴社に提出します。今後、この抵当権について各種の変更等の合意がなされたときも同様とします。

第　3　条（抵当物件）

1. 抵当権設定者は、あらかじめ貴社の承諾がなければ抵当物件の現状を変更し、または第三者のために権利を設定しもしくは譲渡しません。
2. 抵当権設定者は、抵当物件である土地に新たに建物を築造したとき、または抵当物件である建物に附加して増築したときは、直ちに増担保として貴社に提供し、遅滞なくこれに関して必要な手続をとります。
3. 抵当物件が原因のいかんを問わず滅失・毀損しもしくはその価格が低落したとき、またはそのおそれがあるときは、債務者または抵当権設定者は直ちにその旨を貴社に通知します。

273

14　不動産抵当権設定契約証書（求償権用）

　　前段の場合、貴社が請求したときは、債務者は遅滞なく増担保もしくは代り担保を提供するか、または銀行に対する債務または本求償債務（以下これらの債務を単に「債務」という）の全部もしくは一部を弁済します。
4. 抵当物件について収用その他の原因により補償金・清算金などの債権が生じたときは、抵当権設定者はその権利のうえに質権を設定する等、貴社が直接これを受領するために必要な手続をとります。貴社がこれらを受領したときは、債務の弁済期前でも法定の順序にかかわらず債務の弁済に充当されても異議ありません。

第　4　条（損害保険）

抵当権設定者および債務者は、抵当物件の損害保険について次の各号を承諾します。
①この抵当権が存続する間、抵当物件に対し貴社の同意する保険会社と貴社の指定する金額以上の損害保険契約を締結または継続し、その保険契約に基づく権利のうえに貴社のため質権を設定し、またはその保険契約に抵当権者特約条項をつけます。
②抵当権設定者は前号の保険契約以外に抵当物件に対し保険契約を締結したときは、直ちに貴社に通知し、前号と同様の手続をとります。
③前2号の保険契約の継続、更改、変更および保険目的物件罹災後の保険金等の処理については、すべて貴社の指示に従います。
④貴社が債権保全のため、必要な保険契約を締結し、もしくは抵当権設定者に代わって保険契約を締結または継続し、その保険料を支払ったときは、債務者および抵当権設定者は貴社の支払った保険料その他の費用に、その支払日から年14%の割合の損害金をつけて支払います。
⑤前4号による保険契約に基づく保険金を貴社で受領したときは、債務の弁済期前でも法定の順序にかかわらず債務の弁済に充当されても異議ありません。
⑥抵当物件が処分された後でなお残債務がある場合は、本条の保険契約の解除権を貴社に委任しますので、貴社はいつでもこの契約を解除し、かつ、この解除によって生ずる返還保険料を残債務の弁済に充当することができます。

第　5　条（借地権）

1. 抵当権設定者は、抵当建物の敷地につきその借地期間が満了したときは、直ちに借地契約継続の手続をとり、土地の所有者に変更があったときは直ちに貴社に通知し、また借地権の内容に変更を生ずる場合にはあらかじめ貴社に通知します。
2. 解約その他借地権の消滅または変更をきたすようなおそれのある行為をせず、またこのようなおそれのあるときは借地権保全に必要な手続をとることはもちろん、建物が滅失した場合にも貴社の同意がなければ借地権の転貸その他任意の処分をしません。
3. 抵当建物が火災その他により滅失し、保険金等によって弁済をしてもなお残債

274

務がある場合において、抵当権設定者が直ちに建物の建築をしないときは、借地権の処分について貴社の指示に従うものとし、貴社はその処分代金をもって債務の弁済に充当することができます。

第 6 条（任意処分）

抵当物件は必ずしも競売手続によらず一般に適当と認められる方法・時期・価格等により貴社において処分のうえ、その取得金から諸費用を差し引いた残額を法定の順序にかかわらず債務の弁済に充当されても異議なく、なお、残債務がある場合には債務者は直ちに弁済します。

第 7 条（抵当物件の調査）

抵当物件について貴社から請求があったときは、直ちに報告し、また調査に必要な便益を提供します。

第 8 条（費用の負担）

この抵当権に関する設定・解除または変更の登記および抵当物件の調査または処分に関する費用は、債務者および抵当権設定者が連帯して負担し、貴社が支払った金額については直ちに支払います。

第 9 条（担保保存義務）

1. 抵当権設定者は貴社の都合により他の担保もしくは保証を変更、解除されても異議ありません。
2. 抵当権設定者が弁済等により貴社から代位によって取得した権利は、債務者と貴社との取引継続中は貴社の同意がなければこれを行使しません。

第 10 条（管轄裁判所）

この契約について争いが生じたときは、貴社の本社または貴社営業所の所在地を管轄する裁判所をもって管轄裁判所とします。

以上

抵当物件ならびに順位に関する表示

MEMO

MEMO

著者略歴
水野　誠一（みずの　せいいち）

ファイナンシャル・プランナー（CFP®）、住宅ローンアドバイザー。2008年〜2014年日本ファイナンシャル・プランナーズ協会評議員。1959年名古屋大学経済学部卒業。1996年三井信託銀行（現三井住友信託銀行）定年退職後FP開業。各種ライフプランセミナー講師、ライフプラン相談を務めるほか新聞・雑誌等の原稿執筆に携わる。著書「住宅ローン相談マニュアル」（ビジネス教育出版社）、「ライフプランがあなたの資産を殖やす」（共著・日本経済新聞社）、通信講座「住宅ローン相談に強くなるコース」（ビジネス教育出版社）、通信講座「不動産担保の見方がよくわかるコース」（共著・ビジネス教育出版社）ほか多数。

住宅ローン相談とお悩み解決マニュアル

2019年10月7日　初版第1刷発行

著　　者	水　野　誠　一
発 行 者	中　野　進　介

発 行 所　　株式会社ビジネス教育出版社

〒102-0074　東京都千代田区九段南4－7－13
TEL 03(3221)5361(代表)／FAX 03(3222)7878
E-mail▶info@bks.co.jp URL▶https://www.bks.co.jp

印刷・製本／萩原印刷(株)　カバーデザイン／田中真琴

落丁・乱丁はお取り替えします。

ISBN978-4-8283-0792-3

本書のコピー、スキャン、デジタル化等の無断複写は、著作権法上での例外を除き禁じられています。購入者以外の第三者による本書のいかなる電子複製も一切認められておりません。